国家社会科学研究基金重大项目
"当代中国图书出版史"(19ZDA335)阶段性研究成果

当代中国主题出版

理论 实践 方法

周蔚华 等⊙著

全国百佳图书出版单位
时代出版传媒股份有限公司
安徽人民出版社

图书在版编目（CIP）数据

当代中国主题出版：理论·实践·方法 / 周蔚华等著 . -- 合肥：安徽
人民出版社 , 2024.3

ISBN 978-7-212-11665-1

Ⅰ . ①当… Ⅱ . ①周… Ⅲ . ①出版工作－研究－中国 Ⅳ . ① G239.2

中国国家版本馆 CIP 数据核字 (2024) 第 042031 号

当代中国主题出版：理论·实践·方法
DANGDAI ZHONGGUO ZHUTI CHUBAN
LILUN SHIJIAN FANGFA

周蔚华　等⊙著

出 版 人：杨迎会　　　　　　　　　　　　　选题策划：何军民　袁小燕
责任编辑：袁小燕　程　璇　周　羽　　　　　责任印制：董　亮
装帧设计：王莉娟　陈　爽

出版发行：安徽人民出版社 http://www.ahpeople.com

地　　址：合肥市蜀山区翡翠路 1118 号出版传媒广场 8 楼

邮　　编：230071

电　　话：0551-63533258　0551-63533259（传真）

印　　刷：合肥创新印务有限公司

开本：710 mm×1010 mm　1/16　　印张：16.75　　　　字数：250 千
版次：2024 年 3 月第 1 版　　　2024 年 3 月第 1 次印刷

ISBN 978 - 7 - 212 - 11665 - 1　　　　　　　　定价：58.00 元

前　言

　　进入新世纪尤其是党的十八大以来，主题出版异军突起，已经成为当代中国出版业的一道最为亮丽的风景线。有关出版管理部门将主题出版作为指导出版工作的一个重要抓手，多年来对如何做好当年的主题出版工作进行部署，并组织力量评选出有关主题出版的重点出版物向社会推荐，在国家出版基金中专题组织主题出版板块加以资助；各出版机构主要领导身体力行，主抓主题出版相关选题，不仅使得主题出版选题逐年增长，而且有效地提升了主题出版物的质量，主题出版物的影响力不断扩大，经济效益增长强劲，很好地实现了社会效益与经济效益的最佳结合；在主题出版中涌现了一批具有鲜明出版特色的出版社，它们或者以出版党的领导人著作及阐释性著作、党和国家重要会议文件或文献见长，或者以发挥本社出版特色、出版渠道优势等与主题出版有机融合见长；主题出版选题范围和领域不断扩展，已经从最初的以重大节庆日纪念、重要会议宣传等，扩展到教育出版、专业出版和大众出版各个出版领域；主题出版物表现形式不断丰富，已经从单一的图书和电子音像出版物，逐步扩展到儿童漫画、立体书、剧本杀、有声书、短视频甚至"AI+VR 虚拟展馆"等数字出版物；主题出版的市场化程度逐步加强，从过去主要依靠团体学习、机构订购等到主要依靠市场和读者自主选择，垂直网络销售、直播带货等新型营销方式促进了主题出版物的影响力提升、提高了销售量；包括读书会、诵读会等各种形式的主题出版阅读活动不断掀起主题出版阅读活动的高潮。可以说，目前主题出版已经成为与教育出版、大众出版、专业出版等相并行的独立出版板块，值得高度关注和深入研究。

在主题出版实践活动进行得如火如荼的同时，学界对主题出版也给予了足够重视，近年来关于主题出版研究的文章数量逐年递增，研究深度不断加强，研究范围逐步扩大，研究视野也在提高，从某种意义上说，主题出版研究已经成为出版理论研究的"显学"，这同样是可喜可贺的。与此同时，我们也应该清醒地认识到，与主题出版实践相比，主题出版研究还不够深入，对很多基本问题的认识还不十分清楚，在诸如主题出版的内涵和外延、主题出版与其他出版领域的关系、主题出版的特点、主题出版的运行规律、主题出版的社会影响等一系列重大理论问题上还没有形成公认的理论成果，对主题出版实践的指导性还远远不够，从某种程度上来说，主题出版的理论研究甚至落后于主题出版实践活动，这恰恰说明需要加强对主题出版的实践总结和理论研究，形成关于主题出版的规律性认识并用来指导实践。

由于主题出版属于新的出版领域，它与教育出版、专业出版及大众出版既有出版的共性，更有其特性，有着不同于这三者的策划思路、运作特点、发行渠道以及营销宣传方式等，因而需要学界更加深入地对该出版领域进行充分研究，同时也需要加强对其学理性的研究，找到其规律、特点，从而使其更好地服务于出版决策和出版实践。

我本人长期从事出版实践，由于过去所服务的出版机构是一家以出版哲学社会科学类读物为主的大学出版社，得以较早参与主题出版选题策划并取得了一定成果。在此基础上，我将本人所从事的主题出版实践加以总结，撰写了一篇名为《紧紧围绕大局　做好主题出版》的个人心得，发表在《中国出版》杂志，该文根据我对主题出版概念的理解首次对这一概念进行界定，这个定义后来被广泛引用。在此之后的较长一段时间里，由于工作关系的变化，无暇对出版理论进行研究。2017年重回学校进行学术研究后不久应邀参加《编辑之友》组织的一次"新时代主题出版新思路"研讨会。他们希望与会者就主题出版的一些基本问题和核心概念进行深入研讨，这给我了一次系统回顾、整理、总结及研究主题出版相关问题的机会。在对文献进行研读的过程中，我发现在一些基本概念、重要史实等方面业界和学界都存在一些以讹传讹、张冠李戴的现象，比如，很多研究者都提出对主题出版的定义源于新闻出版总署在 2003 年发布的一项关于主题出版工程的文件，事实上，当年既没有启动这项工程，也不可能发布关于这项"工程"的文件。因此，我认为有必要对一些基本理论进行再认识、再思考。为此，我在细致查阅相关文献的基础上，形成了《主题出版及其在当代中国出版中的地位和作用》一文并在《编辑之友》上刊发，该文对一些基本史实错误进行了澄清。此后，我发现这些基本史实错误依然被一些研究者所引用和传播。为了澄清这些谬误，在《出版发行研究》的支持下，我撰写的《主题出版若干基本史实辨析》一文在该刊发表并引起了较大反响，从此之后这些基本史实错误逐步得到纠正，这使我认识到了自己研究的价值所在。

近些年来，我和我的研究生，持续对主题出版的一些基础性问题进行了探讨，并对每年主题出版实践进行了跟踪研究，形成了一些初步的研究成果陆续发表在《中国出版》《出版发行研究》《中国编辑》《编辑之友》等在出版界有影响的学术杂志上，并产生了较大影响，有一些文章被"中国人民大学资料中心"全文转载，产生了较高的下载量和转载率。这从一定程度上说明了出版界迫切需要学界加强对主题出版的深入研究，也使我深切感到，出版理论界必须勇立出版发展潮头，对主题出版的一些重大理论和实践问题给予有一定说服力的回答，以回应出版实践的中国之问、世界之问、人民之问和时代之问。

安徽人民出版社给了我系统整理主题出版研究成果并加以出版的机会。该社主要领导主动向我约稿，希望我能将自己关于主题出版的研究成果提供给他们出版，对此我心存感激。在他们的不断催促和帮助下，在过去对主题出版研究成果的基础上，我根据主题出版的相关逻辑，形成了《当代中国主题出版》一书，力图从理论、实践和方法等方面对当代中国的主题出版进行较为系统的分析探讨。由于主题出版是一个宏大话题，加之个人研究水平和能力有限，有很多问题未能专题研究，即使涉及的研究问题也还有待深入，存在着这样或那样的不足，期望同仁们批评指正，共同推动主题出版研究更加深入、趋于完善，共同促进中国主题出版事业的发展与繁荣，使主题出版成为文化强国和出版强国的重要支撑力量。

目　　录

上 篇 理论探索

SHANGPIAN LILUN TANSUO

第一章　重新理解当代中国出版业

进入新世纪以来,出版业发生了人类历史上前所未有的巨大变化。数字出版迅速兴起并对现代传播、现代出版产生了颠覆性的冲击,整个出版业从业态、结构、板块、功能等方面都发生了一些重大变化,需要我们对传统出版业进行再认识、再反思、再总结,重新理解当代中国出版业,尤其是主题出版作为一个迅速崛起的新兴出版板块,应该引起出版业的高度重视。

一、重新理解新世纪以来出版业态的新变化

出版形态与社会技术形态既具有相对独立性又密切相关,社会技术形态直接决定了出版形态。中国作为文明古国,在四大发明中,有两项与出版密切相关的技术促进了中国古代出版的发展与繁荣,奠定了古代中国出版业较为发达的技术基础。但中国的出版印刷技术是以手工操作为主的,这是一种工匠式出版方式,与我国发达的农业社会形态相匹配。在西方吸收了中国印刷技术并将其与机械工业相结合而形成机械化印刷技术后,我国传统的以手工操作为主的印刷技术就相形见绌了。

机械化印刷技术极大地提高了印刷和出版的能力,使出版业从过去

的作坊式的小范围生产、复制、传播和消费,转变成机械化、大规模、标准化、批量化的生产、复制、传播和消费,它是工业社会的产物,反过来又促进了社会知识的生产、复制、传播和消费。在很长一段时间,这种社会技术形态和出版形态占据主导地位,并成为现代化的重要标志。从某种意义上也成为推动历史进步的巨大动力,马克思指出:"火药、指南针、印刷术——这是预告资产阶级社会到来的三大发明。火药把骑士阶层炸得粉碎,指南针打开了世界市场并建立了殖民地,而印刷术则变成新教的工具,总的来说变成科学复兴的手段,变成对精神发展创造必要前提的最强大的杠杆。"[①]

我国从 19 世纪初期开始传入西方先进的机械化的铅印技术,并结合汉字特点不断对其进行技术变革,实现了从传统手工操作的工匠式出版向现代大工业、机械化大生产的印刷出版方式的转变,实现了出版领域的机械化、工业化和现代化,极大地提高了出版生产力,使我国印刷出版业在短短一百多年的时间里走过了西方数百年的路,在 20 世纪末我国进入世界出版大国行列。然而,在世纪之交,随着信息技术或网络技术的崛起,一种新的出版形态——数字出版形态迅速兴起,并对出版业产生划时代的革命影响。

20 世纪末,数字传播技术传入中国并迅速在各个领域得到广泛应用。数字传播技术在信息传播方面所具有的独特优势,使它在短短二十年的时间里改变了传播的生态体系,传统的传播理论和传播实践正在不断受到挑战:新的传播形式日新月异,传播产业链条不断重组,传播边界无限扩展,过去很多习以为常的传播理论被颠覆,更重要的是它使得很多媒体加速衰落乃至趋于消亡。

出版业是受到数字传播技术影响和冲击最大的行业之一。出版业成

---

① 马克思,恩格斯.马克思恩格斯全集:第四十七卷 [M].北京:人民出版社,1979:427.

了数字传播技术及其所衍生的应用技术的试验场：数字出版技术首先重构了过去的出版流程，使传统出版告别铅与火、迎来光和电；它改变了传统的作者、出版者、读者相互分离、割裂的状况，将其纳入到统一平台之中；它将传统的作品—编辑—出版—印刷—发行—阅读这一长长的链条缩短为作品—编辑（发布）—阅读，改变了出版产业链，减少了中间环节，提升了传播效率；它将传统的由作者通过出版者流向读者的单向传播，变成作者、出版者、读者间的互动和双向传播，并使得作者和读者角色瞬间互换，如此等等。数字出版方式结合了工匠式出版方式和机械化大规模生产方式的优点，而规避了其短处，它可以将过去看似矛盾的大规模复制与个性化、碎片化出版相并行，大范围传播与个性化、定制化、精准化传播共享，因而形成了势不可挡的出版洪流。

新的传播技术催生了很多新的出版现象，扩展了新的出版领域，形成了新的出版业态：网络出版、手机出版、移动出版、数据库出版、游戏出版、社群出版、智能出版、视听出版、知识服务等，新的出版术语及出版业态不断涌现，让我们眼花缭乱，摸不清出版的边界到底在哪里。

21世纪以来，出现了三种出版生产方式并存的局面，它们都有自己新的生存空间：工匠式的出版生产方式获得了新的展现形式，并在机械化出版生产方式和数字化出版生产方式盛行的大背景下获得新生：现代手工书的存在已经不仅仅是为了传授知识，它给了制作者和受众以"体验"的机会，同时也具有审美的意义和功能，一本精美的手工书就是一件精美的艺术品，制作手工书的过程就是文化体验和审美体验的过程。目前手工书市场已成为一个特殊的出版领域，有一批较为固定的出版群体和受众。很多手工书在工艺上还借助机械印刷的高清晰度和复杂性工艺升级了制作档次和品位，借助数字化的表达形式赋予手工书更多的功能。例如，读者出版传媒股份有限公司旗下的读者晋林工作室，以建构"产、学、研"为一体的工作室为目标，开展手工书的创意和研发工作，把敦煌艺术作品通过手工书的形式赋予其新的符号含义，在设计创意、印刷材料、印装工艺等方面不断打磨，求新求变，每一本精美的手工书都蕴含着工匠精神，增加了传统出版的附加值，提升了图书出版的品位，获得了社会效益和经济效益的双丰收。

机器印刷时代的出版生产方式目前仍然居于主流地位，在经济规模、日常阅读习惯、社会影响力等方面，尤其是在公共领域（机关、学校等）纸质出版物依然有着压倒性优势。但由于数字出版的冲击，机器印刷出版生产方式日显颓势，每况愈下。这种颓势首先表现在报刊业，尤其是主要依靠市场和广告收入生存的都市类报刊、娱乐性报刊。表面上看数字出版对图书出版的影响还不大，图书出版业连续多年还保持一定量的增长，图书总印数、定价总金额、销售总收入等还在连创新高。但图书印制量的增长率却在不断降低，图书印制册数一度多年徘徊不前，从 2000 年到 2018 年，图书品种数、印制册数、总印张数和定价总金额分别增长了 263%、60%、135% 和 366%。从这些数据可以看出，图书出版的定价增长率和品种增长率远远高于总印张和印制册数的增长率，图书收益的增长主要依靠品种扩张和价格增长。但相对于报纸和期刊的不断下滑，图书出版业还是幸运的。

进入新世纪以后，数字出版异军突起、攻城略地。数字出版从初期的光盘（CD-ROM）等载体形式，不断扩展边界，逐步发展到网络出版（以互联网文学网站为代表）、移动出版（手持阅读器、手机 APP 等）、数据库出版、视听出版等，进而演变为知识服务，出版正在和其他传播形式加速融合，出版的边界正在模糊。而在数字出版的大潮中传统的出版业不仅没有扮演主要角色，而且显得处处被动，处于防守状态。

数字出版的一个显著特点是竞争不是在我们熟悉的本领域进行，同行之间的竞争是可预测的，而给行业带来杀伤力的恰恰是过去不为行业所知的业外企业。1999 年由清华大学和清华同方发起创建的中国知网，最初目的是建成世界上全文信息量规模最大的"CNKI 数字图书馆"，通过产业化运作，为全社会知识资源高效共享提供最丰富的知识信息资源和最有效的知识传播与数字化学习平台，结果却成了最大的数据出版库和知识服务平台，对传统期刊出版的销售产生巨大冲击。成立于 2000 年的中文在线，通过内容的聚合和管理，向手机、手持终端、互联网等媒体提供数字阅读产品，为数字出版和发行机构提供数字出版运营服务，通过版权衍生产品等方式提供数字内容增值服务等，在短短的十多年的时间内成为国内数字出版的领先企业，公司形成了"一种内容、多种媒体、同步出版"的全媒体出版模式，并成为国内最大的正版数字内容提供商之一。2012 年组建、2013 年 3 月在手机客户端上线的喜马拉雅，致力于"成为全球声音生态的领导者，成为全球最佳内容创业平台、中国创业企业最佳雇主"，一经投入运营，在短短的一年多的时间内，用户量迅速超过 5000 万；在两年多的时间内，喜马拉雅音频总量已超过 1500 万条，单日累计播放次数超过 5000 万次，在移动音频行业的市场占有率已达 73%，成为国内发展最快、规模最大的在线移动音频分享平台。这些只是数字出版的冰山一角。今日头条在短短的几年内，负责内容审核的编辑人数达到了5000 人，这在传统出版领域是不可想象的。尽管很多数字出版企业还没有出版资质或出版权，但他们借助传统出版企业的资源积累，采用传统出版企业所不熟悉的新尺度、新技术、新关联、新结构形成出版新业态，放大了出版媒介的效应，增强了出版的影响力、传播力。

麦克卢汉在《理解媒介》一书中指出："任何媒介（即人的任何延伸）对个人和社会的任何影响，都是由于新的尺度产生的；我们的任何一种延伸（或曰任何一种新的技术），都要在我们的实务中引进一种新的尺度。"①他还认为，一切媒介都会重塑人们所触及的生活形态，重新塑造新的尺度、

---

① 马歇尔·麦克卢汉.理解媒介 [M].何道宽，译.北京：商务印书馆，2000：33.

形成新的比率。因此，数字传播技术作为麦克卢汉所说的"电子时代的媒介"，也在产生新的生产方式、生活方式，重构人们的生活状态，再造社会生产关系。新的出版形态已经形成一股强大的力量，新的出版生产力不断进行革命性变革，但我们的出版生产关系、上层建筑以及管理方式还停留在工业化的印刷媒介时代：资源配给方式是计划式的，"进入壁垒"高筑；资金投入重点是传统的，工业化的出版方式依然是出版投资的主体，出版业视数字出版为畏途；产业链条是割裂的，上下游之间、不同出版链条之间依然固守着传统的边界，行业外对行业内的冲击常常视而不见，而行业内则界限分明、井水不犯河水；不同媒介之间是分离的，无论是体制、组织结构还是人员的知识能力结构都使得彼此打通变得极其困难；传统的出版机构内部的组织结构是科层制的金字塔结构，这种组织方式与数字传播所要求的扁平化、矩阵式、灵活应变的组织结构之间有很大的差距；渠道和传播方式是多年不变的，每年的订货会、书市、展览会都是老面孔，话语体系恒常不变；出版业对新技术是漠视的……在拥抱新业态方面，在媒介融合方面，图书出版业明显落后于报刊、广电等其他传媒领域。

传媒界很多研究者已经突破传统传媒的一些经典型解释框架，比如传统的信息发布者、传播者、渠道、受众、反馈等在数字传播环境下正在被重构，加入了场域、情感、关系等新的要素，形成新的传播业态、传播规则，有学者认为："'新传播'的关键就是内容、渠道、环境、关系和情感与传授者的高度匹配，形成最大的公约园。"[1] 这里的所谓公约园就是新传媒生态的传播场域。反观我们目前的出版研究和实践领域，对出版的新业态、新规则、新关系、新规律还很陌生，出版理论研究与实践进程都显得滞后，亟须加强政产学研密切合作，尤其是加强与新出版形态的企业合作，密切关注国内外出版数字业态的新变化，作出更具有解释力、说服

---

① 刘笑盈，董超．关于当代媒体发展的十三个解释 [J]．新闻战线，2019(17)：55.

力，更具超前性、预见性、引领性的回答。

二、重新理解新世纪以来出版结构的新变化

进入新世纪以来，我国图书出版业的产业结构在不知不觉中发生了一些根本性的变化，主要表现在以下几个方面。

（一）出版属性发生了革命性变化

出版属性不同于出版结构，但它却决定着出版结构，不同的出版属性产生不同的出版结构。长期以来，党和国家对出版属性的定位是把它作为党和国家宣传工作的重要组成部分，因此把出版业看作公共物品，出版单位也就是事业单位。尽管在 20 世纪五六十年代，一度把出版单位作为企业，但由于在计划经济条件下生产要素并不遵循价值规律，出版各生产要素的价格是扭曲的，因此，有关部门实际上仍然将出版社作为事业单位来进行管理。改革开放后，我们逐步承认出版物是商品，要遵循价值规律，按市场经济（当时称"商品经济"）规律进行生产和经营，但由于受到传统观念的影响，出版业的产业属性长期没有得到确认。即使在党的十四大提出社会主义市场经济之后，出版业绝大多数产品无论是从生产、流通、分配、消费等各个环节，还是在管理方式上，虽然实际上是按照产业运行的，但出版业的产业属性依然没有获得正式认可，依然实行"事业单位企业化管理"这种模棱两可的管理模式。进入新世纪以后，这种状况很快得到改变。2000 年 10 月党的十五届五中全会通过的《中共中央关于制定国民经济和社会发展第十个五年计划的建议》中首次提出"完善文化产业政策，加强文化市场建设和管理，推动有关文化产业发展"[①]。党的十六大报告进一步提出"积极发展文化事业和文化产业"，"发展文化产业是市场经济条件下繁荣社会主义文化、满足人民群众精神文化需求的重要途

---

① 中共中央文献研究室 . 十五大以来重要文献选编：中 [M]. 北京：人民出版社,2001:1395.

径"。① 这样，从党中央最高层在政策层面对包括出版在内的文化产业属性给予了充分肯定和大力支持。从此之后，出版从单纯的事业属性变成了产业属性与事业属性并重，产业属性不断凸显。出版的双重属性为之后出版业的转企改制提供了理论支撑，从 2003 年起，中央开始了文化体制改革的试点，除了少数承担公益性任务的出版单位保留事业单位外，其余出版单位一律转为企业，同时对出版集团进行股份制改造，在出版业全面建立现代企业制度，使出版生产主体真正成为市场竞争主体。

出版单位市场主体地位确立的重大意义，不仅仅是使出版社（集团）作为竞争主体参与出版物市场竞争，更重要的是，它们可以更加充分地利用资本市场发展和壮大出版业，运用资本的乘数效应进行扩张。世纪之初没有一家出版单位成为企业，而在之后 20 多年的时间里已经有近 30 家出版企业（或集团）成功上市，2022 年出版上市公司的营业收入达到了 1434.04 亿元，其中凤凰传媒、中南传媒、浙版传媒、皖新传媒、山东出版、新华文轩以及中文传媒等 7 家出版上市公司营业收入都超过 100 亿元，成为出版业的佼佼者，带动了整个出版产业的发展，这是一个历史性巨变。

（二）产品结构发生了深刻变化

进入新世纪以来，出版业的产品结构也发生了重大而深刻的变化。由于人们阅读方式的变化，产品结构也相应地发生了变化。中国新闻出版研究院的调查数据显示，手机和互联网成为我国成年国民每天接触媒介的主体，纸质书、报刊的阅读时长均有所减少。2022 年数字化阅读方式（网络在线阅读、手机阅读、电子阅读器阅读、平板电脑阅读等）的接触率为 80.1%。2022 年有 77.8% 的成年国民进行过手机阅读，较 2021 年的 77.4% 增长了 0.4 个百分点。2022 年有 71.5% 的成年国民进行过网络在

---

① 中共中央文献研究室. 十六大以来重要文献选编：上 [M]. 北京：中央文献出版社，2005：31.

线阅读，26.8% 的成年国民曾在电子阅读器上阅读，21.3% 的成年国民曾使用平板电脑进行数字化阅读。2022 年有 32.3% 的成年国民倾向于"在手机上阅读"，有 8.1% 的成年国民倾向于"在电子阅读器上阅读"，有 6.8% 的成年国民倾向于"网络在线阅读"，有 8.2% 的成年国民倾向于"听书"，有 2.8% 的成年国民倾向于收看"视频讲书"。由亚马逊中国与新华网联合进行的一项全民阅读状况调查也显示，55% 的受访者电子书与纸质书同时阅读，19% 的受访者主要读电子书，12% 的受访者主要读纸质书，另有 0.24% 的受访者主要读有声书。与这种趋势相对应的是，数字出版从无到有、从小到大，发展迅猛，目前数字出版的总收入已超过了传统出版物的销售总收入。2021 年数字出版整体收入规模达到了 12762.64 亿元（含互联网广告等），其中，互联网期刊 28.47 亿元，电子书 66 亿元，数字报纸（不含手机报）6.7 亿元，博客类应用 151.56 亿元，网络动漫 293.4 亿元，移动出版（数据统计仅包括移动阅读）415.7 亿元，网络游戏 2965.13 亿元，在线教育 2610 亿元，互联网广告 5435 亿元，数字音乐 790.68 亿元。[①] 即使不计互联网广告、网络游戏等，单是上述较窄口径的数字出版合计总收入已经达到 4362.251 亿元，而 2021 年全国新华书店系统、出版社自办发行单位总销售为 4356.316 亿元，数字出版已经超过了传统出版物的销售规模。这种变化应该引起我们高度重视。

（三）书籍与教材的结构发生了显著变化

我国图书出版结构的另一个重要变化是，进入新世纪以来出版业对教材的依赖度大大降低。从出版统计情况看，2001 年全国共出版图书 154526 种、印数 631019 万册（不含租型）、定价总金额 4668199 万元，当年教材出版品种 242365 种、印数 333599 万册、定价总金额 1745507 万元，2021 年共出版图书 529197 种、印数 96.45 亿册（不含租型），定价总金

① 魏玉山."十四五"开局之年的中国数字出版——2021—2022 年中国数字出版产业年度报告 [J]. 新阅读，2023(3): 11.

额 2437.3 亿元（不含
租型），其中教材出
版品种 90143 种、印
数 43.21 亿册、定价
总金额 489.06 亿元，
教材出版占比分别
为 17.03%、44.80%、
20.06%。也就是说，
教材在整个出版业的
品种占比基本保持在
1/6 左右，而印制册

图 1-1 2010—2018 年图书零售市场不同渠道销售额
变化趋势图（单位：亿元，%）

数比例则下降了 8 个百分点，定价总金额更是大幅下降超过 17 个百分点，
从原来的接近 40% 下降到只占图书定价总金额的 1/5 左右。从销售情况看，
2001 年全国图书发行总销售 156.12 亿册、销售总金额 920.93 亿元，其
中教材（含大中专教材）88.3 亿册、销售额 434.73 亿元，教材占比分别为
56.56%、47.21%；2021 年，全国新华书店系统、出版社自办发行单位零售
图书 91.12 亿册、销售总金额 1285.12 亿元，其中教材 37.98 亿册、销售
额 318.10 亿元，教材的销售册数、销售金额占比分别为 41.68%、24.75%，
两个指标都大幅度下降。可见，进入新世纪之后，图书出版结构逐步趋于
合理，出版业对教材的依赖性大幅度下降。当然，目前统计的仅仅是教材
（课本）部分，限于在很长时间内教辅图书的数据缺失，这里无法将教材
教辅一起进行具体分析。但可以肯定的是，即使加上教辅图书，出版业的
品种结构优化和调整也还是取得了很大成效。

（四）图书市场结构发生了根本性变化

进入新世纪以来，中国出版业的图书市场结构也发生了重大变化，这
种变化主要体现在以下几个方面。

一是随着互联网的兴起，当当、京东等网络书店迅速崛起，原有的图书市场渠道发生了变化，据 2019 年 1 月前瞻产业研究院的一份报告显示：线上销售渠道的销售规模连续多年保持高速增长，2018 年线上销售规模已达 573 亿元，远远超过了线下书店 321 亿元的销售规模；2018 年线上销售对我国图书零售市场增长的贡献率高达 125.27%，网上书店销售成为带动我国图书零售市场增长的主要动力。①

二是所有制结构的变化，随着网上书店的兴起以及民营书店获得总批发权等资质，民营书业发展迅猛，在所有制结构方面真正形成了以国有新华书店为主体，多种所有制形式共同发展的局面，在网上销售、连锁经营、馆配、教辅图书等领域，民营书业大显身手，超过了国有书店的规模。在畅销书运作方面，民营出版商发挥市场反应灵敏、决策机制灵活等优势，占据了畅销书的大半壁江山，很多超级畅销书都是民营出版商运作的结果。

三是国外市场得到了极大拓展。随着我国出版"走出去"步伐的不断加快，出版业利用两种资源、开拓两个市场的意识在不断增强，2000 年我国向海外销售的图书总册数达 240.4 万册，销售总金额达 1233.70 万美元，2018 年我国图书出口总册数达 1067.17 万册，销售总金额达 5084.06 万美元。除了图书的实物销售取得巨大进展外，更重要的是在版权贸易方面，2000 年我国版权输出只有 599 种，而且大部分是向我国台湾、香港地区输出，向美国、欧洲等西方国家和地区版权输出极少，当年引进与输出之比达到 12.26 : 1，而到了 2021 年，我国版权输出 12770 项（引进 12220 项），其中图书 11795 项，录音制品 238 项，录像制品 23 项，电子出版物 714 项，在我国出版史上首次实现输出数量大于引进数量，引进与输出之间的大比例逆差的状况得到根本改变，实现了历史性跨越。出版"走出去"

---

① 前瞻经济学人.2018 年中国图书零售市场现状与发展前景 线上销售拉动行业稳定增长 [EB/OL].(2019-02-14).https://www.qianzhan.com/analyst/detail/220/190213-36304bc7. html.

收获的不仅仅是占领了出版物的国际市场，更重要的是让国际社会了解一个真实、客观、全面的中国，极大地增强了我国的文化软实力，扩大了中国在世界的影响力。

三、重新理解新世纪以来出版板块的新变化

进入新世纪以来，出版业除了上述变化外，还出现了一些新的出版现象：一是新出版板块的兴起，最主要的是主题出版异军突起；二是随着公共财政对出版投入的大幅度增加，尤其是随着国家出版基金的建立，大型出版工程崛起并形成巨大影响力；三是教育出版份额下降，出版业对教材依赖性极大降低；四是专业和学术图书发展迅猛，学术著作出版难的问题基本解决；五是大众出版中童书出版量高速增长，形成出版业的一道亮丽风景。在这种情况下，出版业原有的三大板块分析框架需要补充和完善。

（一）从三大板块到五大板块

新世纪以来，主题出版和大型出版工程已经成为出版业的重要板块，而且这两大板块是中国特色出版业特有的现象，有其自身的特点和运行规律。由此，笔者认为当代中国出版业应由过去传统的大众出版、教育出版和学术专业出版三大板块扩充为五大板块，即主题出版、大型出版工程、教育出版、专业与学术出版、大众出版。

传统的三大出版板块不必说了，这里笔者仅就自己的理解，对主题出版、大型出版工程板块及其特点做一些论述。

"主题出版"中的"主题"是指特定的题材、主旋律的意思，这里出版的"特定的题材"早期是指围绕一些重大事件纪念日、重要会议贯彻落实、重大事件的宣传等而进行的宣传题材，后来对"题材"逐步扩展，扩展到凡是服务于党和国家中心工作，围绕党和国家的一些重大理论与现实问题、重大事件和重大活动（会议、节庆日等）而进行的出版工

作都可以说是主题出版。笔者认为，主题出版包含着六个层面的内容：第一个层面也是最核心的层面，是指导思想的层面，即马克思主义经典著作及马克思主义中国化的创新性成果（毛泽东、邓小平、江泽民、胡锦涛、习近平等党和国家主要领导人的著作）；第二个层面是对马克思主义及马克思主义中国化创新性成果的宣传、阐释、解读，如《〈共产党宣言〉导读》《〈实践论〉解说》《解读〈矛盾论〉》等；第三个层面是党和国家的价值主张，即社会主义核心价值体系；第四个层面是中国共产党在不同时期根据国内外形势变化而作出的重大决策、政策主张、会议精神及各个不同阶段的重点工作的宣传贯彻，如"一带一路"方面的宣传阐释、中央文件解读等；第五个层面是对党和国家各项重大活动的宣传，包括一些重大节庆、节点、纪念日活动的宣传，如纪念改革开放40周年的选题出版，纪念新中国成立70周年的选题出版等；第六个层面是运用马克思主义及马克思主义中国化创新性成果的立场、观点和方法解释和分析国内外现实中遇到的重大理论和实践问题。主题出版就是围绕上述六个层面的"主题"而进行的出版选题策划和出版实践活动。从新中国成立以来，这六个层面的内容一直是出版的中心任务，是排在第一位的出版工作。但长期以来主题出版并没有形成独立板块，近些年来，新闻出版管理部门每年都把主题出版作为单独的出版任务进行规划、部署和督促检查，各个出版单位也在选题策划和出版活动中将主题出版作为一个重要的出版板块，上下联动，从而形成了一个单独的发展板块。目前主题出版已经具有较大的规模，并形成巨大的、具有独特性的出版市场。主题出版的职能不仅仅是传播知识，更主要的是确立信仰、凝聚力量、形成共识，这是教育出版、专业与学术出版、大众出版所不具备的功能，对于这一点后面还要进行较为详细的论述。主题出版不能纳入上述三个板块的任何一个板块，有必要作为一个独立板块加以分析。

　　大型出版工程是由党和国家直接规划、组织实施的一些大型出版项目,典型代表是《复兴文库》《中国大百科全书》《辞海》《大辞海》《辞源》《大辞源》《中国美术全集》《中国美术分类全集》《清史》《儒藏》《马藏》等。我国出版业与西方出版业一个重要的差别,是党和政府集中力量重点领导、组织和策划一些有传承价值和文化积累价值的重大出版工程,这些出版工程是集全国或部分省区市学术和出版之力,进行集中统一规划、统一组织、统一实施、统一出版,对我国的文化传承、文化积累和文化建设起到了巨大的带动、引领和推动作用。这些项目具有以下几个典型特点:一是项目规模巨大,非某一家单位可以完成,需要国家牵头组织,动员各方力量参与;二是具有重大文化传承价值,是功在当代、利在千秋的出版项目;三是公益性,这些大型项目具有极强的外部性,不是单纯依靠市场可以推动的,而是具有极强的社会效益,因此需要公共财政支持;四是具有规范性,这些项目所产生的成果对社会规范、话语体系建立等具有特殊的意义,大型出版工程的功能重在文化传承、知识积累、规范确立。大型出版工程是我们国家独特的出版现象,是社会主义集中力量办大事的集中体现,在大型出版工程方面集中体现了社会主义制度的优越性。大型出版工程的文化传承、规范社会、提供标准的功能既不同于主题出版,也和教育出版、大众出版、专业与学术出版具有显著区别,大型出版工程有些类似于专业与学术出版,但在运作、渠道、产品特性等方面又和专业与学术出版有很大的差异,因此我们有理由把它作为一个独立板块加以分析。

　　(二)不同板块产品特性分析

　　程三国运用4P(Product、Price、Place、Promotion,即产品、定价、渠道、促销)营销理论对前三个板块已有详细分析[1],在对这些板块的分析上笔

---

① 前三个板块的特征分析见:程三国《理解现代出版业》,中国图书商报,2002年10月11日。下同,不再单独标注。

者基本赞同他的观点，这里对此部分不再赘述，仅就新增加板块的特点进行分析。

表 1-1 五类出版板块商业特性比较

	投资门槛	投资风险	盈利性	回报期
大众出版	低	高	差	短
教育出版	高	高	好	长
专业与学术出版	中	中	好	中
主题出版	高	小	不确定	短
大型出版工程	极高	极高	差	极长

1. 商业特性

从主题出版的商业特性看，在上面所述的主题出版的六个层面中，第一个层面的出版物只能是人民出版社、中央文献出版社等极少数出版社出版，其他出版单位没有投资的可行性，而其余五个层面的主题出版物大部分需要专题报批，经过严格的审定后才能够纳入出版流程，因此主题出版的投资入门槛高，但一旦经过审批纳入选题，因为有相对固定的购买群体，总体上投资风险不大。但对于盈利性而言，不同的出版物差别极大，主题出版中既有销量几千万册的高利润图书，也有时效性很强、发行量不大的主题出版物，因此，不同的主题出版物盈利性有很大的差异。从回报周期看，主题出版物的回报周期类似于大众图书，相对时间较短。而大型出版工程的投资门槛很高，因为它属于国家行为、体现国家意志，大多数属于主管部门指定出版单位，一般出版社很难进入该领域。从盈利性来看，这类出版物基本上属于公益性出版，工程浩大、投资巨大，市场面相对固定，因此，盈利性较差，大多数大型出版工程需要国家在财政上予以扶持，否则单个出版单位很难完成；这类出版物回报周期很长，通过不断修订再版，其生命力可以不断延续，一般都可以延续几十年甚至更长时间。

从产业集中度角度看，主题出版和大型出版工程的产业集中度都比较高，前者主要集中于人民出版社等中央级社科类出版社，后者主要集中于少数具有工具书出版资质的出版单位，一般出版社没有出版这类出版物的机会和编辑出版能力。

表 1-2　五类出版板块营销模式比较

	产品	定价策略	销售渠道	推广策略
大众出版	内容 + 包装 关键词：原创	弹性大	以零售渠道为主，有渠道依赖	媒体组合 + 渠道组合
教育出版	内容 + 审批 关键词：修订	弹性小	专门渠道、区域市场（高等教育多为国际市场）	系统营销市场 + 政府公关
专业与学术出版	内容信息制胜 关键词：更新	弹性小	零售渠道、直接渠道	目标营销、直接渠道
主题出版	内容 + 审批	弹性不一	专门渠道(团体购买)，有零售渠道依赖	媒体组合 + 渠道组合
大型出版工程	内容 + 审批	弹性小	直接渠道	直接渠道

2. 营销模式

主题出版的产品开发分为两种情况：一类是由中央指定的部门编辑内容的出版物，比如马克思主义经典作家的著作、马克思主义中国化创新性成果即党的领袖人物的著作、重要文献选编、中共党史等重要出版物由中央党史与文献研究院负责编辑，由人民出版社、中央文献出版社等中央指定的出版社出版；另一类则属于自主开发，虽然需要专题报批但不属于指定出版社出版的主题出版物。它们在产品开发上都是内容 + 审批模式；在定价策略上，前者价格弹性小、后者价格弹性大；从销售渠道看，前者主要通过团体购买及专门渠道销售，还有一部分是通过零售，无论是团体购买还是零售，对渠道都有较强的依赖性。后者更多依赖市场；在推广策略上，需要调动媒体资源大力宣传，而且媒体对该类出版物的宣传具有很强的政治性,销售策略属于媒体组合＋渠道组合。大型出版工程由于是由国家立项、国家牵头,因此它在产品开发战略上属于内容＋审批模式;由于这类书规模宏大,因此总体价格都很高,销售数量受价格因素影响较小,价格弹性较小;购买这类出版物的一般都是规模较大的图书馆以及一些专业性图书馆,因此,它的营销对象固定、渠道直接;从推广策略上看,只要告知目标对象即可,因此直接渠道推广效果更好。

（三）集团化和数字化

当前中国出版业的集团化趋势与世纪之初相比发生了很大变化,当时着力打造若干家集团,但目前中国出版业的集团化战略已经告一段落,所以这里不做详细论述。简而言之,大众出版、教育出版和专业与学术出版各自打造属于自身板块的出版集团,比如大众出版集团、专业出版集团和教育出版集团。而主题出版则更有条件打造属于主题出版板块的集团,目前人民出版社、学习出版社、党建读物出版社、中央文献出版社、中共党史出版社等在主题出版方面有很大的交叉,如果进行集团化资源整合,效果会更好。但因为集团化只适用于企业化的经营单位,而这类出版物都带有政治性和公益性,因此,集团化并不符合主题出版的性质。而大型出版工程分布在不同出版领域,更无法集团化。

就数字化而言,上述两个类别的主题出版中,前一类主题出版品种更容易数字化,其数字化的社会效益和经济效益都更加明显,需要加大数字化步伐,并建立可进行多种检索和分析的数据库,对这类产品进行全方位、多角度的数字化开发;目前人民出版社已经在马克思主义经典著作及马克思主义中国化创新性成果方面的数字化做了大量工作,并取得了较好的社会效益和经济效益,但需要对这类资源再整合、再开发,形成党和人民宝贵的精神财富。后一类主题出版品种进行数字化开发的难度大一些,效果要差一些,但如果对这类资源集中进行整合,形成大数据,对扩大主题出版的影响力、传播力具有重大意义。而大型出版工程应该也更有条件进行数字化升级，将这些大型出版工程变成国家水平的大型数据库和知识服务库，在造福于民的同时，也更有利于走向国际，为在国际上建立中国话语体系、提升国际话语权作出特殊的贡献。

还需要指出的是，在数字化时代4P营销理论对有些营销现象的解释已经显得有些过时，应该把它与6C（Customer、Cost、Convenience、Communication、Chance、Change，即客户、成本、便捷性、沟通、机会、变化）、4R（Relevancy、Reaction、Relationship、Reward，即关联、反应、关系、回报）等新的营销理论结合起来加以分析。在数字传播环境下，4R理论对数字出版的营销模式以及盈利模式更有解释力。

（四）主题出版是近年来出版发展最有特色成绩最突出的板块

需要指出的是，当前各界对主题出版是否可以单独归为一类意见不一，有人曾撰文认为不应该将主题出版作为一个独立板块，对此，笔者不敢苟同。因为，在笔者看来，将主题出版与大型出版工程、教育出版、专业与学术出版、大众出版等并列为五大板块有利于加强主题出版工作，但出版类型的划分是一个开放性话题，支持将主题出版单独分类并不意味着相反的观点就是错误的。笔者将主题出版作为一个独立且最有特色的板块，有以下几点理由。

一是从逻辑角度而言，任何分类都是依照一定的标准进行的，而且不管哪种分类都是为了一定的目的服务的。在这个过程中，最重要的是分类标准明确且能够自洽。从上面各种类型的区分及其不同特点可以看出，主题出版与大型出版工程、教育出版、专业与学术出版、大众出版等板块之间在出版功能、商品特性、营销模式、集团化和数字化等方面具有不同特点。这一分类主要依据程三国先生对大众出版、教育出版和专业出版三大板块划分的标准，并根据近20年来出版业的新变化进行了扩展。在程三国先生的文章中，三大板块划分的主要依据是板块功能、商品特性、产业集中度、营销模式、集团化、数字化和全球化。从这个角度而言，如果承认程三国先生的划分标准，那么笔者依据这个标准把其他有不同特性的产品板块单独提出来作为一个独立的类别应该说也没有问题，因为新增加的两类在上述几个方面的确有不同于其他三类的特点。

二是从具体出版物角度而言，将出版业划分为专业与学术出版、大众出版和教育出版的传统做法本身也并不是没有值得商榷的地方，而且这三个板块之间的界限有时很难有统一划分标准，或者说其界限具有不确定性。比如冯友兰先生的《中国哲学简史》本来是给外国高校作教材的，国内一些高校也把它作为中国哲学史通识性教材，属于教育出版，但它又是一本学术含量很高的学术著作，提出了很多真知灼见，同时它又以较大的销量成为普及中国传统文化（特别是中国哲学）的大众图书。类似的还有黄仁宇的《万历十五年》，既是一本学术著作，又是一本大众图书，甚至还在美国若干大学被采用为教科书；很多经典性教材理所当然属于教育图书，但它们有很多又成为学术名著，比如马歇尔的《经济学原理》、穆勒的《政治经济学原理》都被商务印书馆纳入"汉译世界学术名著丛书"系列。还有的图书很难用这三种分类方式套用，比如《共产党宣言》《毛泽东选集》等是教材、学术著作还是大众图书？很难说具体归到这三类中的哪一类。因此，对于图书类别划分不能认为只有某种方式，其他方式就不行。另外，有观点认为由于主题出版贯穿于传统三大出版板块，所以不能将其单独归类。这一说法也是值得商榷的，例如马克思主义理论同样贯穿于几乎所有的哲学社会科学学科领域，却可以变成一门独立的学科，而且最新学科目录单独增加了"交叉学科"。所谓交叉学科，就是跨越不同学科领域的学科，这些交叉学科虽然和其他学科有交叉重叠之处，但单独放到被交叉的那个学科中时又都具有局限性，把它们单独作为某个交叉学科反而更有利于该学科发展，主题出版也同这种情况类似。

三是从出版管理的角度而言，无论是从宏观管理还是从微观管理而言，把主题出版作为独立的板块进行管理对于强化出版导向、加强重点出版工作、促进出版健康发展都是极其有效的方式。从现状看，在宏观管理方面，政府和行业组织逐渐倾向于对主题出版进行单独管理，比如国家出版基金开辟了主题出版专项资助，中国出版政府奖和中华优秀出版物奖都加大了对主题出版物的奖励力度，"十三五"和"十四五"两个时期的国家重点图书、音像和电子出版物出版规划都将主题出版规划单列并置于首位，由中国图书评论学会组织的年度"中国好书"评选也从 2014 年起单列年度荣誉图书和主题出版类图书。在微观管理方面，已有相当数量的出版单位或单独成立项目组和部门开展主题出版工作，或在选题规划上将主题出版作为独立板块进行运作，比如人民出版社、北京师范大学出版社、江西教育出版社和中信出版集团等都成立了主题出版部门，商务印书馆也有意识地对主题出版进行成体系、成规模的板块打造。这些出版社的类型不再局限于传统政治类出版社，也有社科社、大学社和教育社等。另据零售市场销售数据反馈，截至 2021 年底，主题出版物已经涉及全国 549 家出版机构，这意味着几乎所有出版社都参与了主题出版。这些都从一定意义上说明把主题出版作为一种类型或者一个板块进行管理，不仅不会影响主题出版的发展，反而还让出版单位具有主题出版的自觉，从而有利于促进主题出版健康发展。

四是从出版物展示和销售角度而言，将主题出版在图书封面进行显著标识以及通过专架或专题展示展销已成为各种渠道和场合的普遍做法。这一做法能够提升主题出版物的辨识度，加深读者对主题出版的理解，不仅不会成为读者寻找主题出版图书的障碍，反而有利于主题出版物的宣传、推广和销售。从已有的报道可知，无论是全国两会新闻中心，还是北京国际图书博览会的现场，无论是国内各大书展的入口或中央大厅，还是新华书店各门店入口最显眼处，都有主题出版物的专题展示或展销。近期部分省市出版集团还围绕"献礼二十大"开展了主题出版重点出版物的集中发布和展示活动。中宣部在每年公布主题出版重点出版物选题时也都会强调，在相关选题正式出版时可在出版物封面或外包装上标注"某年主题出版重点出版物"字样，并组织新闻媒体集中宣传报道这些出版物，也会要求各地区各部门、各书城和书店组织好重点出版物的宣传推介、展示展销活动。这些都表明主题出版在面向终端用户和读者时独立性越来越突出。

第二章　主题出版及其主要特征

托马斯·库恩在《科学革命的结构》一书中总结说，科学发展需要经过前科学、常规科学和科学革命三个时期。在这个过程中涉及的科学理论则是由一系列概念、判断和推理所组成的，范式的转移实质是新旧科学理论和概念的不断变迁。概念则是反映事物特有属性（固有属性或本质属性）的思维形式。认识是不断发展的，概念也是不断发展的。按照库恩的理解，在一个概念产生之初，各界对其认识不一是完全正常的，即使出现分歧也有其特殊的价值。主题出版概念正式提出只有十来年的时间，各界对主题出版认识的不断丰富和深化，不仅可以将主题出版的理论研究引向深入，也有利于指导主题出版实践活动。

一、主题出版概念的由来及演变

主题出版概念及其内涵和外延是我们首先要搞清楚的问题，其中存在一些以讹传讹的错误说法，有必要在认真核查历史文献的基础上加以澄清。

（一）主题出版概念的演变

通过现有的文献检索发现，在理论界最早提出主题出版这一概念的是王一方先生。王一方在 1999 年《中国图书评论》第 4 期发表了《卷帘天自高——关于二十年来科学文化主题出版的回顾与思考》一文，他在标题中用了主题出版这个概念。但他当时所讲的主题出版是指某一类别或者板块的出版活动，这篇文章就是回顾科学文化类别或者科学文化板块的出版情况。① 之后，王一方又引入营销理论中的主题营销概念，对主题出版进行了进一步界定，认为"图书市场从产品分类来讲有粗分、细分和异分。粗分讲的是三大出版：大众出版、专业出版和教育出版；细分讲的是主题出版；异分指的是一些新兴的、原来没有的板块"。这里他并没有对主题出版进行界定，但从上下文看，他所说的主题出版其实是围绕着某一细分市场的出版领域，因此，他把主题出版与主题营销一起进行分析研究。② 这一概念界定也被业界很多人借鉴或采用，如周斌就在一篇文章中对主题出版、主题营销、主题阅读三个概念进行了分析，认为"主题出版是指专业细分层面之下、文库丛书出版层面之上的出版行为"③。在这期间关于主题出版的新闻报道以及研究论文都基本沿用了与此类似的理解或表述。④ 但这些论述虽然用的是"主题出版"这个组合词，但另有其他含义，与我们所讨论的主题出版不是一码事，这里不作论述。

在笔者看来，将主题出版与特定重大主题联系起来是受到主题宣传这一概念的启发。从能够检索到的文献看，比较早地将主题出版与党和国家重点工作联系起来的是发表在《中国出版年鉴》上的一篇综述，该文提

① 王一方. 卷帘天自高——关于二十年来科学文化主题出版的回顾与思考 [J]. 中国图书评论, 1999(4).
② 王一方. 编辑与组合营销 [J]. 中国编辑, 2003(1).
③ 周斌. 出版战略中的几个"主题"策略 [J]. 出版参考, 2003(1).
④ 在此前后能够检索到的含有这一理解的报道包括：伊树《北大社：主题出版 项目拓展》，《中国图书商报》，2002 年 2 月 28 日；马国仓《四年打造一个品牌——主题出版营销篇》，《中国新闻出版报》，2002 年 7 月 26 日；小菲《社科文献社：五大板块演绎"主题出版"》，《中国新闻出版报》，2003 年 1 月 1 日；王梅《怎样强化编辑的主体意识》，《科技与出版》，2005 年第 5 期。

到"四川省委宣传部、省新闻出版局在西南书城、成都购书中心和全省其他市州新华书店联合举办了'纪念建党 80 周年出版物大联展'，集中展示展销省内及省外出版单位出版的纪念建党 80 周年出版物 3000 余种，共接待读者 300 万人次"，"有关建党 80 周年主题出版物销售额达 900 万元。这是近年来四川出版界举办的规模最大的一次主题宣传活动"。① 将主题出版与特定主题事件关联起来的是李星星《世界杯之后奥运出版会怎样》的一篇短报道②，但这篇短文并没有对主题出版进行界定，只是笼统地说主题出版是广义的选题，在此领域可有所作为。2010 年《出版广角》第 8 期开设了关于上海世博会主题出版的专题，发表了包括陈昕的《抓住世博机遇　促进出版繁荣》和刘筱燕《论主题出版的经济运作策略——以世博相关出版为例》等的一组文章。这两篇文章结合上海世纪出版集团配合世博会进行的世博主题出版活动，对主题出版的运作过程、群聚与经济效益做了探讨，并结合市场周期理论对主题出版图书的销售特点和销售周期等进行了较为深入的分析。但这两篇文章只是探讨了世博主题出版，并没有对主题出版概念进行进一步的界定和研究。

从中国知网能检索到的文献看，2011 年 5 月发表在《中国出版》上周蔚华的《紧紧围绕大局　做好主题出版》是第一篇对主题出版进行定义和对主题出版特点进行初步分析的文章。该文提出的"主题出版是围绕国家政治、经济、社会、文化等方面的工作大局，就党和国家发生的一些重大事件、重大活动、重大题材、重大理论问题等主题而进行的选题策划和出版活动"③ 被大多数研究者接纳和引用。2012 年中宣部余声在《中国编辑》发表的《做好主题出版，更好地为党和国家工作大局服务》中提出，"主题出版是指围绕党和国家工作大局，就一些重大会议、重大活动、重大事

① 王伟，邓兴 . 各地新闻出版工作（四川）[M]// 潘国彦 . 中国出版年鉴 2002：第二十二卷 . 北京：中国出版年鉴社，2002：78.
② 李星星 . 世界杯之后奥运出版会怎样 [J]. 出版参考，2006(22).
③ 周蔚华 . 紧紧围绕大局　做好主题出版 [J]. 中国出版，2011(5 上).

了主题出版三个最重要的属性：政治性、理论性、公益性。[①] 韩建民教授等认为政治性、学术性和市场性"三位一体"是主题出版的本质属性和底色。[②] 由此可以概括出主题出版具有政治性、理论性、学术性、公益性、市场性等多重特点。周蔚华在《紧紧围绕大局 做好主题出版》一文中总结了主题出版具有题材的重大性、鲜明的导向性、任务的明确性、性质的公益性和周期的时效性等五种特征。

近年来，随着主题出版的兴起、发展与壮大，随着题材的多样性和对主题出版认识的深化，对主题出版特性也有了一些新的认识，即主题出版的特性并不是单一的，而是多元的，有对立也有统一，在鲜明的政治性、题材的重大性和显著的导向性基础上，兼具任务性与自主性、公益性与市场性、时效性与长远性等特征。

（一）主题出版具有任务性与自主性

主题出版是围绕某项重大主题展开的，选题所涉及的论题集中，或者是通过对理论和现实的总结服务于我国的政治建设、经济建设、文化建设和社会建设，或者通过各种方式歌颂党和国家所取得的光辉成就，或者围绕人民群众普遍关心的理论和实践问题释疑解惑，或者为某项重大活动造势，如此等等，目标清晰，任务明确，这些工作多数是有关管理部门的要求或者任务布置，具有一定的刚性，因此它具有任务性特征。例如近期面世的《复兴文库》即是由党中央批准实施的重大文化工程，由习近平总书记亲自作序，在中央有关部门的统筹指导下成立《复兴文库》编委会承担具体编纂工作，中国出版集团所属的中华书局承担编辑出版工作。[③] 人民出版社则被指定承担党中央交办的"党和国家最高领导人的综合性文集和讲话单行本"的主题出版任务。这类选题还有很多，不再一一列举。

① 刘建国 . 2009 年全国新闻出版（版权）工作 [M]. 北京：中国出版年鉴社，2010: 34.
② 韩建民，付玉 . 主题出版发展观察与误区匡正 [J]. 科技与出版，2022(7).
③ 史竞男，王鹏 . 修史立典 存史启智 以文化人——大型历史文献丛书《复兴文库》编纂出版记 [EB/OL].(2022-11-16)[2022-11-27]. http://m.news.cn/2022-11/16/c_1129132796.htm.

这是主题出版的一个鲜明特征。

但从另一个方面来说，主题出版既有政治任务的属性，但由于做什么样的主题出版选题，如何做这样的选题，各个出版社又具有自主性和个性特征。同时，由于主题出版有着广阔的市场需求和市场发展空间，目前主题出版的发展模式已经由政府主导向政府引导、出版单位主导转变，选题类型和参与主体大为扩展，任务属性显著降低，自主性大大增强。因此，单纯讲主题出版的任务性是不全面的，否认主题的任务性也有一定的片面性。二者具有统一性和共性，不能把两者对立起来。

（二）主题出版具有公益性与市场性

"公益"一词在《现代汉语词典》（第7版）中的解释为"公共的利益（多指卫生、救济等群众福利事业）"，国外对应的英文有"Public Benefit"（公共利益）和"Public Welfare"（公共福利）等。由此可知"公益"可以分为社会公共利益和公共福利两个方面，其中前者的公益提供方式多种多样，后者的公益提供方式则一般由非营利组织承担。主题出版是社会意识形态和价值体系建设的重要组成部分，可以视为一种"公共利益"，但是从这个角度讨论主题出版的公益性意义不大，因为我们可以说任何出版物都具有社会共同利益层面的公益性。我们这里讨论的"公益性"产品是指市场失灵的部分，即这类产品的外部效益为正，即对于生产者来说，私人收益小于社会收益，其"私人成本"大于"社会成本"，整个社会获得了正效益。我们此处讨论主题出版的"公益性"主要就是指向这一类产品。根据经济学原理，对于公共物品，如果产生负效益，社会要给予生产者一定的处罚，从而弥补社会为其所承担的成本；如果产生正效益，社会应该给予生产企业一定的补偿，以弥补该企业为社会所承担的额外成本。对于主题出版，之所以强调其公益性，就是它更多地承担了弘扬主流价值观等正向的公共职能，公共部门需要给予其一定的补偿。从这一理论出发，有一部分主题出版物因为任务性和时效性强、读者面窄和市场风险大，导致一般出版机构没有动力去出版，需要在政府支持的前提下借助公益性出版单位或其他指定出版单位的力量来完成出版，并以免费或低价的方式提供给人民群众，因此具有公益属性或公共物品属性，需要政府通过其他方式补偿。当然，我们也要看到主题出版的定义中并没有对出版物类型和出版主体进行限定，而只是限定了"题材"和"主题"，因此公益性主题出版物并不是主题出版的全部，公益性出版单位或其他指定出版单位也不是提供主题出版物的唯一主体，其他出版单位在坚持"题材"和"主题"围绕党和国家中心工作的基础上，同样可以遵从一般图书作为私人物品的原则依据市场规律进行主题出版物的生产和交易，并可以通过有效的策划和营销，使其成为畅销和常销产品。两类主题出版物的共存让主题出版在公益性和市场性上实现了统一，也极大地繁荣了主题出版物市场，正因此我们看到市面上不仅活跃着集各方力量、用时仅48小时即出版并免费供读者阅读的《新型冠状病毒感染防护》等抗疫读物，由仅具有公共服务性质的物品变成完全的公益性物品；也有着由部分出版社精心策划出版的"中国三部曲"：《中国震撼》《中国触动》《中国超越》，《大国大城》《置身事内》等大众畅销书供广大读者自由挑选，成为公益性和商品性兼具的产品，并获得了社会效益和经济效益双丰收。

（三）主题出版具有时效性与长远性的统一

过去在认识主题出版时过分注重时效性是不全面的。但我们也不可否认，有些事件或者时间节点的确带有时效性，比如纪念某事件多少周年的出版物或某次大会的辅导材料，这类主题出版物在当时是按照管理部门的安排或者要求出版的，如果过了特定时间再出版就没有多少读者了，因此具有很强的时效性。我们不能以部分主题出版物的时效性否定大部分主题出版物应该着眼于长远，同样也不能以大部分主题出版物的长远性来否定部分主题出版物的时效性，两者都既是管理部门以及出版机构的责任和工作要求，也是市场的要求，有些时效性主题出版物同样具有很大的市场。因此,时效性与长远性之间并不是替代关系,而是不同类型的产品所具有的不同属性。全面理解主题出版的特性,就应该将时效性与长远性相结合,立足长远,"鼓励策划经得起历史检验的传世之作",出版界当然需要像《红岩》这类长销不衰的主题出版物,但我们同样需要像《一起去看冬奥会》这样的时效性出版物。单纯强调一个方面而否认另一方面也是不全面的。

　　因此,我们在做主题出版选题时,要全面地看待主题出版的特性,不能以一种特性否认另外一种特性,并在坚持主题出版特性的同时更好地发挥主题出版的功能。

第三章　主题出版的功能

　　主题出版在当代中国出版中居于何种地位？要回答这个问题，须回到当代中国出版的使命和任务这个更基本的问题上去。长期以来，出版的使命或任务被概括为以下几点：传递信息、传播知识、传承文化、教化育人、提供娱乐等。这是出版的一般功能，在任何国家甚至任何时期都是适用的，但中国当代出版有自己的特殊使命，即党的出版方针所确定的使命和任务。

一、出版的一般功能

　　对于中国当代出版的使命和任务，新中国成立以来的不同时期有不同的表述。新中国刚刚成立时，朱德代表党中央在全国新华书店出版工作会议上就提出："过去，出版工作是为革命军事服务，为人民的政治斗争事业服务，现在，全国的生产建设事业开始了，出版工作就更要为生产建设事业而服务……革命的出版工作者必须时时刻刻记得他是对人民负责的，是在人民中的政治工作者、宣传工作者，因此他就首先要向人民大众学习，能够认真向人民学习的人才能够做好教育人民的工作。"[1] 同一天，

---

[1] 中国出版科学研究所，中央档案馆. 中华人民共和国出版史料：1[M]. 北京：中国书籍出版社，1995：250—251.

《人民日报》发表短评指出：出版工作为生产建设服务是出版事业第一位的任务。为此，就必须集中全力宣传毛泽东思想，宣传党和人民政府的各种基本政策，传播生产建设的各种经验，以及围绕着生产进行文化科学教育。[①] 这里，对出版工作的任务做了初步规定，即"一个中心、四个方面"，中心是为生产建设服务，四个方面即宣传毛泽东思想、阐释党的方针政策、传播生产经验、进行文化科学教育。但在新中国成立之初，普及教育科学知识被放在重要地位，对宣传马克思主义有所忽视。因此，胡乔木在 1951 年 8 月提出了"改进出版工作"的问题，他尖锐地指出，我们的出版工作对宣传马克思主义还没有充分的认识，因此"出版工作第一项的任务就是宣传马克思主义"，"出版工作应该为宣传马克思主义而斗争"，各出版社都要有宣传马克思主义的专门计划。他还指出，人民出版社固然要有这样的宣传计划，其他出版社，甚至每一个刊物，不管是什么性质，都应宣传马克思主义，"出版工作是我们宣传马克思主义最集中、有效，影响最广的武器，出版行政机关应该紧抓住这一个环节，不能放松"。[②] 可以看出，这里提出的出版第一位的工作和此前的提法已经有了一些重大变化，从之前的为生产建设服务转变为宣传马克思主义，后者从四项出版工作之一提升到第一位的工作。但胡乔木并没有把它作为唯一的任务："要宣传马克思主义，也要出版一切对人民有益、为人民所需要的东西，这是思想战线上极繁重的工作。"[③]

此后，出版管理部门在相关文件以及工作计划中进一步将胡乔木提出的两个方面的任务细化。如胡愈之在提出 1953 年的出版方针和计划时

① 中国出版科学研究所，中央档案馆. 中华人民共和国出版史料：1[M]. 北京：中国书籍出版社，1995：252—253.
② 中国出版科学研究所，中央档案馆. 中华人民共和国出版史料：3[M]. 北京：中国书籍出版社，1996：245—248.
③ 中国出版科学研究所，中央档案馆. 中华人民共和国出版史料：3[M]. 北京：中国书籍出版社，1996：248.

指出，一般书籍应以马克思列宁主义和毛泽东思想的著作出版为第一位。出版工作的首要任务是宣传马克思列宁主义和毛泽东思想，以马克思列宁主义武装我们劳动人民的头脑，提高思想理论水平。第二位是自然科学，工农业生产技术的书籍以及文艺书籍。第三位是一般文化读物，包括工具书、少年儿童读物和其他读物。此外还有课本、图片和画册、外国语文书籍、少数民族语文书籍等。[①] 可以看出，胡愈之对出版物的分类已接近目前所划分的主题出版、大众图书、教育图书以及专业与学术图书的类别划分。1954 年，中共中央在批转《中央宣传部关于改进人民出版社工作状况的报告》时提出，人民出版社首先应集中主要力量出版以下几项书籍：1.马克思、恩格斯、列宁、斯大林与毛主席的著作。2.中共中央的文件。3.苏联共产党的文件。4.有关党的建设的读物。5.阐释和宣传马克思列宁主义理论的读物，此项读物内容主要可有下列两个方面：一是解释马克思、恩格斯、列宁、斯大林的经典著作，解释毛主席的著作；二是解释马克思列宁主义关于各方面的问题，如马克思列宁主义关于社会主义建设问题、民族和殖民地问题、资本主义总危机问题、农民问题、妇女问题等的理论。6.国家的政策法令及其解释。7.我国的哲学及社会科学著作和苏联重要学术著作的翻译。[②] 这里提出的人民出版社的七项任务中，除第七项不属于人们所理解的主题出版外，其余六项都属于主题出版的范围（苏联共产党的文件在当时的地位类似于我党的文件）。而其中又可细分为四类：第一类也是最重要的一类即马克思主义经典著作及马克思主义中国化的最新成果——毛泽东著作的出版；第二类是对马克思列宁主义、毛泽东思想的阐释和宣传类著作；第三类是党的文件及政策法规，第四类是党建读物。1955 年，当时的文化部出版事业管理局在《出版事业十五年远景计划

① 中国出版科学研究所，中央档案馆. 中华人民共和国出版史料：4[M]. 北京：中国书籍出版社，1998：280—281.
② 中国出版科学研究所，中央档案馆. 中华人民共和国出版史料：6[M]. 北京：中国书籍出版社，1999：194.

（1953—1967）（草案）》中提出："有系统地出版马克思列宁主义经典著作，广泛宣传马克思列宁主义，反对各种资产阶级思想，是出版工作的首要任务。"在三个五年计划的具体任务中，每个五年计划的第一项都是有系统地出版马克思列宁主义经典著作，编辑出版毛泽东著作；第二项是大量出版爱国主义、国际主义，宣扬辩证唯物论，反对各种唯心论和形而上学的书籍，宣传马克思列宁主义的普及读物，加强出版结合我国革命实践、社会主义建设和党的建设的图书；第三项是科学技术书籍、科普读物、通俗读物和少年儿童读物；第四项是各类教科书；第五项是中国古籍整理及翻译成白话文工作；第六项是外国科学文学名著的翻译；第七项是汉语图书外译；第八项是少数民族文字出版；此外还有工具书的出版等。

可以看出，其中的第一、二项出版工作就属于主题出版范畴。20世纪60年代文化部提出：出版社的基本任务就是宣传马克思列宁主义、毛泽东思想；宣传党的路线、方针、政策；普及各种文化科学知识、教育人民，要使知识成为全体人民的武器；提高理论和学术水平，积累文化，促进科学、文化的发展、繁荣。[1] 1983年发布的《中共中央、国务院关于加强出版工作的决定》指出："我国的出版事业，是党领导的社会主义事业的一个组成部分，必须坚持为人民服务、为社会主义服务的根本方针，宣传马克思列宁主义、毛泽东思想，传播一切有益于经济和社会发展的科学技术和文化知识，丰富人民的精神文化生活。"[2] 1997年首次颁布、2011年修订的《出版管理条例》提出："出版活动必须坚持为人民服务、为社会主义服务的方向，坚持以马克思列宁主义、毛泽东思想、邓小平理论和'三个代表'重要思想为指导，贯彻落实科学发展观，传播和积累有益于提高民族素质、有益于经济发展和社会进步的科学技术和文化知识，弘扬民族

---

[1] 中国出版科学研究所，中央档案馆.中华人民共和国出版史料：12[M].北京：中国书籍出版社，2009：51.

[2] 新闻出版总署图书出版管理司.图书出版管理手册[M].北京：中国法制出版社，2006：159.

优秀文化，促进国际文化交流，丰富和提高人民的精神生活。"① 如今我国发生了巨大变化，进入了一个新时代，《出版管理条例》于 2020 年 11 月 29 日完成了第 5 次修订，将习近平新时代中国特色社会主义思想作为指导思想，作为马克思主义中国化创新的最新成果纳入其中。习近平总书记的重要著作及对习近平新时代中国特色社会主义思想宣传阐释的选题，应是当前最重要的出版任务。

二、主题出版的功能

（一）传播真理，宣传马克思主义理论

领导我们事业的核心力量是中国共产党，指导我们思想的理论基础是马克思主义及以毛泽东思想、中国特色社会主义理论体系和习近平新时代中国特色社会主义思想为代表的中国化的马克思主义系列成果。从新中国成立 70 多年来当代中国出版工作的使命任务看，马克思主义经典著作的出版、马克思主义中国化代表人物著作的出版始终是第一位的出版任务。宣传马克思列宁主义、毛泽东思想、邓小平理论、"三个代表"重要思想、科学发展观、习近平新时代中国特色社会主义思想，弘扬社会主义核心价值体系，宣传各个时期党的路线、方针、政策，围绕各个时期党和国家的中心任务进行宣传策划和出版，用马克思主义立场、观点、方法阐释和分析现实问题，为广大人民群众释疑解惑，统一全党和全国人民的思想，成为出版的重中之重，因此主题出版是出版中"普照的光"，决定了当代中国出版的导向和方向。正如马克思在《〈政治经济学批判〉导言》中所说："在一切社会形式中都有一种一定的生产决定其他一切生产的地位和影响，因而它的关系也决定其他一切关系的地位和影响。这是一种普照的光，它掩盖了一切其他色彩，改变着它们的特点。这是一种特殊

---

① 新闻出版总署出版管理司. 图书 音像 电子出版物出版管理手册 [M]. 北京：中国法制出版社，2013: 21.

的以太，它决定着它里面显露出来的一切存在的比重。"①

主题出版是中国特色社会主义出版事业最显著的特点，是党的主张、国家意志在出版领域最重要的标志，是中国出版业的灵魂，对教育出版、专业与学术出版和大众出版等其他出版领域具有统领性和指导性，出版的政治性、思想性、导向性在主题出版领域得到最准确和鲜明的体现，如果说其他几种出版领域的主要职能是传递信息、传播知识、传承文化、教化育人、提供娱乐等，那么主题出版的主要功能更多的是传播真理、确立价值、明确信仰、坚定信念，其他出版领域如果离开了主题出版，离开主题出版所体现的思想观念、价值理念等，就会失去灵魂、失去方向，这就是主题出版在当代中国出版中的地位。主题出版是最能体现出版业社会效益和经济效益高度统一的领域，要高度重视其政治性、思想性、导向性和公益性性质，最大限度发挥其社会效益，与此同时，高质量的主题出版策划和主题出版活动也能够切实回应广大人民群众的关切，传达人民群众的呼声，解答人民群众的思想认识困惑，满足人民群众对美好精神生活的需求，可以切合市场的需要，产生巨大的经济效益，形成巨大的社会影响力。因此，出版业在任何时候都必须把主题出版作为中心任务抓实抓好，使主题出版在促进中国当代出版事业的发展和繁荣中持续发挥引领作用。

过去我们比较重视出版业传播知识的功能，但对其通过追求真理而树立信仰的功能却没有给予应有的重视。实际上，在实践领域，出版对于树立信仰的功能在传统出版环境下是一直得到高度重视的，比如，在我党的历史上，很多人通过阅读《共产党宣言》而树立了共产主义的坚定信仰，并由此走上革命的道路。毛泽东在回忆自己的革命经历时曾说："正是《共产党宣言》这部马克思主义著作，使我树立起对马克思主义的信仰。

① 马克思, 恩格斯. 马克思恩格斯文集：第八卷 [M]. 北京：人民出版社, 2009: 31.

我接受了马克思主义，认为它是对历史的正确解释，以后，就一直没有动摇过。"① 邓小平等党的领袖也曾有类似的经历，比如邓小平在南方谈话中就谈到《共产党宣言》《共产主义 ABC》对他人生信仰及革命道路的影响。主题出版的最大功能就在于传播真理、塑造信仰。我们党历来重视马克思主义经典著作的出版，重视马克思主义中国化代表人物的创新性成果的出版，其中的根本原因，并不仅仅是传播马克思主义及其中国化理论成果的知识，更重要的是传播认识世界、改造世界的真理，树立共产主义这一标志着人类解放和自由全面发展的崇高理想和奋斗目标，这一点在我们的出版理论研究中却常常被忽视了。因此，需要我们重新加以认识。

中国共产党是用马克思主义武装起来的政党，马克思主义是中国共产党人理想信念的灵魂。早在抗日战争时期，毛泽东就指出："如果我们党有一百个至二百个系统地而不是零碎地、实际地而不是空洞地学会了马克思列宁主义的同志，就会大大地提高我们党的战斗力量。"② 马克思主义经典著作及其中国化的马克思主义，不仅仅是认识世界的工具，更是改造世界的锐利武器，它把"批判的武器"变成"武器的批判"，它把信仰建立在认识自然、社会和人类发展的客观规律的基础上，从而使信仰的力量与真理的力量有机结合，把事实和价值高度统一，把理论和实践高度统一，将科学理论转化为认识世界、改造世界的强大物质力量。正如习近平在纪念马克思诞辰 200 周年大会上的讲话中所指出的："共产党人要把读马克思主义经典、悟马克思主义原理当作一种生活习惯、当作一种精神追求，用经典涵养正气、淬炼思想、升华境界、指导实践。"③

（二）传播观念，在全社会形成对社会主义核心价值观的认同

出版在传播观念、认同价值方面的功能体现在各个出版领域，但主题

① 毛泽东 . 毛泽东自述 [M]. 北京：人民出版社，2008：45.
② 毛泽东 . 毛泽东选集：第二卷 [M]. 北京：人民出版社，1991：533.
③ 习近平 . 在纪念马克思诞辰 200 周年大会上的讲话 [N]. 人民日报，2018-05-05.

出版对这种功能的发挥尤其突出。主题出版在传播观念中的作用主要体现在宣传社会主义核心价值体系、践行社会主义核心价值观方面。价值观是文化最深层的内核，价值观自信是文化自信最本质的体现；核心价值观是一个民族赖以维系的精神纽带，是一个国家共同的道德基础；"社会主义核心价值观是当代中国精神的集中体现，凝聚着全体人民共同的价值追求"。[①] 主题出版的功能除了传播真理、塑造价值之外，另一个极其重要的功能就是通过主题出版物，发挥社会主义核心价值观对国民教育、精神文明创建、精神文化产品创作生产传播的引领作用，把社会主义核心价值观融入社会发展各个方面，形成社会共识，并转化为人们的价值认同、情感认同和行为习惯。

主题出版对主流观念的传播还表现在主题出版与大众出版的密切结合上。由于主题出版和大众出版一样需要通过广泛传播来实现其传播功能，因此，它必须充分关注社会关切、回应社会关切，及时吸收新思潮、新观念、新方法，成为思想解放的启动器，思想启蒙的助推器。例如，在新技术革命浪潮中，20 世纪 80 年代出版的《第三次浪潮》《大趋势》《后工业社会的来临》《未来之路》《数字化生存》等畅销书让国人及时了解了世界信息革命发展的新动向，其中很多观念振聋发聩，对于我们了解世界信息革命的现状、发展趋势等起到了思想启蒙作用，对于我们迎头赶上信息革命浪潮，实现弯道超车起到了不可估量的作用。在确立社会主义市场经济体制的过程中，像《中国社会主义经济问题研究》《论竞争性市场体制》《中国经济调整改革与发展》《走向繁荣的战略选择》《短缺经济学》《看不见的手》等图书一时洛阳纸贵，对于确立社会主义市场经济体制起到了知识普及和观念启迪的作用。像《苍天在上》《大雪无痕》《人间正道》《人民的名义》等反腐题材的作品，既揭露了腐败现象，又显示

---

① 习近平.决胜全面建成小康社会夺取新时代中国特色社会主义伟大胜利 [N].人民日报,2017-10-28.

了我党对腐败零容忍的坚定决心，起到了弘扬正义、惩恶扬善的积极作用。像《学习的革命》之于终生学习观念、素质教育观念的普及，《细节决定成败》之于工匠精神的继承和发扬光大，《平凡的世界》之于中国农村社会的巨大变迁以及普通农民在大时代变迁中的曲折成长历程的深刻揭示，如此等等，这些出版物对于传播新观念，接受新思潮，确立社会主义核心价值观都具有直接的推动作用。

（三）凝聚共识，促进党的理论和路线方针政策的贯彻落实

运用媒体宣传党的路线方针政策，让最广泛的人民群众迅速知晓，并变成群众自觉的行动，这是我党宣传思想工作的一项基本要求。1948年，毛泽东在《对晋绥日报编辑人员的谈话》中就明确提出："报纸的作用和力量，就在它能使党的纲领路线，方针政策，工作任务和工作方法，最迅速最广泛地同群众见面。"[1] 要善于把党的方针政策变为群众的行动，不但领导干部懂得，而且广大的群众都能懂得，都能掌握。要充分地利用报纸从思想上进行群众路线的教育。通过报纸宣传党的方针政策，加强党和群众的联系，坚持走群众路线，就要发动群众，激发群众的积极性和创造力。邓小平提出："党报党刊一定要无条件地宣传党的主张。"[2] 习近平总书记也强调："党中央制定的理论和路线方针政策，是全党全国各族人民统一思想、统一意志、统一行动的依据和基础。"[3] 因此，宣传思想工作要把围绕中心、服务大局作为基本职责，"坚定宣传党的理论和路线方针政策，坚定宣传中央重大工作部署，坚定宣传中央关于形势的重大分析判断，坚决同党中央保持高度一致，坚决维护党中央权威"[4]。主题出版从其诞生起就以围绕中心、服务大局为基本遵循，坚定地宣传贯彻党中央的理论和路线方针政策，是其天然的职责，如果不能做到这一点，主题出版

① 毛泽东. 毛泽东选集：第四卷 [M]. 北京：人民出版社，1991：1318.
② 邓小平. 邓小平文选：第二卷 [M]. 北京：人民出版社，1994：272 .
③ 习近平. 习近平著作选读：第一卷 [M]. 北京：人民出版社，2023：194.
④ 习近平. 习近平著作选读：第一卷 [M]. 北京：人民出版社，2023：148.

就失去了存在的依据。中宣部关于做好年度主题出版工作的通知中,很多内容都涉及如何做好党的理论和路线方针政策的宣传贯彻选题,中宣部每年推荐的主题出版重点出版物中也包括了很大比例的关于党的理论和路线方针政策宣传解读的出版物,它对于统一思想、凝聚共识、形成贯彻落实党的路线方针政策的自觉意识具有直接的作用,也能够更好地把党的理论和路线方针政策变成人民的自觉行动。

(四)形成合力,推动社会不断进步

出版形成社会合力、推动历史进步的功能受到了史学界很多研究者的关注,但在出版理论研究中却未受到应有的关注。劳伦斯·斯通和罗杰·夏蒂埃分别研究了英国革命和法国大革命的原因,并特别突出地分析了这两次革命的文化起源。他们通过对当时社会的宗教信仰、司法观念、文化理想、思想态度和知识分子的挫折感等五个方面的分析,认为正是出版(印刷术)与人们的思想启蒙之间有着内在的联系,并成为革命的重要因素。斯通认为新思想、新价值观成了英国革命文化起源,并促使了英国革命的产生。夏蒂埃认为,虽然不能证明法国大革命直接源于新兴的出版业及其所传播的新观念,但法国大革命与启蒙运动之间具有互相促进的作用。夏蒂埃指出,"思想或文化模式的传播是一个充满动能和创造性的过程",[①] 正是出版(印刷术)打通了私人领域和公共领域。他还引述了启蒙思想家孔多塞的话说:"印刷术所形成的公共舆论,因分享它的人众多而强大,因决定其内容的主旨同时涉及所有人的头脑——哪怕他们之间距离很远——而充满活力。"[②] 其实,早在 19 世纪托克维尔就关注到了这个问题,他在《旧制度与大革命》一书中专门谈到了出版业对革命的影响,他在谈到法国启蒙思想家对革命的影响时指出:"伟大人民的政治教育完全由作家来进行,这真是一件新鲜事,这种情况也许最有力地决定了法

---

① 罗杰·夏蒂埃.法国大革命的文化起源 [M].洪庆明,译.南京:译林出版社,2015:17.
② 罗杰·夏蒂埃.法国大革命的文化起源 [M].洪庆明,译.南京:译林出版社,2015:29.

国革命本身的特性，并使法国在革命后呈现出我们今天所见到的容貌。作家们不仅向进行这场革命的人民提供了思想，还把自己的情绪气质赋予人民。"① 出版通过传播新思想、新观念，形成公共舆论，进而形成一种推动社会进步的合力，这种社会合力既具有批判性、革命性，形成对阻碍历史发展进步的旧思想、旧观念和旧体制的强大冲击力量，又具有建设性，向人们传播符合先进文化前进方向的新思想、新观念、新体制，形成推动人类进步和社会发展的信念、态度和价值，变成具有充满动能和活力的正能量，不断推动社会向前发展。在当代中国，出版在实现中华民族伟大复兴中国梦过程中能够起到凝聚民心、鼓舞士气、振作精神、形成合力的作用，使人们朝着党中央确立的宏伟目标团结一心向前进。

总之，对出版的功能需要进行再认识，一部当代中国图书出版史就是一部马克思主义理论传播和普及的历史，是马克思主义中国化和精神物化的历史，是社会主义核心价值观传播与普及的历史，是凝聚共识、宣传贯彻党的路线方针政策的历史，也是形成合力、推动人类进步和社会发展的历史。

三、认识主题出版功能所要坚持的几个原则

对主题出版功能要有正确的认识，不能脱离出版本身，不能脱离对主题出版的界定，更不能脱离特定的时代背景，为此需要坚持以下原则。

（一）在出版功能的基础上理解主题出版的功能

出版属于上层建筑范畴，是社会意识形态的有机组成部分，它虽然对生产力的发展有巨大的反作用，但对社会发展起决定性作用的仍然是生产力。因此我们不能过分夸大作为出版业组成部分的主题出版对特定社会和时代进步整体上的推动作用。我们曾将出版功能概括为"传播真理，

---

① 托克维尔.旧制度与大革命 [M].冯棠，译.北京：商务印书馆，1992：181—182.

塑造信仰；传播观念，认同价值；传递信息，服务大众；传播知识，教化育人；传承历史，创造转化；呈现前沿，促进创新；规范话语，形成标准；提供娱乐，丰富生活；连接中外，交流文化；形成合力，推动社会"等十个方面。主题出版最主要的任务和目的是"围绕中心、服务大局"，着力点则是发挥出版在社会主义意识形态建设，宣扬党的价值主张、决策部署和重点工作中的显著作用。前者主要是传播党在各个时期的指导思想，帮助各界建立对马克思主义和中国特色社会主义道路的坚定信仰，后者则是通过宣传贯彻党的价值主张和决策部署，形成人民群众对其的认同，进而凝聚力量和共识，因此对主题出版物而言，虽然它们也具有其他功能，但"传播真理，塑造信仰""传播观念，认同价值""形成合力、推动社会"无疑是其最重要的功能。

（二）不超过"主题"的范围理解主题出版的功能

主题出版有其特定的范围和题材，不是无所不包的，因此它也不可能是无所不能的。从哲学角度而言，出版的本质属性应该是如何处理精神产品的个性化生产与它的社会化传播之间的矛盾。从指导思想的角度而言，中国特色社会主义出版业必须坚持马克思主义出版观，坚持党管出版，坚持为人民服务、为社会主义服务，坚持百花齐放、百家争鸣，坚持创造性转化、创新性发展，坚持以人民为中心的价值导向，坚持高质量发展，坚持把社会效益放在首位、社会效益和经济效益相统一，坚持守正创新，等等。这些才是中国语境下出版的本质属性和要求。

（三）用发展的眼光看待主题出版的功能

现阶段主题出版的功能需要放到中国特色社会主义新时代的背景中去理解和把握。笔者认为主题出版反映的是党和国家的意志，是马克思主义出版观和中国共产党出版理论相结合的必然产物，也是党性原则在出版工作中的具体体现。它围绕党和国家中心工作的需求开展出版活动，实际上扮演了党和国家管理出版工作的重要抓手的角色。党通过主题出版工程实施过程中自上而下的政策引导、规划制定、项目遴选和奖项评比，出版单位通过自下而上的选题策划、申报和项目实施，不仅有效引导了整个出版业出版内容的政治方向、出版导向和价值取向，也实现了主流价值观的有效传导和互动。党的二十大报告对社会主义文化建设提出了新要求，在这其中主题出版肩负着"举旗帜、聚民心、育新人、兴文化、展形象"的重要职责，对于建设具有强大凝聚力和引领力的社会主义意识形态，巩固壮大主流思想舆论，推动践行社会主义核心价值观，提升国家文化软实力和中华文化影响力等方面都将发挥不可忽视的重要作用。

第四章　主题出版与马克思主义著作的传播

在马克思主义及其中国化的传播过程中，主题出版发挥着独特的作用，它对于马克思主义和共产主义信仰的确立，对于人们关于自然、社会和人类自身发展的规律性认识即真理的传播，对于用马克思主义理论武装全党、提高全党的理论水平，对于党的领导骨干的培养和党的干部的成长，对于马克思主义中国化、时代化、大众化，提高全民族的马克思主义理论素养等都起到了不可替代的独特作用。

一、主题出版是马克思主义在中国传播的主力军和主阵地

自 19 世纪 40 年代开始，马克思主义和社会主义思潮在欧洲已经造成轰轰烈烈的影响，却长期没有在中国传播，这种状况既与我国当时的媒体不发达有直接的关系，也与清政府奉行的"中学为体、西学为用"的开放观有很大关系。但甲午战争后，一部分较早觉悟的知识分子（包括在华外国人）深切感到，单纯学习西方的器物并不能使中国强大，要使中国摆脱落后挨打的状况，必须学习借鉴西方的先进思想，这才是治本之道。从 19 世纪末开始，各种报刊、出版机构开始有一定规模地介绍西方各种思潮，其中对马克思主义的介绍和分析，使在黑暗中探索救国道路的中国人

找到了光明，看到了希望。

马克思主义在中国传播的过程中，其他传播媒介和传播方式当然都发挥着一定的作用，但主题出版在其中担当着主力军和主阵地的重任。

由于马克思主义是一个具有系统的理论体系的学说，很多代表性作品都是以著作的形式出现，因此翻译出版马克思主义理论方面的图书，对于中国人系统地了解和掌握马克思主义至关重要。马克思主义刚引入中国不久，上海广智书局就分上下两卷出版了赵必振翻译、日本学者福井准造著的《近世社会主义》，这是中国出版的第一本介绍马克思主义的译著。《共产党宣言》《社会主义从空想到科学的发展》的第一个全译本也是分别由社会主义研究社和上海益群书社出版的。中国共产党刚一成立就组建了党的重要出版机构——人民出版社，并翻译出版了一批重要的马克思主义经典著作。后来，党领导下的出版机构——解放出版社、华兴书局、生活书店、新知书店和读书生活出版社等一大批出版机构始终将马克思主义著作的翻译出版以及马克思主义中国化的代表性成果，如毛泽东等领导人的著作出版作为中心工作。

除了党领导下的出版机构外，由于马克思列宁主义的理论魅力以及它对解决中国社会问题的强烈的解释力和说服力，在五四运动之后的很长一段时间，社会上兴起了"马克思主义热"和"社会主义热"，因此商务印书馆、大东书局、昆仑书店、神州国光社等一些商业出版机构也纷纷加入翻译出版马克思主义著作的行列，大量翻译、翻印出版《资本论》《政治经济学批判》《哲学的贫困》等马克思主义的代表性著作，有些出版社虽然是为了商业利益，但在客观上无疑促进了马克思主义在中国的传播。

新中国成立后重建的人民出版社在《人民出版社组织条例》中明确提出，人民出版社的"主要任务为出版马克思列宁主义和毛泽东思想的经典著作、党和政府的政策文件、党政领袖著作及其他社会科学著作"①。在这个《组织条例》中，人民出版社共有五个与图书相关的编辑室，其中有两个编辑室负责马克思主义经典作家著作和党中央领导同志的著作出版，足见其对马克思主义及其中国化著作出版的重视程度。此后，根据专业分工和出版社职能定位，人民出版社就长期成为我国编辑出版马克思主义及其中国化成果的最重要出版机构，也是马克思主义及其中国化重要成果的最重要传播机构。改革开放后，人民出版社与中央文献出版社、学习出版社等出版机构一起成为马克思主义及其中国化理论成果、马克思主义理论宣传的重要阵地。

二、主题出版读物引导大批革命者走上马克思主义指引的革命道路

20 世纪 20 年代前后，马克思主义、社会主义思潮大量传入中国并对当时的社会产生了巨大影响和强烈冲击，当时中国翻译出版的《共产党宣言》《资本论介绍》《社会主义史》《社会主义精髓》等马克思主义经典著作，对于苦苦寻找救国救亡真理的中国人来说，就像在黑暗中摸索的探路人遇到了指路的灯塔，很多人就是通过阅读马克思主义的著作加入了中国共产党，坚定了共产主义理想信念，并走上了马克思主义所指引的中国革命道路。

毛泽东曾经多次谈到《共产党宣言》对他本人的影响，他说，"《共产党宣言》，我看了不下一百遍，遇到问题，我就翻阅马克思的《共产党宣言》"②，"有三本书特别深刻地铭记在我的心中，使我树立起对马克思主义的信仰。我接受马克思主义，认为它是对历史的正确解释，以后，就

---

① 中国出版科学研究所，中央档案馆.中华人民共和国出版史料：5[M].北京：中国书籍出版社，1999：290.
② 曾志.谈谈我知道的毛泽东[M]//《缅怀毛泽东》编辑组.缅怀毛泽东.北京：中央文献出版社，1993：400.

一直没有动摇过"①。这三本书中就包括《共产党宣言》，从此，毛泽东就确立了对《共产党宣言》基本原理的终身信仰，开始了他对真理的执着追求。邓小平在南方谈话中也谈到他的入门老师是《共产党宣言》和《共产主义 ABC》。刘少奇、周恩来刚参加革命工作不久就熟读《共产党宣言》，并把这本书推荐介绍给其他同志阅读。刘少奇早年在上海参加了上海共产主义小组创办的干部学校，教材就是《共产党宣言》，讲授者正是这本书的中文译者陈望道，后来刘少奇到苏联东方大学学习时，《共产党宣言》依然是他学习的主要课程。周恩来和蔡和森经常在一起研读《共产党宣言》。1923 年朱德刚到德国不久，周恩来就送给他陈望道翻译的《共产党宣言》。他曾回忆道，正是在柏林支部，"研究和讨论了已经译成中文的马克思主义文献《共产党宣言》和共产主义的入门书"，"从此开始走上了新的革命旅程"。②朱德、恽代英、董必武、邓子恢、彭德怀、贺龙等，都是通过读《共产党宣言》走上革命道路的。彭德怀于《彭德怀自述》中说，他入党前只看过《共产主义 ABC》和《通俗资本论》，但都入党第六年了，"马克思主义列宁主义还没有摸边，多么需要革命理论武器！"③在他最困惑的时候，《共产党宣言》让他豁然开朗，他说："以前我只是对社会不满，很少看到有进行根本改革的希望。在读了《共产党宣言》以后，我不再悲观，开始怀着社会是可以改造的新信念而工作。"④

正因为马克思主义著作的巨大威力和影响，毛泽东等中国共产党的领袖们都特别重视马列著作的翻译出版工作。毛泽东在 1942 年就提出设立大的编译部，"大批翻译马恩列斯及苏联书籍，如再有力，则翻译英法德古典书籍"。当翻译过《反杜林论》《社会主义从空想到科学的发展》的著名翻译家吴亮平提出想做地方工作时，毛泽东主张吴亮平去主持翻译工作，

① 毛泽东. 毛泽东自述（增订本）[M]. 北京：人民出版社, 1996: 45.
② 徐锦庚. 影响深远的"共产党宣言"[N]. 人民日报, 2018-04-19(19).
③ 彭德怀. 彭德怀自述 [M]. 北京：国际文化出版公司, 2009: 188.
④ 周昭成.《共产党宣言》精神的忠实传人 [J]. 求是, 2021(5).

告诉他"为全党着想，与其做地方工作，不如做翻译工作，学个唐三藏及鲁迅，实是功德无量的"[①]。1943年，中央编译局正式成立，主要任务就是翻译马克思主义经典著作。新中国成立后不久，中央决定将中共中央原俄文编译局和中共中央宣传部原斯大林全集翻译室合并成立中共中央马克思恩格斯列宁斯大林著作编译局，主要任务是编译马克思、恩格斯、列宁和斯大林著作，翻译老一辈无产阶级革命家的著作，出版中央重要文献等。这些文献在以后的岁月里不断为广大党员和人民群众提供思想武器，成为他们坚定社会主义理想信念的理论源泉。

三、主题出版机构锻炼了一批党的领导骨干

在学习和研究国际共产主义运动史和中国共产党的历史中，我们发现一个极其有趣的现象，就是中国共产党的领袖们大多有过新闻出版工作的经历，他们善于运用出版工作，宣传主张、传播真理。从另一个方面说，他们又在新闻出版工作中更多地了解了社会，深化了对自然、社会和人类发展规律的认识，升华了对革命道路的思考，并锻炼了自身的理论和实践能力。

中国共产党的创始人陈独秀、李大钊是《新青年》(《青年杂志》)的主要创办人和撰稿人，他们把它作为宣传、译介马克思主义的重要阵地，并通过这个阵地吸引、团结了一批先进知识分子，这些人后来很多成为党的创建者和骨干力量。党的早期领导人之一李达作为党的宣传主任，直接创办和领导了人民出版社的工作，并把翻译出版马克思主义著作作为主要任务。蔡和森先后参与创办《湘江评论》《先驱》《向导》等刊物并领导其出版工作。

毛泽东早年深受《新青年》等出版物的影响，五四运动后，他于1919

---

① 毛泽东.毛泽东书信选集[M].北京：中央文献出版社，2003：202.

年 7 月在长沙创办《湘江评论》，并撰写了《民众的大联合》等赞扬俄国革命的文章，这份杂志虽然存在时间不长，却启迪了任弼时、萧劲光等走上革命道路。任弼时后来成为中共中央的"五大书记"之一，萧劲光成为中国人民解放军的一名高级将领。毛泽东后来又接手主编《新湖南》，宣传社会主义思想。中国共产党成立后，毛泽东创办了最早的地方党刊《新时代》月刊，以此为阵地宣传马克思主义，传播党的政策主张。之后，毛泽东又主编《政治周报》，宣传党的统一战线主张。毛泽东将这些出版实践与革命斗争密切结合，把新闻出版变成宣传马克思主义和党的政策主张的坚强阵地，并通过这些活动更加深入地学习了马克思主义，更加真切地了解了中国革命的现实状况，更加透彻地思考中国革命的道路和未来方向，从而锻炼成长为中国共产党的革命领袖，并创建了马克思主义中国化的第一大理论成果——毛泽东思想。

周恩来在中学时期就开始主编《敬业》杂志，后来又主编了《天津学生联合会报》《觉悟》等报刊。他在留法期间又创办和领导了《少年》《赤光》等刊物，宣传马克思主义和中国共产党、共产国际的政策主张。回国后，周恩来又支持筹办了党领导下的出版机构——秋阳书店。

秋阳书店的一个重要任务就是宣传马列主义，唤起民众。后来，周恩来直接领导了党的机关报刊《新华日报》和《群众》周刊，指导创办《救亡日报》，指导生活书店、新知书店和读书出版社的出版工作，使这些出版机构成为党的重要舆论阵地。刘少奇刚参加革命不久，就参与《安源月刊》（后改为《安源旬刊》）、《工人周刊》等出版物的指导和撰写稿件工作，后来又亲自创办了顺直省委的党刊《出路》，在 20 世纪 30 年代指导中共河北省委内部刊物《火线》的编辑出版工作，在担任中原局书记期间还亲自兼任江淮日报社社长，新中国成立后兼任毛泽东著作编辑委员会主任等编辑职务。邓小平在《赤光》杂志做过编辑工作，后来做过红军政治部主办的《红星报》主编。陈云在商务印书馆做过多年学徒和店员，并在那里走上了革命道路。

正因为他们有过从事新闻出版工作的经历，他们深知新闻出版在马克思主义宣传工作中的作用，都强调要充分发挥新闻出版在传播马克思主义中的功能。毛泽东多次提出，广大党员干部要多读马克思、恩格斯、列宁、斯大林的著作，提高马克思主义理论水平。他多次要求党员干部要选读几十本关于马克思主义的书，在党的第七次全国代表大会上，他提议每个领导干部都要读《共产党宣言》《社会主义从空想到科学的发展》《社会民主党在民主革命中的两种策略》《共产主义运动中的"左派"幼稚病》《联共（布）党史简明教程》等五本著作。邓小平提出，包括出版在内的宣传领域，"应当高举马克思主义的、社会主义的旗帜"，"使马克思主义的和社会主义、共产主义的宣传，特别是在一些重大理论性、原则上的正确观点，在思想界真正发挥主导作用"。[①]周恩来反复强调党的新闻出版机构要多宣传马克思列宁主义，特别是宣传马克思主义与中国革命实践结合的最新成果——毛泽东思想。他在负责外事期间，多次指示对外宣传部门要将毛泽东的重要著作翻译成外文，向国外传播。1970年，周恩来在同教育文化部门负责人谈话中提出，要全面学习和宣传马列主义、毛泽东思想，他说："同志们要好好读马克思、恩格斯、列宁、斯大林的书，读毛主席的书。"[②]刘少奇反复强调，要用马克思列宁主义、毛泽东思想武装全党，加强对马克思列宁主义著作和毛泽东重要著作的出版，他在1941年《答宋亮同志》的信中指出："直到现在，马恩列斯的著作，大部分还未译成中国文字，而共产党员能读马列原著的并不多，即使能读的人也很少去读完。因此，影响到中国党员对马列主义理论的学习和修养。"[③]为此，必须加大马列著作翻译的力度，解决马列著作翻译出版太少的问题。朱德

---

① 邓小平．邓小平文选：第三卷 [M]．北京：人民出版社，1993：40，46．
② 中共中央文献研究室．周恩来年谱：一九四九—一九七六 下卷 [M]．北京：中央文献出版社，1997：339．
③ 刘少奇．刘少奇选集：上卷 [M]．北京：人民出版社，1981：222．

在谈到学习马克思列宁主义、毛泽东思想时指出，我们要学习马列主义，不仅要读毛泽东的书，还要读马恩列斯的书，要做到老，学到老。① 朱德在去世前一个多月还在和《共产党宣言》的译者成仿吾讨论《共产党宣言》的翻译问题，并对成仿吾等人说："现在许多问题讲来讲去，总是要请教马克思、恩格斯，总得看《宣言》是如何讲的。"弄通马克思主义很重要，为了弄通，要有好的译本，因此"做好这个工作有世界意义"。② 陈云在外出时常常随身携带马克思、恩格斯、列宁、斯大林和毛泽东的著作阅读学习，他在给女儿的信中，鼓励她多读马克思、恩格斯、列宁和毛泽东的著作。在"文化大革命"中，他在江西"蹲点"期间，阅读了《马克思恩格斯选集》《列宁选集》《毛泽东选集》以及《马克思恩格斯全集》《列宁全集》《斯大林全集》中的大量著作和文章。

上述事实都足以说明，出版在培养中国共产党骨干力量和提高党的高级领导干部理论素养方面发挥着直接的、巨大的作用。

四、主题出版提升了广大党员干部的理论素养

重视马克思主义理论学习，注重翻译出版马克思主义著作，是党的几代领导人的共同要求。在干部中学习马克思主义经典著作和毛泽东、邓小平、江泽民、胡锦涛、习近平等中国共产党主要代表人物的著作，是提高全党理论水平和培养理论素养的重要途径。

习近平总书记多次强调："马克思主义理论素养是领导干部素质的核心和灵魂，掌握马克思主义理论是领导干部的基本功。"③ 因此，中国共产党历来重视在党员干部特别是党的高级干部中加强马克思主义著作以及马克思主义中国化代表人物著作的学习，以此来提高领导干部的马

---

① 中共中央文献研究室. 朱德年谱 [M]. 北京：人民出版社，1986：539.
② 回忆朱德 [M]. 北京：中央文献出版社，1992：410.
③ 习近平. 习近平党校十九讲 [M]. 北京：中共中央党校出版社，2014：30.

克思主义理论素养。早在 20 世纪 20 年代末,毛泽东在《关于纠正党内的错误思想》(即著名的"古田会议决议"的一部分)一文中就鲜明地提出,要"教育党员用马克思列宁主义的方法去作政治形势的分析和阶级势力的估量,以代替主观主义的分析和估量"①。在抗日战争爆发前,毛泽东在分析党内的错误倾向后指出,要克服各种错误倾向,"在全党中提高马克思列宁主义的理论水平是完全必要的,因为只有这种理论,才是引导中国革命走向胜利的指南针"②。因此,一切有相当研究能力的共产党员,都要研究马克思、恩格斯、列宁、斯大林的理论。毛泽东认为,我们党是一个领导几万万人民进行空前伟大斗争的政党,因此,普遍深入地研究马克思列宁主义理论的任务,对于我们党来说,是一个亟待解决并着重致力才能解决的大问题,因此需要全党同志来个学习竞赛,"如果我们党有一百个至二百个系统地而不是零碎地、实际地而不是空洞地学会了马克思列宁主义的同志,就会大大地提高我们党的战斗力量"③。新中国成立后,毛泽东继续要求全党干部学习马列主义著作,他在一次党的代表大会上提出了学习马克思列宁主义的方法:可以先看小册子、短篇文章,从那里引起兴趣,然后再看七八万字的,然后再看那些几十万字的书。刘少奇在党的第八次全国代表大会上提出:"我们必须认真地加强干部的首先是高级干部的系统的马克思列宁主义的学习,使他们善于用马克思列宁主义的立场、观点、方法去观察和解决实际生活中的问题,提高自己在复杂情况中判断方向、辨明是非的能力,并且学会用马克思列宁主义的理论去研究和整理自己的工作经验,在经验中找出具体事物发展的规律性。"④

也正因为如此,我党历来将马克思主义经典著作及马克思主义中国化代表人物的重要著作作为党的干部培训教材。在 1945 年党的七大上,

① 毛泽东. 毛泽东选集:第一卷 [M]. 北京:人民出版社,1991: 92.
② 毛泽东. 毛泽东选集:第一卷 [M]. 北京:人民出版社,1991: 264.
③ 毛泽东. 毛泽东选集:第二卷 [M]. 北京:人民出版社,1991: 533.
④ 刘少奇. 刘少奇选集:下卷 [M]. 北京:人民出版社,1985: 268.

毛泽东提议党的领导干部要读《共产党宣言》等 5 本著作，1949 年党的七届二中全会上，中央提出干部必读的 12 本马列主义著作，包括《共产党宣言》《社会主义从空想到科学的发展》《帝国主义是资本主义的最高阶段》《国家与革命》《共产主义运动中的"左派"幼稚病》《论列宁主义基础》《联共（布）党史简明教程》《列宁斯大林论社会主义建设》《列宁斯大林论中国》《马恩列斯思想方法论》等。20 世纪 60 年代，中共中央开展了组织高级干部学习马恩列斯著作的活动，并选定了 30 种"干部选读马克思、恩格斯、列宁、斯大林著作目录"，这些著作包括《共产党宣言》《雇佣劳动与资本》《〈政治经济学批判〉序言、导言》《1848 至 1850 年的法兰西阶级斗争》《工资、价格和利润》《法兰西内战》《哥达纲领批判》《书简》《〈自然辩证法〉导言、札记和片段》《反杜林论》《费尔巴哈与德国古典哲学的终结》《怎么办？》《社会民主党在民主革命中的两种策略》《唯物主义和经验批判主义》《黑格尔〈逻辑学〉一书摘要》《帝国主义是资本主义的最高阶段》《国家与革命》《无产阶级革命和叛徒考茨基》《共产主义运动中的"左派"幼稚病》《论马克思恩格斯及马克思主义》《列宁论战争、和平的三篇文章》《列宁论民族殖民地问题的三篇文章》《论反对派》《列宁主义问题》《联共（布）党史简明教程》《马克思主义与语言学问题》《苏联社会主义经济问题》等，后来又增加了《马克思、恩格斯、列宁、斯大林论文艺》和《哲学的贫困》。除了普列汉诺夫的三本著作外，共推荐了 29 本马克思主义经典性著作或专辑。[①] 在此期间，除了马克思主义经典作家的著作外，《毛泽东选集》、《毛泽东著作选读》（甲种本、乙种本）也大量发行，供广大党员干部和群众学习。20 世纪 70 年代，根据周恩来的意见，《马克思恩格斯选集》（四卷本）、《列宁选集》（第二版，四卷本）和《毛主席的五篇哲学著作》等马克思主义著作出版发行，为党员干部学

---

① 中共中央文献研究室.建国以来重要文献选编（第十八册）[M].北京：中央文献出版社，2011：220—222.

习马克思主义提供了更为系统的学习材料。

"文化大革命"结束后,中国共产党的干部培训开始制度化、正规化、常态化,从此对党员干部进行马克思主义理论的培训也就变成了一项常规性工作。1977年发布的《中共中央关于办好各级党校的决定》中指出:"让干部工作一个时期后,专门集中一段时间,集中精力读点马列著作和毛主席著作,或者阅读党的一些重要文件,进行路线上思想上的整风学习。它的目的,是侧重于提高干部的马列主义、毛泽东思想水平。"[①]2000年,中共中央颁布了《关于面向二十一世纪加强和改进党校工作的决定》。该《决定》指出,党校培训必须抓好"理论基础",即"马列主义基本问题""毛泽东思想基本问题"和"邓小平理论基本问题"的教学,要重点学习《邓小平文选》第二卷、第三卷,以及十一届三中全会以来党和国家的重要文献、江泽民的重要讲话,同时精读马列和毛泽东的部分重要著作。从此之后,在干部培训中,"理论基础",即原原本本地学习马克思主义经典著作以及马克思主义中国化代表人物的主要著作,并结合现实问题进行讨论学习,就成为党校干部培训的一个重要特色。

进入新时代后,以习近平同志为核心的党中央高度重视在党员干部中进行马克思主义理论的学习,习近平在纪念马克思诞辰200周年大会上指出:"全党同志特别是各级领导干部要更加自觉、更加刻苦地学习马克思列宁主义,学习毛泽东思想、邓小平理论、'三个代表'重要思想、科学发展观,学习新时代中国特色社会主义思想。要深入学、持久学、刻苦学,带着问题学、联系实际学,更好把科学思想理论转化为认识世界、改造世界的强大物质力量。共产党人要把读马克思主义经典、悟马克思主义原理当作一种生活习惯、当作一种精神追求,用经典涵养正气、淬炼思想、升华境界、指导实践。"[②]2015年12月,中共中央印发的《中共中央

---

① 中共中央关于办好各级党校的决定 [J]. 实事求是,1978(1).
② 习近平. 习近平谈治国理政:第三卷 [M]. 北京:外文出版社,2020:75.

关于加强和改进新形势下党校工作的意见》明确指出："坚持把马克思主义中国化最新成果作为理论教育中心内容，把马克思主义经典著作导读课作为重要课程，抓好马克思列宁主义、毛泽东思想学习教育，抓好中国特色社会主义理论体系学习教育，引导学员系统掌握马克思主义基本原理和立场观点方法。"①《意见》还提出党校系统的媒体要加强对马克思列宁主义、毛泽东思想、邓小平理论、"三个代表"重要思想、科学发展观特别是习近平新时代中国特色社会主义思想的宣传，弘扬主旋律，传播正能量。之后，中共中央印发了《2018—2022年全国干部教育培训规划》，提出坚持把学习贯彻习近平新时代中国特色社会主义思想摆在干部教育培训最突出的位置，组织干部研读习近平新时代中国特色社会主义思想原著，对照习近平新时代中国特色社会主义思想检视思想言行；在大力开展习近平新时代中国特色社会主义思想教育培训的同时，组织广大干部深入学习马克思列宁主义、毛泽东思想、邓小平理论、"三个代表"重要思想、科学发展观，原原本本学习和研读经典著作。

马克思主义经典著作，毛泽东思想、邓小平理论、"三个代表"重要思想、科学发展观和习近平新时代中国特色社会主义思想的原著出版，历来是出版业最重要的任务，这也是出版对马克思主义中国化所作的巨大贡献。

五、主题出版使大批知识分子学会运用马克思主义分析问题

马克思主义的引进、翻译和传播最早是由一批先进的知识分子完成的，后来他们很多人成为职业革命者。与此同时，有些知识分子则走上了运用马克思主义理论研究分析中国现实问题的道路，比如艾思奇、李达等人。李达在早期参与了中国共产党的创建，并成为我党早期的领导人和理

---

① 中共中央关于加强和改进新形势下党校工作的意见 [N]. 人民日报，2015-12-14(1).

论家,创办了人民出版社和《共产党》杂志,对马克思主义和中国共产党的宣传工作功不可没。1927 年之后,他先后在多所高校从事教学与科研工作,但他并没有抛弃和背离马克思主义,而是用马克思主义理论分析现实问题,在 20 世纪 30 年代写出了《社会学大纲》《经济学大纲》《社会进化史》《货币学概论》等多部著作,其中,《社会学大纲》构建了一个独具特色的"实践的唯物论"的马克思主义哲学阐释体系,被毛泽东誉为"中国人自己写的第一本马克思主义哲学教科书",号召党的高级干部学习此书。李达也因为研究和传播马克思主义,在马克思主义中国化方面作出了重大贡献,被毛泽东誉为"理论界的鲁迅"。我国新闻舆论领域的开拓者甘惜分先生在他往年的回忆中也谈到,自己信仰马克思主义正是受到表哥熊寿祺的影响:"他那时经常给我写信,教我学习马克思主义。"后来他和熊复一起奔赴延安,走上革命道路。在延安期间,"学了一年马列经典著作,收获不小","不学习马克思主义,不参加共产党就没有我这一生"。①

早在 20 世纪 30 年代,在大学校园,马克思主义著作便对一大批青年知识分子产生了极大的影响,有些人虽然在当时致力于学术研究,但仍然深受马克思主义出版物的影响。以考古学界的泰斗夏鼐为例,根据最近出版的《燕园清华园日记》所载,夏鼐从 1931 年到 1934 年这几年读大学期间,先后阅读了河上肇的《经济学大纲》,沃尔夫森著、林超真译的《辩证法的唯物论》,列宁的《唯物论和经验批评论》(即《唯物主义和经验批判主义》),普列汉诺夫的《史的一元论》(即《论一元论历史观的发展问题》),德波林的《伊里奇底辩证法》(即《列宁的辩证法》),恩格斯的《费尔巴哈论》(即《路德维希·费尔巴哈和德国古典哲学的终结》),马克思的《哲学之贫困》(即《哲学的贫困》),考茨基的《卡尔·马克思的经

---

① 陈娜. 我信仰真正的马克思主义——访中国人民大学教授甘惜分 [J]. 新闻爱好者,2014(1).

济学说》《通俗资本论》，马克思恩格斯的《共产党宣言》（英文版），拉斯基的《共产主义论》（英文版），马克思的《资本论》（陈启修译），莱德勒的《社会主义思想史》（英文版），熊得山的《中国社会史研究》，列宁著、章一元译的《帝国主义》（即《帝国主义论》），卢波儿著、李达译的《社会科学根本问题》，列宁的《国家与革命》，恩格斯的《反杜林论》，梁赞诺夫的《卡尔·马克思和F.恩格斯》（英文版），斯大林的《列宁主义》，布哈林的《唯物史观社会学》，华岗的《中国大革命史》等。从上述不完全统计清单就可以看出，当时作为一名大学生，夏鼐已经广泛地涉猎了马克思主义的哲学、经济学、科学社会主义、社会主义思想史、社会学等出版物，阅读了马克思主义的一些最重要的著作。不仅如此，夏鼐在当时就对这些著作有很高的评价，比如，在 1931 年 1 月 11 日，他在阅读河上肇的《经济学大纲》70 余页后写道，"此书系依照马克思《资本论》而编，极精彩，惟读时须精神集中"，"这书实在好"。[1] 同年 6 月 19 日，夏鼐在读德波林的《伊里奇底辩证法》（伊里奇即列宁——笔者注）时写道，这本书"分析伊里奇的辩证法极是深刻"。接着，夏鼐评论道："不过辩证法的重点在实践，故困难点亦在如何将理论施之于实践，以应用之。否则，成为空虚的东西，谈不上什么'辩证法'了。"[2] 可以看出，他所提出的"辩证法的重点在实践"的观点已经抓住了马克思主义辩证法的本质特征。他在阅读列宁的《国家与革命》时评论道："理论很精彩，令人一口气读下去不忍舍置。译文尚可，但也有几处错误，已据英译本改正矣。"这也可以看出，他不仅阅读中文版本，而且对照英文版对译文错误给予改正，这已不是泛泛的阅读，而是精读、深读。1932 年 3 月 20 日，他在读列宁的《帝国主义》（章一元译）时写道："这书理论是精辟透彻，惟其着眼点是金融资本主义时代的帝国主义，即 19 世纪 70 年代以后帝国主义，研究中国近世外交

---

[1] 夏鼐 . 燕园清华园日记 [M]. 上海：东方出版中心，2020: 18.
[2] 夏鼐 . 燕园清华园日记 [M]. 上海：东方出版中心，2020: 76—77.

史的,更必须要知道帝国主义的本质。"① 为了借阅一些马克思主义重要著作,他还颇费周折。比如,1932 年 6 月 2 日,他在日记中写道,斯大林的《列宁主义》一书"今天才借到,还费了许多辰光。前四五天在图书馆中等待着,总不能得手。今日查明是刘炳章君借走,即日到他房中向他说好,请他看完后交给我"② 。晚间到手后即看完第一篇。可见,夏鼐对这部马克思主义经典著作多么渴求!上面不厌其烦地对夏鼐日记中的相关记录进行摘录,从中可以看出马克思主义对于当时大学生的影响是何其明显,同时也表明,夏鼐在当时已经开始学习用马克思主义的一些观点分析问题了,这为他以后的学术研究提供了一个有力的分析工具。后来夏鼐在学术上取得了辉煌的成就,这固然是因他本身的天赋以及在英国受到的严格学术训练,但不可否认的是,他在大学期间所受到的马克思主义理论影响在其中也发挥了很重要的作用。

马克思主义在知识分子中更大的影响,体现在新中国成立后的"思想改造"过程中。新中国成立后,中国共产党作为领导中国革命和建设事业的核心力量,必然要确立马克思主义在意识形态领域的指导地位。而由于当时知识分子群体大多出身于资产阶级家庭,有的还出身于官僚、地主、资本家等旧社会的统治者阶层,与作为革命主要力量的无产阶级和广大人民群众存在脱节,加上他们很多人所接受的是封建教育或者西方资本主义国家的精英教育,很多人还有着剥削阶级或者非无产阶级的残余观念,在思想上很多人还信奉儒家思想或者西方资产阶级思想,这些思想对确立马克思主义在意识形态的统治地位无疑起到消解或破坏作用。因此,新中国成立不久,中国共产党就发起了一场声势浩大的对知识分子的"思想改造"运动,通过"团结、教育、改造"的政策,让他们从内心对各种非马克思主义思想进行反省和自我批判,通过学习马克思主义经典著作,学

---

① 夏鼐 . 燕园清华园日记 [M]. 上海:东方出版中心,2020:159.
② 夏鼐 . 燕园清华园日记 [M]. 上海:东方出版中心,2020:173.

习《实践论》《矛盾论》以及新出版的《毛泽东选集》第一卷、第二卷、第三卷，自觉接受马克思主义，用马克思主义的立场、观点和方法分析问题和解决问题。尽管这场运动也存在着简单化、政治问题与学术问题不分等问题，但从总体上来看，它对于在知识分子群体中普及马克思主义、用马克思主义占领意识形态的统治地位有其必然性和必要性。很多知识分子也在这场运动中受到了洗礼，开始对过去的唯心主义、非马克思主义等错误思想进行反思，自觉运用马克思主义立场、观点和方法分析问题。比如，著名哲学家冯友兰就对自己过去以新儒家思想研究中国哲学史的立场进行批判和改造，自觉开始用马克思主义哲学分析中国哲学问题，重新撰写中国哲学史。冯友兰在晚年的回忆中谈道，1949 年 10 月他给毛泽东写信，谈到要决心改造思想，学习马克思主义，准备于五年之内，用马克思主义立场、观点和方法重写一部中国哲学史，毛泽东很快给他回信，提出"不必急于求效，可以慢慢地改，总以采取老实态度为宜"。冯友兰说，一开始他本人对"总以采取老实态度为宜"还有些反感，经过这么多年的锻炼，现在开始懂得这句话了。"我说我要用马克思主义的立场、观点、方法，在五年之内重写一部中国哲学史，这话真是肤浅之至，幼稚之极。学习马克思主义，掌握马克思主义的立场、观点、方法，谈何容易，至于要应用它到哲学史的研究工作中，那就更困难了。要想真正应用它到实际工作中去，那就非把它化为自己的思想的一部分不可。""学习马克思主义，也得马克思主义'化'了才行"，这岂是三五载可以完成的？[①]后来他开始自觉地运用马克思主义理论分析中国哲学问题，1982 年，冯友兰在哥伦比亚大学授予他名誉文学博士学位的答谢词中，通篇演讲中不仅所用的观点、方法、术语等都是马克思主义的，而且明确提出，新中国革命胜利了，带来了马克思主义哲学，绝大多数中国人包括知识分子，支持了革命，接受了

---

① 冯友兰．冯友兰自述 [M]．北京：中国人民大学出版社，2011：145—147，329．

马克思主义，"人们相信马克思主义是真理"。他进一步指出，中国今天也需要一个包括新文明各方面的官方哲学体系，作为国家的指针，"总的说来，我们已经有了马克思主义和毛泽东思想。马克思主义会变成中国的马克思主义，毛泽东思想还会发展"①。冯友兰这里谈到的观点以及他的思想转变可以看作中国传统知识分子转向马克思主义的一个缩影。

六、主题出版推动了马克思主义理论大众化

马克思在《〈黑格尔法哲学批判〉导言》中写道："批判的武器当然不能代替武器的批判，物质力量只能用物质力量来摧毁；但是理论一经掌握群众，也会变成物质力量。"②中国共产党作为一个革命政党，从建党起就注重运用马克思主义理论武装群众，将马克思主义大众化，并使之变成物质的力量。

1921年7月中国共产党成立，9月就在李达领导下成立人民出版社，第一批图书中包括《共产党宣言》《资本论入门》《列宁传》，以及《李卜克内西纪念》《两个工人谈话》《太平洋会议与吾人之态度》《俄国革命纪实》四种临时宣传小册子，这些图书的出版就是为了向广大人民群众宣传、介绍马克思主义基本理论和党的政策主张。1921年，中国共产党早期成员高语罕以书信体形式用白话文写成《白话书信》，运用马克思主义观点以通俗易懂的语言分析现实中的阶级、剥削、男女平等、婚姻自由等问题，并介绍了阶级斗争、剩余价值、唯物史论、无产阶级专政等马克思主义基本理论，该书一经出版就受到了读者的欢迎，先后重印了39次，总印数达到10余万册，这部书首开马克思主义哲学大众化先河。除《白话书信》，他后来还先后出版了《理论与实践：从辩证法唯物论的立场出发（书信体）》《青年书信》《百花亭畔》《青年女子书信》等著作，用通俗

① 冯友兰. 冯友兰自述 [M]. 北京：中国人民大学出版社，2011：331.
② 马克思，恩格斯. 马克思恩格斯选集：第一卷 [M]. 北京：人民出版社，1995：9.

化的表达方式阐发马克思主义理论，宣传共产主义，并影响了一代马克思主义哲学大众化工作者。

在 20 世纪 20 年代，瞿秋白著的《社会科学概论》《唯物史观浅释》，张若名、任弼时合编的《马克思主义浅说》等通俗读物影响巨大，并多次再版。1926 年，中国共产党机关报《向导》组织翻译了《共产主义 ABC》，作为"向导周报社丛书"的第一种出版。出版后曾轰动全国，成为革命青年最好的读物。邓小平在 1992 年南方谈话中曾说："学马列在精，要管用的。我的入门老师是《共产党宣言》和《共产主义 ABC》。"① 可见这本书影响之深远。

20 世纪三四十年代是马克思主义大众化的黄金时代，这期间出版了一大批在社会上产生巨大影响的马克思主义大众化著作，其中具有代表性的是艾思奇的《大众哲学》，冯定的《青年应当怎样修养》，胡绳的《新哲学的人生观》《哲学漫谈》《唯物辩证法论入门》，李达的《社会学大纲》等。艾思奇的《大众哲学》是马克思主义大众化著作的杰出代表。这本书原名《哲学讲话》，1934 年开始在《读书生活》半月刊上连载，1936 年读书生活出版社创立后，出版的第一本书就是《哲学讲话》，遭到国民党当局查禁后改名为《大众哲学》继续出版。《大众哲学》以深入浅出的文字，用人们身边的实例，通俗易懂地讲解了马克思主义哲学特别是唯物辩证法，在国民党统治区的广大青年中引起了强烈反响，成为久销不衰的超级畅销书，到 1948 年底共印行 32 版，启发激励成千上万青年奔向革命，奔向抗日前线，"一卷书雄百万兵"，这部著作至今仍有其理论意义和现实价值。延安时期，毛泽东特别强调党的作品的大众化问题，他认为所谓大众化就是和工农兵大众打成一片，让他们能够接受。1939 年，中共中央《关于宣传教育工作的指示》提出："应注意宣传鼓动工作的通俗化、大众化、

---

① 邓小平. 邓小平文选：第三卷 [M]. 北京：人民出版社，1993：382.

民族化,力求各种宣传品的生动与活泼。"① 为了落实马克思主义理论的大众化,毛泽东亲自审定《马恩列斯思想方法论》,由延安解放社出版发行,多次再版。1943年10月19日,《解放日报》全文发表毛泽东《在延安文艺座谈会上的讲话》,当月延安解放社就出版了单行本,中央总学委为此发出《关于学习毛泽东〈在延安文艺座谈会上的讲话〉的通知》,评价这篇讲话是"中国共产党在思想建设理论建设事业上最重要的文献之一",是毛泽东同志"用通俗语言所写成的马列主义中国化的教科书",要求"在干部和党员中进行深刻的学习和研究"。《在延安文艺座谈会上的讲话》成为毛泽东的代表性著作之一,产生了广泛而深远的影响。

新中国成立后,中国共产党更加重视马克思主义大众化工作,不仅在人民出版社专门成立了通俗读物编辑室出版马克思主义以及哲学社会科学通俗读物,而且要求其他重要出版社也要加强通俗读物的出版工作,1953年还专门成立通俗读物出版社。20世纪50年代初,毛泽东30年代所撰著的两篇哲学文献《实践论》《矛盾论》经改编后公开发表。为配合全国对"两论"的学习活动,李达专门写作了《〈实践论〉解说》《〈矛盾论〉解说》以及相关系列文章。在写作过程中,李达将已经写好的部分书稿送给毛泽东审阅。毛泽东在看完《〈实践论〉解说》第一、二部分后写信给李达说:"这个《解说》极好,对于用通俗的言语宣传唯物论有很大的作用。待你的第三部分写完并发表之后,应当出一单行本,以广流传。""关于辩证唯物论的通俗宣传,过去做得太少,而这是广大工作干部和青年学生的迫切需要,希望你多多写些文章。"② 《〈实践论〉解说》和《〈矛盾论〉解说》分别于1951年7月和1953年7月由生活・读书・新知三联书店出版。这两本《解说》后来多次再版,是新中国成立以来解读毛泽东《实

---

① 中共中央文献研究室,中央档案馆.建党以来重要文献选编一九二一——一九四九:第十六册[M].北京:中央文献出版社,2011:307.
② 毛泽东.毛泽东文集:第六卷[M].北京:人民出版社,1999:154.

践论》《矛盾论》最权威、流传最广、影响最大的著作，它对宣传和普及马克思主义、毛泽东思想，提高中国广大干部群众的马克思主义哲学修养以及思想理论水平起到了极其重要的作用。

在改革开放新时期，党中央也高度重视马克思主义大众化工作。1979年3月，邓小平向理论界、出版界提出了要在尽可能短的时间里，陆续编写出版一批有新内容、新思想、新语言的有分量的论文、书籍、读本、教科书的任务。从20世纪80年代起，出版管理部门不仅对出版通俗理论读物进行专门部署，而且连续举办优秀通俗政治理论读物评奖活动，推动了马克思主义理论大众化的著作出版工作。出版界先后出版了韩树英主编的《通俗哲学》、蒋学模主编的《政治经济学教材》、洪远朋著的《通俗〈资本论〉》等马克思主义大众化读物或教材，这些著作不断再版，发行量都在几百万册甚至上千万册，对于在广大干部群众中普及马克思主义理论知识起到了重要作用。

进入新时代后，以习近平同志为核心的党中央把马克思主义大众化作为党的宣传舆论工作的一项重要内容。习近平多次提出，要继续推进马克思主义中国化、时代化、大众化。习近平指出，中国共产党是用马克思主义武装起来的政党，马克思主义是中国共产党人理想信念的灵魂，马克思主义在认识世界、改造世界、推动社会进步中仍然具有不可替代的作用，显示出巨大的真理威力和强大生命力，在当今深刻复杂的社会变革背景下，要把马克思主义作为看家本领，提高运用马克思主义分析问题和解决问题的能力，要坚持不懈用马克思主义中国化的最新成果武装头脑、凝心聚魂。党的十八大以来，出版界以主题出版为抓手，围绕党和国家的工作大局，对马克思主义中国化、时代化、大众化的相关选题进行部署，并通过"优秀通俗理论读物出版工程""五个一工程"、国家出版基金项目特别是其中的"主题项目"等对马克思主义大众化的优秀作品给予资助和奖励，有关部门每年还针对热点理论问题，运用马克思主义立场、观点和方法进行解读和分析。近些年出版界先后推出了《习近平著作选读》（第一卷、第二卷）、《习近平谈治国理政》（四卷本）、《论党的自我革命》、《习近平新时代中国特色社会主义思想学习纲要（2023 年版）》、《习近平新时代中国特色社会主义思想专题摘编》、《习近平新时代中国特色社会主义思想的世界观和方法论专题摘编》、《习近平关于调查研究论述摘编》、《理论热点面对面》、《马克思主义十五讲》、《习近平总书记在文艺工作座谈会上的重要讲话学习读本》、《习近平新时代中国特色社会主义思想三十讲》、《中国共产党简史》、《当代马克思主义政治经济学十五讲》、《划清"四个重大界限"学习读本》、《六个"为什么"——对几个重大问题的回答》、《中国为什么还需要马克思主义——答关于马克思主义的十大疑问》、《社会主义在世界和中国的发展》、《重读〈资本论〉》、《十五部马恩经典著作导读》等一大批深受广大读者喜爱的马克思主义理论读物，对于马克思主义大众化、推动全社会学习贯彻马克思主义中国化的最新成果——习近平新时代中国特色社会主义思想起到了有力的推动作用。

第五章 主题出版与文化自信

在新时代,习近平总书记提出了坚定"道路自信、理论自信、制度自信、文化自信"的要求,并指出"文化自信是一个国家、一个民族发展中更基本、更深层、更持久的力量","没有高度的文化自信,没有文化的繁荣兴盛,就没有中华民族伟大复兴"。①这既表明了文化的极端重要性,也表明我党对文化的认识上升到新的高度。出版业作为文化的重要组成部分,在树立和坚定文化自信中发挥着极其独特的作用,出版在延续人类文明、弘扬先进文化、传播知识信息、促进文化交流等文化建设方面起到了中坚作用,没有出版业,人类的文明就会断裂,人类的交流就会湮没,文化自信就难以建立。自古至今的出版发展史表明,出版功能的发挥铸就了文化自信,出版是文化自信的拱心石②。主题出版是出版业各个板块中对确立文化自信最为重要的板块,也是在文化自信中最能发挥其作用的板块。

① 习近平. 决胜全面建成小康社会　夺取新时代中国特色社会主义伟大胜利 [N]. 人民日报, 2017-10-28.
② 拱心石(keystone)又名拱顶石,拱门或拱道建筑,在最顶端要有一块石块来契合两边的石头并承受其压力。如果拱心石没有了或是没有起到作用,那么压力马上就变成了拉力,没有任何黏结的石拱就会立刻垮掉。

一、主题出版是优秀文化传承最重要的载体

中华文化具有悠久而灿烂的历史，历数千年而不衰，是世界上唯一没有中断的文明。中国传统文化铸就了我们中华民族的根与魂，它根深叶茂、生生不息，增强了我们民族的骨气和底气，是我们民族引以为自豪的最大精神财富，我们必须认真加以总结、继承并发扬光大。习近平指出："在每一个历史时期，中华民族都留下了无数不朽作品。从诗经、楚辞、汉赋，到唐诗、宋词、元曲、明清小说等，共同铸就了灿烂的中国文艺历史星河。中华民族文艺创造力是如此强大、创造的成就是如此辉煌，中华民族素有文化自信的气度，我们应该为此感到无比自豪，也应该为此感到无比自信。"① "坚定文化自信，离不开对中华民族历史的认知和运用。"② 他进一步指出："历史和现实都表明，一个抛弃了或者背叛了自己历史文化的民族，不仅不可能发展起来，而且很可能上演一幕幕历史悲剧。"③

中华文化之所以五千年绵延不断，并不断发扬光大，很大程度有赖于中国历史悠久的编辑出版活动，可以说，中国出版业在中华文化的传承中功不可没。著名学者钱存训曾指出："在世界文明史中，中国记录的多产、连续性和普遍性最为突出。中国典籍数量的庞大、时间的久远、传播的广泛和记录的详细，在 15 世纪结束之前，都可以说是举世无双的。"④

出版的文化符号缔造、存储和固化功能使得中华优秀文化的优良传统和宝贵遗产得以存续。文字是文化符号最通行的表现形式。古代其他文明也创造了文字，比如古埃及的象形文字、古巴比伦的楔形文字、古印度

① 中共中央文献研究室. 习近平关于社会主义文化建设论述摘编 [M]. 北京：中央文献出版社，2017：17.
② 中共中央文献研究室. 习近平关于社会主义文化建设论述摘编 [M]. 北京：中央文献出版社，2017：17.
③ 中共中央文献研究室. 习近平关于社会主义文化建设论述摘编 [M]. 北京：中央文献出版社，2017：16.
④ 肖东发. 中国编辑出版史（上册）[M]. 沈阳：辽海出版社 2005：1—2.

的婆罗米文等，但由于他们缺乏编辑出版活动，这些文字最后或者消亡了或者变成了死文字。只有中国汉字经过演化和固化，把海量的中国文献完整记录和保存下来。从周朝（公元前841年）开始，中国的每一年都有查得出来的文字记录，从公元前722年起，中国有每个月都查得出来的历史记录。中国编辑出版史表明，经过编次的龟册、简册以及《周易》《尚书》《诗经》等记载，早在商周时期，中国就有了图书编辑活动。正是这些编辑出版活动，才使得中国文化得以不断累积，由涓涓细流汇成江海，由此形成了独一无二的灿烂文化。

出版的文化优化、集成和创新功能使得中华文化得以光大。编辑出版活动的一个重要工作是精神产品的优选优化，编辑出版过程中，一批又一批编辑出版家为了保障出书质量，精心选材、辨伪、校勘、辑佚等，并通过分类"辨章学术、考镜源流"，从而形成独特的中国图书分类系统，也形成了中国独有的文化。古代著名的思想家孔子，也是伟大的编辑家，他所编辑的"六经"不仅使文化知识在大众中广泛传播，更重要的是有效地保存了古代的文史资料，对中国文化的发展作出了巨大贡献。[1] 孔子编辑"六经"的过程既是对古典文献优化的过程，同时也是集成和创新的过程，这一优良传统在后来的编辑出版中得以继承和发扬。两汉时期，刘向、刘歆父子主持了中国历史上第一次大型图书编校工作，形成了《七略》，对整理和提升中国文化起到了重要作用，正如范文澜先生所指出的："它不仅是目录学、校勘学的开端，更重要的还在于它是一部极其珍贵的古代文化史。"[2] 三国时期，总字数有800多万字的我国第一部类书《皇览》编辑完成，之后，《陆氏要览》《昭明文选》相继问世。唐代有《艺文类聚》《北堂书钞》《初学记》《白氏六帖》，宋代有《太平御览》《册府元龟》《文苑英华》《玉海》和《太平广记》等，明代编辑出版了世界最大的百科全

---

① 肖东发.中国编辑出版史（上册）[M].沈阳辽海出版社2005: 92.
② 肖东发.中国编辑出版史（上册）[M].沈阳辽海出版社2005: 127.

书《永乐大典》，清代编辑出版了《古今图书集成》和《四库全书》，这些巨型文化工程将中国文化较为系统地保存延续下来，并有所创新，从而成为中国古代博大文化事业的重要组成部分，成为人类文化瑰宝中不可或缺的珍品。

当代中国共产党人特别重视出版尤其是主题出版对继承中国传统文化方面的独特作用。毛泽东、周恩来都极其重视《二十四史》的校点出版工作，在"文革"这样的特殊时期，周恩来亲自指示从全国抽调专家从事这项工作。在20世纪50年代，毛泽东亲自过问和关心《辞海》的修订工作；1971年，周恩来在全国出版工作座谈会上决定，将《辞海》纳入国家出版计划，1975年，周恩来在病中还亲自过问《辞海》修订的进展工作。在周恩来的关心支持下，1975年，国家出版局顶住"四人帮"的巨大压力，制定了包括修订出版《辞海》《辞源》，编辑出版《汉语大词典》《汉语大字典》等大型汉语工具书的规划。此后，在党和政府的大力支持下，在学界、出版界等各方面的通力协作和艰苦卓绝的努力下，《辞海》《辞源》《汉语大词典》《汉语大字典》《大辞海》《中国大百科全书》等大型工具书全部出齐并不断修订再版。在谈到这些大型工具书的意义时，我国当代著名出版家陈原曾指出："当一个近代的民族国家，或者是一个近代的民族形成的时候，它就有必要去整理它的语言文字，它要总结它的语言习惯，要总结这一套语言习惯的规律，使它的民族国家机能发挥得好一些。"他还提出，"它搞出来的主要目的，不是为了总结中华民族汉语的规律，而是为了介绍新的、当时认为可以救国、可以对我们的现代科学文化水平有所提高的新的学说，新的名词"，这是"社会主义精神文明的基础工程"，是"振兴中华的一大贡献"，所以，"只要你是炎黄的子孙，只要你是中华民族的一员，你就有责任去完成这个历史任务"。[①]20世纪80年代以后，

---

① 陈原 . 陈原出版文集 [M]. 北京：中国书籍出版社，1995：161—162.

这些大型工具书相继出版，成为中国当代文化的历史丰碑，也为中华民族树立文化自信作出了突出贡献。正如习近平在致信祝贺《大辞海》出版暨《辞海》第一版面世 80 周年时所说，他们"全面反映了人类文明优秀成果，系统展现了中华文明丰硕成就，为丰富人民精神世界、增强人民精神力量作出了积极贡献"①。

二、主题出版是先进文化传播的利器

毛泽东曾经指出："人民，只有人民，才是创造世界历史的动力。"②当代中国的文化自信还在于中国共产党及其所形成的文化始终依靠人民，为着人民，服务人民，代表了最广大人民的利益，代表了社会前进的发展方向，推动着社会不断进步，而出版在其中发挥着独特的作用。正因为如此，马克思主义革命家历来重视文化，尤其是出版在服务人民群众、推动社会进步、传播先进文化中的巨大作用。

马克思的第一个职业生涯就是从事报纸出版工作。他在《莱茵报》上发表的第一篇辩论性文章就是《关于出版自由和公布等级会议记录的辩论》，在该文中，马克思对资产阶级的新闻检查制度进行了猛烈批判，呼吁出版自由，他指出："出版法是真正的法律，因为它反映自由的肯定存在。它认为自由是出版物的正常状态。"③马克思一方面通过出版来与反动势力进行不屈不挠的斗争，另一方面又把新闻出版作为动员人民群众的有力武器，他在《新莱茵报》工作期间，批判了民主派对国王和议会的妥协态度，指出他们"一切力量中最伟大的力量被忘记了：人民。我们必

① 习近平致《大辞海》出版暨《辞海》第一版面世 80 周年的贺信 [N]. 人民日报 2016-12-30.

② 毛泽东. 毛泽东选集：第三卷 [M]. 北京：人民出版社，1991：1031.

③ 马克思，恩格斯. 马克思恩格斯全集（第一版）：第一卷 [M]. 北京：人民出版社，2006：71.

须依靠人民,通过新闻、布告、公开集会等一切可能的方法影响他们"[1]。列宁则特别强调新闻出版为了无产阶级和广大劳动人民服务的党性原则,他在批判资产阶级出版自由的虚伪性时,提出了文学或者写作的出版工作是无产阶级总的事业的重要组成部分。在无产阶级出版物中,他提出,无产阶级的写作和出版,不是为了私欲和名誉地位,而是源于对社会主义思想和劳动人民的同情,"它不是为饱食终日的贵妇人服务,不是为百无聊赖、胖得发愁的'几万上等人'服务,而是为千千万万劳动人民,为这些国家的精华、国家的力量、国家的未来服务"。它把一批又一批生气勃勃的新生力量吸引到自己的队伍中来,"用社会主义无产阶级的经验和生气勃勃的工作去丰富人类革命思想的最新成就,它要使过去的经验(从原始空想的社会主义发展而成的科学社会主义)和现在的经验(工人同志们当前的斗争)之间经常发生相互作用"[2]。正因为如此,列宁在其革命和社会主义建设生涯中始终对报刊出版给予了高度重视,亲自创办或者组织领导了《无产者报》《社会民主党人报》《火星报》《真理报》《贫农报》《经济生活报》等重要报刊,并使这些报刊成为指导无产阶级革命和社会主义建设事业的强大武器。出版作为思想战争武器的作用,在第二次世界大战盟军反对法西斯的斗争中也得到了很好的运用。书籍成为"纸质子弹",在战争期间,它成为动员民众、提升士气的有力工具,在战后它成为安抚侵略和被侵略国家的民众、重塑民众思想、宣传反法西斯战争正义性的重要手段。"图书在帮助实现长远目标的过程中可以扮演一个至关重要的角色,包括帮助战争向和平的转变,以及在将来赢得侵略和被侵略国家的民众,尤其是精英和其他舆论制造者们的心灵和思想……图书是最持久的宣传工具。"[3]

① 麦克莱伦. 马克思传 [M]. 王珍,译. 北京:中国人民大学出版社,2006:211.
② 中宣部出版局《出版工作文献选编》编辑组. 出版工作文献选编 [M]. 沈阳:辽宁教育出版社,1991:43.
③ 约翰·亨利. 作为武器的图书 [M]. 蓝胤淇,译. 北京:商务印书馆,2016:98.

　　主题出版在中国共产党的革命斗争和社会主义建设中的作用尤为明显。主题出版是催生中国共产党诞生的重要因素。1915年，由陈独秀创办的《新青年》，团结了一大批进步人士，猛烈批判封建正统思想，提倡民主，反对专制，提倡科学，反对迷信，成为新文化运动的重要阵地，并为五四运动和中国共产党的诞生奠定了一定的理论思想基础，营造了舆论环境。随后，《湘江评论》《共产党》《民国日报》《武汉星期评论》《励新》《群报》等一大批宣传科学社会主义和共产主义思想的报刊涌现，《唯物史观解说》《共产党宣言》《社会问题总览》《马克思经济学说》《科学的共产主义》等宣传马克思主义的著作翻译出版，使马克思主义在中国得到较为广泛的传播，直接促使了中国共产党的诞生。不仅中国共产党的主要代表人物十分重视新闻出版工作，而且陈独秀、李大钊、毛泽东、周恩来、刘少奇、邓小平、陈云等大多数领导人都有过编辑出版工作的经历，这在各国政党中是不多见的。毛泽东指出，出版物和出版工作是党和人民的重要武器，具有宣传和组织的伟大作用，他在1942年为中央书记处起草的一份电报中指出：各地党委"尚不认识通讯社及报纸是革命政策与革命工作的宣传者、组织者这种伟大的作用，尚不懂得领导人员的很多工作应该通过报纸去做"[1]。因此，我们"应该把报纸拿在自己手里，作为组织一切工作的一个武器，反映政治、军事、经济又指导政治、军事、经济的一个武器，组织群众和教育群众的一个武器"。出版不仅起到组织和教育人民的作用，更要为了人民，"我们的文化是人民的文化，文化工作者必须有为人民服务的高度的热忱，必须联系群众，而不要脱离群众"[2]，周恩来提出，新闻出版是革命和建设的一个重要"方面军"，他给当时的《新华日报》提出任务："《新华日报》是党在国民党统治区坚持抗战、坚持团结、坚持

---

① 中共中央文献研究室. 毛泽东年谱：一八九三——一九四九　中卷 [M]. 北京：人民出版社，中央文献出版社，1993：410.
② 毛泽东. 毛泽东选集：第三卷 [M]. 北京：人民出版社，1991：1012.

进步的一面旗帜。《新华日报》要充当大后方人民的喉舌,要敢于说出真理,也要善于说出真理。"① 他在为《新华日报》创刊九周年致辞时,提出报刊要"为人民喉舌,为人民向导"。他后来还对为人民服务的内涵做了深刻阐释:"为人民服务也就是为我们的国家,为我们的民族,为我们的美好将来,为全人类光明的前途服务。"他进一步指出:"为人民服务就是要为中国人民的最高利益服务,也就是说,要照顾到最大多数人民的最大利益。"② 他还提出:"我们认为文化只有在属于人民并为人民服务的时候才能有健全的基础和广阔的前途,为人民服务乃是文化发展的基本方向。"③ 邓小平提出要自觉自愿地坚持为人民服务、为社会主义服务的正确方向,积极宣传四项基本原则,宣传四个现代化,他指出:"我们思想理论战线的同志们一定要赶快组织力量,定好计划,在尽可能短的时间里陆续写出并印出一批有新内容、新思想、新语言的有分量的论文、书籍、读本、教科书来,填补这个空白。"④

习近平把包括出版事业的新闻舆论工作提升到前所未有的高度加以认识,他指出,党的新闻舆论工作是党的一项重要工作,是治国理政、定国安邦的大事。"做好党的新闻舆论工作,事关旗帜和道路,事关贯彻落实党的理论和路线方针政策,事关顺利推进党和国家各项事业,事关全党全国各族人民凝聚力和向心力,事关党和国家前途命运。"⑤ 做好新闻舆论工作要坚持新闻的党性原则,在党的新闻舆论工作中,党性与人民性是统一的,因此,新闻舆论工作"要树立以人民为中心的工作导向,把服务群众同教育引导群众结合起来,把满足需求同提高素养结合起来,多宣传

① 袁亮.周恩来刘少奇朱德陈云与新闻出版 [M].北京:中国书籍出版社,2003: 8.
② 周恩来.周恩来文化文选 [M].北京:中央文献出版社,1998: 789—790.
③ 中共中央文献研究室.周恩来年谱:一九四九—一九七六 上卷 [M].北京:中央文献出版社,1997: 404.
④ 邓小平.邓小平文选:第二卷 [M].北京:人民出版社,1994: 180.
⑤ 中共中央文献研究室.习近平关于社会主义文化建设论述摘编 [M].北京:中央文献出版社 ,2017: 38.

报道人民群众的伟大奋斗和火热生活，多宣传报道人民群众中涌现出来的先进典型和感人事迹，丰富人民精神世界，增强人民精神力量，满足人民精神需求"①。习近平还指出，人民不是抽象的符号，而是一个一个具体的人，有血有肉，有情感，有爱恨，有梦想，也有内心的冲突和挣扎。因此，我们"要虚心向人民学习、向生活学习，从人民的伟大实践和丰富多彩的生活中汲取营养，不断进行生活和艺术的积累，不断进行美的发现和美的创造。要始终把人民的冷暖、人民的幸福放在心中，把人民的喜怒哀乐倾注在自己的笔端，讴歌奋斗人生，刻画最美人物，坚定人们对美好生活的憧憬和信心"②。从以人民为中心的立场出发，就要求我们必须自觉与人民同呼吸、共命运、心连心，欢乐着人民的欢乐，忧患着人民的忧患；从以人民为中心的立场出发，就要求我们在坚持正面宣传为主的同时，对于危害人民利益的言行，要敢于亮剑，要进行旗帜鲜明的斗争，不能当"太平绅士"和"好好先生"。习近平还要求各级党委要牢牢掌握意识形态主导权，履行好意识形态的主体责任，要引导广大新闻舆论工作者做党的政策主张的传播者、时代风云的记录者、社会进步的推动者和公平正义的守望者。

三、主题出版是普及先进科学知识、传递科学信息的工具

我们所要发展的是民族的、科学的、大众的文化。科学文化知识的普及、优秀教科书的出版历来是追求进步、追求先进的出版人的重要职责，也是中国共产党文化建设的重要职责。在漫长的封建社会，《三字经》《百家姓》《千字文》《千家诗》等启蒙读物以及"四书五经"等科举考试必读图书，对普及和传播中国文化起到了积极作用。但随着西方近代科学技术的传入，这些读物已经不能适应新式教育的需要。在这种情况下，出现

---

① 习近平. 习近平谈治国理政 [M]. 北京：外文出版社，2014：154.
② 习近平. 习近平著作选集：第一卷 [M]. 北京：人民出版社，2023：291—292.

了一批有理想的出版人，以振兴民族文化、启迪民智为己任，把教科书的出版作为出版的重中之重。

商务印书馆创办人之一高翰卿在谈到为什么创立商务印书馆时曾指出，银行、报馆、书这三种事业与国家社会民族极有关系，"力足以移转国家社会的成败、兴衰或进退"。商务印书馆的灵魂人物张元济更是提倡商务印书馆要"以辅助教育为己任"。因此，商务印书馆从成立不久，就把编写新式教科书、普及科学文化知识作为重点出版任务。1902年，商务印书馆就着手编写《最新国文教科书》，该书于1904年开始陆续出版，并就此一炮打响，畅销多年不衰，不仅普及了文化知识，也为商务印书馆的发展奠定了良好基础。商务印书馆还能够紧跟形势发展需要以及学制的变化，不断对既有的教科书进行修订、重编，不断丰富和完善教学理念和教材体系，从而在四十多年中以高质量、高水准执国内教科书之牛耳。商务印书馆的教科书出版，培养了一大批知识分子，为我国近代教育和文化事业作出了杰出贡献，著名历史学家周谷城在回忆自己中学时的经历时曾说："只要是教科书，无一不是商务印书馆编的或译的。即此一端，已足证商务印书馆对中国之现代化的功绩。"① 商务印书馆还十分重视科学普及工作，曾策划出版了《百科小丛书》《小学生文库》《新中学文库》《时代知识丛书》等具有广泛影响的图书。

中华书局的教科书出版同样对中国文化产生了巨大影响。中华书局创始人陆费逵谈到他本人之所以从事书业，一是因为有书可读，二是书业关乎国家文化前途之大，他说："我们希望国家社会进步，不能不希望教育进步；我们希望教育进步，不能不希望书业进步。我们书业虽然是较小的行业，但是与国家社会的关系，却比任何行业都大。"② 正因为有如此将国家社会进步、教育进步和书业进步密切联系的情怀，他在辛亥革命爆

---

① 蔡元培，蒋维乔，庄俞，等. 商务印书馆九十年 [M]. 北京：商务印书馆，1987：415.
② 陆费逵. 陆费逵文选 [M]. 北京：中华书局，2011：335—336.

发前敏锐地预见到革命必将成功，教育制度将发生大变革，而与之相应的教科书必将有巨大的需求，于是他悄悄地开展了"教科书革命"，邀请好友秘密编写能够适应共和体制的新式教科书——《中华教科书》。《中华教科书》顺应了政治形势和共和体制的需要，体现了鲜明的时代特色，一进入市场就大受欢迎，教材供不应求，从此奠定了中华书局在教科书出版领域的重要地位。可以说，中华书局是靠教科书起家的。关于教科书出版的重要意义，由陆费逵起草的《中华书局宣言书》中有过精辟的论述："立国根本，在乎教育。教育根本，实在教科书。教育不革命，国基终无由巩固。教科书不革命，教育目的终不能达也。"①他在论述教科书编辑大意时，对不同学科的教科书都作了介绍，指出修身、国文等教科书，以养成中华共和国国民为宗旨，"以独立、自尊、自由、平等为经"，以公德、私德、生活上必须知识等为纬；历史教科书则令儿童"知吾国历代之兴亡，文化之进退，国势之盛衰，君权民权之消长"，等等。中华书局教科书影响几代人的成长，正如李侃在1982年发表的《中华书局的七十年》中所说："现在五六十岁以上的知识分子，他们之中的很多人就是在中、小学时代，从中华书局出版的各科教科书中，得到基础文化科学知识的。"②中华书局的教科书不仅普及科学文化知识，促进了教育事业发展，而且对人们道德养成、人格培养、素质提高都起到积极的作用。

毛泽东等中国共产党领导人不仅重视出版对广大人民群众的理论武装作用，也重视出版在普及和传播科学文化知识方面的作用。毛泽东特别重视文化普及工作，他在1938年曾把编印士兵教科书和干部读物作为宣传部的重要工作。1941年，他又在政治局会议上专门提出，要出版教科书和通俗书籍。1942年，他在《文化课本》序言中指出："文化课本出版了，这是一大胜利"，"有了这个课本，就打开了学习文化的大门"，"文化

① 陆费逵. 陆费逵文选 [M]. 北京：中华书局，2011：114.
② 李侃. 中华书局的七十年 [J]. 出版工作，1982(1).

课本的出版,是广大干部的福音,我相信,我们大群的干部会以极大的热忱来欢迎这个课本的"。[1] 新中国成立后,毛泽东非常关心教科书以及普及读物的出版工作,他在 1955 年曾专门提出要出版适合农民需要的通俗读物和书籍,他还提出:教育部宁可把别的摊子缩小点,必须抽调大批干部编写教材。邓小平提出,编写教材要借鉴外国的经验,用先进的科学知识充实中小学教材内容,他在一份批示中指出:"教材非从中小学抓起不可,教书非教最先进的内容不可。当然,也不能脱离我国的实际情况。"[2] 他在一份题词中提出:"加强政治文化食粮的出版发行工作,消灭落后和愚蒙状态,乃是我们长期而严重的政治任务。"[3] 因此,我党历来重视文化普及性读物的出版,重视教科书的出版、发行以及管理工作。在 20 世纪 50 年代就成立了专门的教材出版社——人民教育出版社。中组部、人事部从全国抽调 150 多人组成教材编写队伍,其中很多是蜚声中外的专家、学者和教授,从而保证了教材的编写质量。有关管理部门还把教材的出版、发行和管理纳入国家统一规划中,将"课前到书,人手一册"作为政治性任务。从 20 世纪 50 年代起,我国成立了专门的大众读物出版社,包括科学普及出版社、农村读物出版社、农业出版社、工人出版社、中国青年出版社等,地方出版社当时的主要任务是"三化",即"地方化、群众化、通俗化",尽管地方出版社的出版方针后来发生了改变,但它却从一个方面说明,当时对科学知识的普及是极为重视的。在 20 世纪 60 年代,中宣部、文化部还专门牵头组织编写《知识丛书》,主要出版当前群众最关心的问题的知识读物以及有关科学技术方面的知识读物。20 世纪 80 年代,中宣部和国家新闻出版管理部门多次部署政治理论读物、青少年读物、

---

① 毛泽东. 毛泽东文集:第二卷 [M]. 北京:人民出版社,1993:387.
② 中共中央文献研究室. 邓小平思想年谱:一九七五——一九九七 [M]. 北京:中央文献出版社,1998:42.
③ 邓小平. 邓小平文集(一九四九——一九七四年):上卷 [M]. 北京:人民出版社,2014:169.

科普知识读物等大众图书的出版工作。进入新世纪后，中宣部牵头组织了包括《理论热点面对面》等一大批通俗政治理论读物，以及关于哲学、政治、经济、社会、文化、历史、法律、科技等方面知识的干部读物，既宣传了党的路线方针政策，又普及了科学文化知识，对确立文化自信起到了有力的促进作用。

四、主题出版是中外文化交流的信使

中华文明的文化之所以具有自信，还在于它具有博大精深的吸纳能力，具有海纳百川的宽阔胸怀。中华文化在上千年的对外交流中，能够洋为中用、西为中用、汲取精华、吸收营养，成功地将异域文化与本民族文化融会贯通、加以同化，并结合本土特点进行创造性转化，使之成为中华文化的有机组成部分。出版在中外文化交流中不可或缺，它是中外文化交流最重要的信息载体，是中外文化交流的信使。我国从国外引进最早、持续时间最长、影响最为久远的是佛家典籍的翻译出版工作。公元一世纪时佛教传入中国，并在统治阶级和上层社会得以流传，印度、月氏、安息等西域国家的高僧相继东来，与汉人沙门、清信士合作，开始佛经汉译，揭开了我国汉译外文作品的序幕。此后，佛教经典的收集、翻译、收藏、流通历数代而不衰，构成了中国古代文化交流的一个独特而有长远意义的现象。历史学家范文澜曾说："没有东汉以后大量佛书的输入，就不会有隋、唐以后内容革新的中国哲学。大抵东汉迄南北朝是佛教的吸收时期，在这一时期里，佛教徒的贡献，主要是翻译经典，其次才是阐发义理。"[1] 从后汉到唐代，历经五六百年，众多僧侣和其他人士参与翻译了大量的佛教经典。到了唐朝，玄奘等从印度取来原本经典直接翻译成汉语，使唐代译经活动达到了一个高潮，宋代《大藏经》的整理出版和流通，更使得佛教经

---

[1] 范文澜. 中国通史 [M]. 北京：人民出版社，1965：71.

典著作的引进、翻译、整理工作达到了顶峰。中国的高僧们并不满足于仅仅引进翻译佛教经典，他们紧密结合中国的现实并与中国文化结合起来，对佛经进行阐释和再创造，形成了具有独创意义的中国佛教和中国佛学，并与中国传统的儒学（教）和道教之间相互论争、相互影响、相互借鉴，构成了中华文化的重要组成部分。

　　佛教经典不仅仅传播宗教思想，同时也包含了医学、药学等方面的知识。唐代印度的天文学、占星术等相关书籍也传入中国。到了元代，随着以丝绸之路为主要交往通道的阿拉伯文化与中国文化交流的频繁，阿拉伯的天文历法、数学、占星占卜、医学、哲学、史学、诗学、炼丹、堪舆等相关书籍传入中国，对中国文化产生多方面的影响。到了明代，意大利人利玛窦到中国后，一方面传播天主教，另一方面力图把天主教教义与儒学融为一体，与此同时，他第一次向中国介绍了西方科学知识，向中国开明士大夫传来了一些"有用之学"，其范围包括了历法、几何、算术、测量、仪象、医理、乐器、格物穷理之书。特别重要的是，利玛窦与徐光启合作编译了《几何原本》，这部著作的翻译出版，引进了欧式几何及其演绎推论，传播了西方文明精神，被梁启超盛赞为"字字精金美玉，为千古不朽之作"，在中国思想发展史上具有划时代意义。鸦片战争后，中国士大夫以及官员中的有识之士，开始关注西方，注意收集西方的书籍及其他文献资料，后来形成了系统引进西方思想、文化、科学技术的热潮。林则徐作为"睁眼看世界第一人"，曾组织人员编译《澳门新闻纸》，邀请美国传教士伯驾翻译地理、地图、法律、政论等方面的图书。魏源以西方相关著述为参考，编辑出版了有关世界各国情况介绍的巨著《海国图志》，书中征引中外古今近百种资料，系统地介绍了西方各国的地理、历史、政治状况和许多先进科学技术。不仅如此，魏源还提出了编写本书的目的是"师夷长技以制夷"，传播了近代自然科学知识以及世界主要国家的社会制度、风土人情，拓宽了国人的视野，开辟了近代中国向西方学习的一代新风。循着"师夷长技以制夷"的思路，洋务运动的代表人物们强调"中学治身心、西学应世事"，即"中学为体，西学为用"，从而开设同文馆、江南制造局翻译馆等机构大量翻译西方科学技术方面的书籍。甲午战争的失败，使得一部分先进的知识分子意识到，单靠引进西方科学技术即增强船坚炮利等是不够的，还需要学习西方的社会制度和社会科学知识，后来的京师大学堂、南洋公学、广智书局等开始系统引进西方的政治、法律、经济、社会、历史、文化等方面的代表著作，形成了西学东渐的浪潮，并对中国近代的思想启蒙运动产生了深远影响。从鸦片战争失败起，"先进的中国人，经过千辛万苦，向西方国家寻求真理……那时，求进步的中国人，只要是西方的新道理，什么书也看"[①]。

中国共产党是在西学东渐的浪潮中诞生的。十月革命一声炮响给中国送来了马克思列宁主义。20 世纪 20 年代前后，马克思主义、社会主义思潮传入中国并对当时的社会产生了巨大影响和强烈冲击，当时中国翻译出版了大批介绍马克思主义的书籍，比如《共产党宣言》《资本论介绍》《社会主义史》《社会主义精髓》等，这些书籍对于苦苦寻找救国救亡真理的中国人来说，就像在黑暗中摸索的探路人遇到了指路的灯塔。对此，毛泽东曾回忆说："正是《共产党宣言》这部马克思主义著作，使我树立起对马克思主义的信仰。我接受了马克思主义，认为它是对历史的正确解释，以后，就一直没有动摇过。"[②] 从此，毛泽东就确立了对《共产党宣言》基本原理的终身信仰，开始了他对真理的执着追求。正因为如此，毛泽东特别重视马列著作和外国有价值的图书的翻译出版工作。他在 1942 年就提出设立大的编译部，"大批翻译马恩列斯及苏联书籍，如再有力，则翻译英法德古典书籍"，他主张吴亮平去主持翻译工作，告诉他："为全党着想，与其做地方工作，不如做翻译工作，学个唐三藏及鲁迅，实是功德

---

① 毛泽东 . 毛泽东选集：第四卷 [M] . 北京：人民出版社，1991：1469.
② 毛泽东 . 毛泽东自述 [M] . 北京：人民出版社，2008：45.

无量的。"①1949 年后，毛泽东多次提出要学习外国有价值的东西，并说："外国作品不翻译是错误的，象西太后反对'洋鬼子'是错误的。要向外国学习，学来创作中国的东西。"② 正是在毛泽东这些主张指导下，我国不仅成立了中共中央马恩列斯著作编译局，翻译了马克思主义经典著作，而且长期将商务印书馆的主要职能定位为翻译出版外国哲学社会科学优秀学术著作。20 世纪 80 年代，商务印书馆曾系统出版《汉译世界学术名著丛书》，这套丛书在社会上尤其是学术界产生了广泛的社会影响，正如陈原所说的："通过这些著作，人们有可能接触到一个迄今为止人类已经达到的精神世界"，"汉译世界学术名著的陆续刊行，将是振兴中华、建设精神文明的基础工程之一，它将丰富我们的精神生活，开阔我们的眼界，扩大我们的知识面，增进我们的思考力"。③ 在当时，这套书的出版也引起了一定争议，有人甚至把它当作"精神污染"。在这种情况下，邓小平及时对翻译世界学术著作给予大力支持，他表示："这个工作很重要，需要用几十年的时间。除了组织国内人力进行翻译，还可以在英国、日本、西欧分别成立编辑部，组织外籍华人和华侨中的学者进行这一工作，订立合同，稿费从优。"④ 目前，《汉译世界学术名著丛书》已经成为商务印书馆乃至整个出版界的一个响亮品牌，对推动我国的学术发展和文化繁荣进步起到了不可估量的作用。

中外文化交流从来都是双向的。我国在引进国外著作的同时，出版的输出及外传从两晋以后也从来没有中断过。两晋时，中国的《论语》《千字文》等开始传到日本、朝鲜。隋唐时期中国灿烂的文化，不仅吸引了东方诸国的学者、文人和僧侣等来华留学、进修和讲学，而且他们大多以能

---

① 毛泽东.毛泽东书信选集[M].北京：中央文献出版社，2003：202.
② 毛泽东.毛泽东著作选读：下册[M].北京：人民出版社，1986：752.
③ 陈原.陈原出版文集[M].北京：中国书籍出版社，1995：300—303.
④ 中共中央文献研究室.邓小平年谱：一九七五——一九九七（下)[M].北京：中央文献出版社，2004：966.

够从中国带回书籍为荣，并把从中国"买书求籍"作为重要的任务，因为学习文化首要的是得到中国的典籍。唐代时，日本已经有中国典籍 1800 余部，18000 余卷。隋唐时经史子集各部均有，大致已摄取隋唐时期宫廷藏书的一半。[①] 宋元时期，我国文化典籍的东传达到了一个高潮，高丽科举制度以儒家经典三礼（《礼记》《周礼》《仪礼》）、三传（《左传》《公羊传》《穀梁传》）为考试内容，私学教学内容也以《周易》《尚书》等儒家经典为主要内容，后来程朱理学传入高丽，对高丽的文化学术及政局产生过巨大影响。日本僧侣在宋元期间从中国带回大量珍贵书籍，包括《太平御览》《大藏经》等大型文化典籍，这些汉籍的东传，不仅对日本五山文化产生了巨大影响，而且为日本的儒学和汉文学的兴盛打下了良好基础。汉籍不仅向东传播，而且也在向越南等东南亚国家传播，由此形成了儒家文化圈，影响至今。

中国文化典籍不仅仅向东传播，在西方文化传入中国的同时，中国文化也像磁石一样吸引着西方人的目光。从 16 世纪到 18 世纪，中国的重要典籍，特别是儒家经典基本上都有了拉丁文本、法文本在欧洲流传，中国文化的西传，引起了欧洲人对中国的极大兴趣，法国、德国等先后掀起了"中国热"，莱布尼兹、伏尔泰、孟德斯鸠等西方著名思想家都对中国发表了自己的观点，这些启蒙思想家力图从中国文化中找到反专制、反教权的思想武器，从而对西方的思想启蒙和社会变革起到了推动作用，而中国艺术、中国工艺向欧洲的传播，对欧洲艺术风格产生了很大影响，所以，有的研究者指出"在 1800 年以前，中国给予欧洲的比它从欧洲所获得的要多得多"[②]。

习近平指出："中华民族生生不息绵延发展、饱受挫折又不断浴火重生，都离不开中华文化的有力支撑。中华文化独一无二的理念、智慧、气度、

---

① 彭斐章. 中外图书交流史 [M]. 长沙：湖南教育出版社，1998：44—45.

② 彭斐章. 中外图书交流史 [M]. 长沙：湖南教育出版社，1998：186—187.

神韵，增添了中国人民和中华民族内心深处的自信和自豪。"① 中华文化既是民族的，也是世界的。要提高中华文化在世界上的影响力，提高中国文化软实力，必须更多地向世界传播中国声音，向世界讲好中国故事，这就必须充分发挥中国出版在讲好中国故事中的作用。当前，随着中国影响力的不断扩大，世界再次掀起了"中国热"，在这轮"中国热"中，中国出版"走出去"步伐不断加快，出版在沟通中外文化中起到了中介和桥梁作用，是提升中华文化软实力、扩大中华文化影响力的中坚力量。

① 中共中央文献研究室 . 习近平关于社会主义文化建设论述摘编 [M] . 北京：中央文献出版社，2017：15.

第六章　主题出版与社会治理

　　党的十九届四中全会通过的《中共中央关于坚持和完善中国特色社会主义制度　推进国家治理体系和治理能力现代化若干重大问题的决定》（本章后文简称《决定》）提出，"坚持和完善繁荣发展社会主义先进文化的制度，巩固全体人民团结奋斗的共同思想基础"。这充分说明，社会主义文化建设或社会主义先进文化制度对于坚持和完善国家治理体系和治理能力现代化有着特殊的重要意义。主题出版所弘扬的是主流意识形态和社会主义核心价值观，在国家治理体系和治理能力现代化中的作用不可或缺，国家治理体系与治理能力的现代化离不开主题出版。

一、国家治理体系和治理能力现代化

　　党的十八届三中全会第一次提出国家治理体系和治理能力现代化问题，指出"全面深化改革的总目标是完善和发展中国特色社会主义制度，推进国家治理体系和治理能力现代化"[①]。习近平总书记在十八届三中全会第二次全体会议上的讲话中，对国家治理体系和治理能力现代化作了精辟的阐释，他说："国家治理体系和治理能力是一个国家制度和制度

---

① 中共中央关于全面深化改革若干重大问题的决定 [M]. 北京：人民出版社，2013：3.

执行能力的集中体现。国家治理体系是在党领导下管理国家的制度体系，包括经济、政治、文化、社会、生态文明和党的建设等各领域体制机制、法律法规安排，也就是一整套紧密相连、相互协调的国家制度；国家治理能力则是运用国家制度管理社会各方面事务的能力，包括改革发展稳定、内政外交国防、治党治国治军等各个方面。国家治理体系和治理能力是一个有机整体，相辅相成，有了好的国家治理体系才能提高治理能力，提高国家治理能力才能充分发挥国家治理体系的效能。"①

国家治理体系和治理能力的现代化第一次将国家治理与现代化紧密联系起来，成为中国式现代化的有机组成部分。有学者认为，这是继四个现代化之后提出的又一个重要宏伟目标，可以成为"第五个现代化"。如果说之前所提出的四个现代化主要着眼于物质层面的现代化，那么第五个现代化则更多关注的是精神层面和制度层面的现代化。

习近平总书记对如何实现国家治理体系和治理能力的现代化作出了系统的论述。他指出，要坚持把完善和发展中国特色社会主义制度，推进国家治理体系和治理能力现代化作为全面深化改革的总目标，适应时代变化，既改革不适应实践发展要求的体制机制、法律法规，又不断构建新的体制机制、法律法规，使各方面制度更加科学、更加完善，实现党、国家、社会各项事务治理制度化、规范化和程序化；要进一步解放思想、进一步解放和发展社会生产力、进一步解放和激活社会活力；要以经济体制改革为重点，发挥经济体制改革牵引作用；要坚持社会主义市场经济改革方向，其核心是如何处理政府与市场的关系问题，使市场在资源配置中起决定性作用和更好发挥政府作用；要以促进公平正义、增加人民福祉为出发点和落脚点，不仅要把"蛋糕"做大，而且要把"蛋糕"分好，要从人民利益出发谋划改革思路、制定改革举措，及时总结人民群众创造的新鲜经验，

---

① 习近平．习近平著作选读：第一卷 [M]．北京：人民出版社，2023:179.

充分调动人民群众推进改革的积极性、主动性和创造性，形成推进改革的强大动力。

在国家治理体系和治理能力现代化的新征程中，出版特别是主题出版能够也应该发挥应有的作用。

二、国家治理体系和治理能力现代化与主题出版功能之间的内在联系

《决定》对文化制度建设作出了系统阐述，指出发展社会主义先进文化、广泛凝聚人民精神力量，是国家治理体系和治理能力现代化的深厚支撑，为此，《决定》提出了建立健全"坚持马克思主义在意识形态领域的指导地位""坚持社会主义核心价值观引领""健全人民文化权益保障""坚持正确的舆论引导""把社会效益放在首位、社会效益与经济效益相统一"的一系列制度措施。这五个方面既是国家治理体系和治理能力现代化中的重要内容，也是主题出版发挥其功能的重要途径和方向。

（一）"传播真理、塑造信仰"是主题出版的核心政治传播功能

主题出版的首要特征是政治性，它作为服务党和国家中心工作的出版活动，其核心功能是政治传播。这一功能在巩固马克思主义意识形态领域的地位以及扩大马克思主义的传播和信仰塑造方面表现得最为显著。在新中国成立初期，社会主义政治制度和经济制度逐步确立的同时，也逐步确立了以马克思主义为指导地位的社会主义意识形态。此后这一原则一直贯穿在党的意识形态建设实践中，并成为一条极其宝贵的基本经验。在将马克思主义确立为社会主义意识形态根本指导原则的过程中，离不开对马克思主义的传播。作为思想文化重要传播载体的出版，自然地担起传播马克思主义真理的重任，马克思主义经典著作的出版发行就成了马克思主义意识形态建设的重要使命。马克思主义经典著作尤其是马恩著作在中国的百余年不断编译出版，"见证了马克思主义由一种思想和学

术'舶来品',逐步与中国革命和建设实践及中华民族的伟大复兴相融合，最终成为中国共产党的指导思想和当代中国主流政治意识形态的全过程"。① 与此同时，马克思主义中国化代表人物即我党领袖们的著作的出版促进了马克思主义与中国革命的具体实践相结合，诞生了毛泽东思想、邓小平理论、"三个代表"重要思想、科学发展观以及习近平新时代中国特色社会主义思想，这些理论成果同样需要出版行业将其变成出版物加以出版和传播。我党从成立之初，就极其重视马克思主义著作的翻译出版，同时重视马克思主义中国化成果的出版。新中国成立后成立了专门的机构——出版总署翻译局和后来的中央编译局，并成立中央文献研究室、中央党史研究室等机构，专门负责整理和出版我党领袖们的著作，宣传马克思主义中国化的最新成果。马克思主义经典著作及马克思主义中国化最新成果的出版有助于党和国家实现坚持马克思主义在意识形态领域指导地位的根本制度，并把马克思主义及其中国化的最新成果贯彻落实到各个领域、各个方面，使其成为处于指导地位的主流意识形态，进而推进国家治理能力的现代化。

（二）主题出版直接影响社会主义先进文化建设和引领

"传播观念、认同价值"和"传承历史、创造转化"这两项出版功能对于社会主义先进文化的建设和引领有着直接影响。一方面，主题出版作为一种特殊的出版板块，在把社会主义核心价值观融入法治建设和社会治理之中有着天然的传播优势，尤其是主题出版最重要的职能就是弘扬和宣传社会主义核心价值观。例如，在 2012 年开展的社会主义核心价值体系建设"双百"出版工程，就以"自上而下"和"自下而上"相结合的方式从理论读物和通俗读物两方面开展主题出版活动。此后为响应《关于开展培育和践行社会主义核心价值观主题出版活动的通知》，出版界积极组织

---

① 王传英,田国立.马恩著作在中国百年译介与传播的社会学分析 [J].河北学刊,2017 (2).

开展相应的主题出版工作，并最终出版了《中国人的美德与核心价值观》和《天山旗帜——新疆优秀共产党员的先进事迹》等图书和音像电子出版物等大批出版物。此外诸如"社会主义核心价值观研究丛书"等出版物全景式地解读了社会主义核心价值观的各个方面，为进一步做好社会主义核心价值观的研究、普及、宣传作出了重要贡献。[①] 这些主题出版物以教育教学和休闲娱乐等不同方式推动了全社会对理想信念教育的常态化，并以出版的形式来弘扬民族精神和时代精神。

另一方面，主题出版是优秀传统文化传承最重要的载体，既有的优秀传统文化的出版保障了中华民族的文化精神能够一直传承不断，而对国外先进文化内容的出版则为中国的文化创新提供了可以借鉴的他山之石。正是因为在主题出版中实现了各种国内外优秀文化的继承与创新，我们才能够铸就自己的文化自信，故而主题出版在文化自信中起到拱心石的作用。所以，在推进国家治理能力现代化时，应该积极发挥出版的"传播观念、价值认同"功能来塑造社会主义核心价值观，积极发挥"传承历史、创造转化"功能以坚定文化自信，并坚持以社会主义核心价值观来引领社会主义先进文化的建设。

（三）"传播知识、教化育人"功能保障人民文化权益

主题出版的"传播知识、教化育人"功能在整体媒介生态系统中的效果最明显，教育出版一直在履行着教化育人的职能；作为大众媒介的出版，虽然在某些出版形式（图书）上有着较长的出版周期，但这并不影响其"传递信息、服务大众"功能的发挥。一个国家的民族文化素质与其教育水平密切相关。而教育水平又与其所出版的各种教育读物的质量相关，因此教育出版直接与一个国家的民族文化素质相关联。基于这种关系，教育部对教材的编写和出版制定出相应的标准，出版管理部门对出版质量进行监

[①] 张福海. 围绕核心价值观研究不断推动主题出版 [N]. 光明日报，2015-02-25(7).

督，都是为了更好地履行出版传播知识、教化育人的功能。此外，大众读物尤其是科普类的大众科学出版物的出版有助于培养国民的科学精神。如，记录院士人生、展现院士风范、传承科学精神的"中国工程院院士传记丛书"以及更早的展示国外科学家的哲人风范、弘扬科学精神的"哲人科学家丛书"的出版传播，都为人民群众全面认识科学家的人生历程和思想精髓提供了文本内容，同时它们还起到了"传播科学思想、普及科学方法、弘扬科学精神、理解科学价值的初衷，从而让作为一种文化的科学逐渐驻足国人的自觉意识，塑造国人的新精神和新人格，促进人的现代化"的作用。[①]

（四）前沿知识传播功能为创新型国家奠定基础

学术出版的"呈现前沿、促进创新"功能对于推动创新型国家的建设有着重要的作用。学术出版传播的是具有探索性、科学性、前沿性的知识内容，这些内容或许有部分存在着一定的争议性，但这种争议对于客观知识的增长而言同样是一个必不可少的过程。正如，卡尔·波普尔提出要通过"问题→试探性理论→排除错误→新问题"的批判图式[②]来达到促进客观知识增长一样，在学术出版中同样也需要允许存在试错的可能。无论是通过不断试错，还是幸运地直接发现客观的前沿知识，由出版所承载的这些前沿知识都将推动一个国家的科学技术和哲学社会科学的发展，并为创新型国家的形成奠定扎实的知识基础。随着数字出版技术的更新迭代，开放获取的出版方式在相对小众的学术出版中得到了较好运用，前沿的科学技术知识通过技术手段能够在学术共同体之中得到及时评议与快速发布，使得知识创新的更新速度得到极大提高。

---

① 展示哲人风范，弘扬科学精神——《哲人科学家丛书》（第一批）近期出版 [J]. 自然辩证法通讯，1994(2).
② 卡尔·波普尔. 客观知识：一个进化论的研究 [M]. 舒炜光，卓如飞，周柏乔，等译. 上海：上海译文出版社，1987：298.

（五）出版产业变革进步功能推动社会经济发展

印刷术的保存威力，具有强大的"固化功能"①，这种功能为"想象的共同体"和民族认同提供了基础②，因此建立在印刷术之上的出版的一个重要功能就在于能够"形成合力、推动社会"发展。出版的这种功能得以集中凸显是在印刷术得到普及且出版成为一种产业之后。因此，出版的合力与推动社会发展的功能不仅体现在政治和文化的共同体凝聚方面，同样也体现在推动社会经济发展的方面。在中国乃至全球，出版业已经成为一个拥有庞大市场份额的产业，广义的出版业也成了重要的支柱性产业。就中国而言，仅数字出版在 2018 年的产值已经突破 8000 亿元人民币。出版的新经济（数字经济）特征将随着 5G、人工智能、区块链以及虚拟 /增强现实等技术的发展爆发出更加巨大的潜力，并激发出更多的文化创新创造活力。出版产业在得到进一步发展时，将对现代文化产业体系和市场体系带来新的变革，还将推动我国的智能化与文化的进一步融合发展，从而为完善国家治理体系和治理能力现代化作出自己的贡献。

（六）主题出版重塑社会规范功能推动特色话语体系建构

出版的"规范话语、形成标准"功能对内可有效推动中国特色话语体系的形成，而"连接中外、交流文化"的功能对外可推动中国国际话语体系的建构和进一步讲好中国故事、传播中国声音。出版在重塑社会规范方面的作用历来被研究者所忽视，但它在现代社会治理体系中却愈发显示其重要性。出版的这种规范话语和标准形成功能为身处其中的人们提供文化凝聚的纽带，进而为国家的文化建设和发展以及特色话语体系的形成起到推动作用。比如，《现代汉语词典》《辞源》《中国大百科全书》等大型工具书的出版为当代中国的语言文字规范和知识框架奠定了话语

---

① 伊丽莎白·爱森斯坦. 作为变革动因的印刷机：早期近代欧洲的传播与文化变革 [M]. 何道宽，译. 北京：北京大学出版社，2010：67—74.
② 本尼迪克特·安德森. 想象的共同体：民族主义的起源与散布 [M]. 吴叡人，译. 上海：上海人民出版社，2003: 52.

标准。一个国家在内部形成稳固的文化特色或话语体系之后，无论是出于文化交流和创新的目的，还是推动国际话语体系的建构，都还需要对外与其他优秀的文化进行交流与融合，而出版正是其中一种重要的交流方式。自改革开放以来，中国出版在 40 多年间的对外交流与国际合作中所取得的非凡成就之一就是推动了国家形象的对外传播，当下各种出版外译项目和国家出版基金资助中"走出去"项目的推行正在为讲好中国故事、展示良好国家形象、建构国际话语体系、提高国家文化软实力而贡献出独特的力量。

另外，当人们在现实社会中遭受挫折时，小说或网络游戏等出版物中的相应情节内容或解决方案能够为其提供情感共振和结果参考以及情绪宣泄口，从而起到维护社会稳定的作用，对完善社会治理体系功不可没。

可以看出，主题出版功能的发挥从不同角度践行着《决定》对文化的要求，在国家治理体系和治理能力现代化建设中发挥着重大作用。

三、在国家治理体系和治理能力现代化建设中要进一步加强主题出版工作

虽然主题出版与国家治理体系和治理能力现代化有着密切的关联并在其中起到了重要作用，但仍需注意到出版的功能在社会主义先进文化的制度建设和制度执行中依然有很大的施展空间，在制度建设以及具体的执行层面还存在着一些短板。因此需要从制度建设、制度执行以及加强对出版的基础研究和人才培养等方面加以完善，进一步强化出版在国家治理体系和治理能力中的作用。

（一）继续健全和完善主题出版管理体制

新中国成立以来，我国出版管理体制在不断地改革与调整，以适应人民群众和国家文化建设的需求。其基本经验是"党和政府的作用不仅要善于宏观匹配、顶层设计具有中国特色的社会主义出版体制，还要善于总结

和提升基层创造性的探索与经验，通过引导意识形态来规范制度变迁路线"①。目前我国的出版管理体制改革正处于深化发展阶段，亟须制度革新并结合媒体融合的新趋势不断进行修订、完善。随着信息传播技术的发展，出版的概念得到了极大拓展，相应的出版业务也得到了延伸。而既有的出版管理体制并不能完全适用于新的出版业务，所以在制度建设层面需要制定出新的法规政策将这些新的出版现象和出版行为纳入管理范围，从而为出版产业的健康发展提供制度保障。

目前我国出版管理部门每年发布关于主题出版的带有指南性质的文件，这固然起到很好的引导性，但与此同时，不能仅仅从几个大的方面过于"宏观"地指导，还需进一步有针对性地加强对不同类别主题出版物的指导和引导，应该细化主题出版物市场，引导出版机构不断推出针对不同读者面的主题出版物，增强主题出版的吸引力、引导力、影响力。在正面引导的同时，要加强对出版市场的监管，对于存在价值导向偏差、侵权盗版等问题的机构和个人应该加大惩处力度。在出版工作中，如何坚持正确的舆论引导和怎样以社会主义核心价值观来引领文化建设，以及如何完善出版企业履行社会责任等方面都还有待相应的具体出版管理制度来进行介入，从而提高文化治理能力的现代化。

（二）加强对各项出版管理制度的执行力度

社会主义先进文化制度的完善为国家治理体系的推进奠定了相应的制度基础，然而在文化治理能力现代化的推进与提升方面还需要将制度落实到具体的文化事务之中。以人民文化权益保障体系为例，公共文化服务体系是保障广大人民群众精神需求的一个重要举措。虽然在党的十八届三中全会中就明确提出了建构现代公共文化服务体系，到了党的十九届四中全会更是强调了要"完善城乡公共文化服务体系，优化城乡文化资源配置，

---

① 孙俊青，刘永俊.新中国 70 年出版管理体制的演进与改革启示 [J].北京联合大学学报（人文社会科学版），2019(3).

推动基层文化惠民工程扩大覆盖面、增强实效性，健全支持开展群众性文化活动机制，鼓励社会力量参与公共文化服务体系建设"①。但在实践中，整个公共文化服务体系的制度建设方面还有很多需要加强的内容，在制度的执行方面我国仍然存在着有待继续提高并落到实处的地方，尤其是在基层社区和乡村地区出版公共服务和保障体系还远远不能满足广大人民群众对优质出版物产品的需求、优质内容供给不足或供求错位的现象还较为普遍的情况下，需要在制度制定和执行层面都加以改进和完善。

（三）在出版公共服务中强化对主题出版的支持力度

出版公共服务基础设施的建设是保障人民文化权益的一个重要维度。出版公共服务是以政府为主导、政府和其他社会主体共同参与、以社会效益为首要目标、具有公益性质的出版产品和服务，主要内容包括：制定出版相关法律法规及行业规范、行业标准；提供公共设施建设、培育出版消费市场；对具有公益性的出版物（或行为）进行资金支持；规范市场行为、维护市场秩序、促进公平竞争等。② 出版公共服务具有基础性和公益性，这与主题出版有着天然的一致性，因此，在政府公共服务基础设施、财政支持等方面要加大对主题出版的支持力度，一方面从源头上对那些在主题出版方面有突出贡献的单位和个人加大奖励力度，对于那些国家急需而出版单位却为此承担亏损的主题出版物加大财政补贴力度；另一方面，从需求角度加大政府对主题出版物的购买服务，通过政府采购让优秀主题出版物进入公共图书馆、进入学校、进入企业、进入社区等，扩大主题出版物的市场占有率。

（四）加强主题出版的基础研究和专业人才培养工作

当前主题出版的研究基础还很薄弱，主题出版中的很多理论问题和实践问题还有待深入研究，主题出版的内涵外延、内在逻辑、运行规律等

① 中共中央关于坚持和完善中国特色社会主义制度 推进国家治理体系和治理能力现代化若干重大问题的决定 [N]. 人民日报, 2019-11-06(1).
② 周蔚华. 从自在、自为到自觉：新中国成立后我国出版公共服务的探索 [J]. 编辑之友, 2019(9).

重大理论问题还需要进一步深入探讨，因此，应在国家社科基金、教育部社科基金等相关研究项目中加强对主题出版研究的支持力度，吸引一批有志于出版基础理论和应用研究的学者、出版机构的从业者等对主题出版中的重大理论和问题集中攻关，将主题出版研究引向深入。

随着主题出版和各种国家出版工程的实施，出版在意识形态建设和社会主义核心价值观引导方面的作用日益突出。同时，出版在举旗帜、聚民心、育新人、兴文化、展形象方面发挥着越来越突出的作用，这从客观上要求必须加强出版学科的地位。在出版学科建设中，要把主题出版人才培养作为一个重要的培养方向，培养学生主题出版选题策划能力、导向把关能力、多媒体融合能力以及市场推广能力等，让这些人才能够在主题出版领域找到发挥才干的空间，从而为社会主义文化建设、为国家治理体系和治理能力现代化注入新鲜的血液。

第七章　主题出版的动力机制与社会评价

　　主题出版上承政策引导、下接读者市场，在内容和形态上不断推陈出新，收获了良好的社会效益和经济效益，并呈现多元化拓展、特色化延伸、大众化阅读、市场化运作、融合化探索、国际化破局等六大趋势。[①]动力机制和评价机制是驱动主题出版发展的运行机制，有一定的规律性和稳定性。运行顺畅的动力机制可以将产业发展获得的人力资源等要素尽快转化为竞争优势，并带来持续的竞争优势。[②]主题出版的评价机制，与其他出版文化产品的评价机制一样，是一个系统进程。一方面，作为国家质量评价体系的有机组成部分，主题出版评价行为与社会、政治、经济、文化等诸领域均有联系；另一方面，它又是出版传媒产业整体结构及功能改善的过程，而不仅仅是局部的改变和细节的评定。[③]主题出版的评价机制对主题出版高质量发展具有重要的导向作用。

---

① 周蔚华，何小凡.主题出版："百年之交"下的变化与展望 [J].中国编辑，2022(7).
② 宋琪，惠梦婕.产业融合背景下我国新闻出版产业集团发展动力机制探析[J].新闻知识，2017(4).
③ 齐峰.加快推进我国出版文化产品质量评价体系的构建 [J].编辑之友，2014(6).

一、近年来主题出版取得的成就和需要提升的方面

（一）近年来主题出版取得的成就

韩建民：主题出版在政策引导和学界业界的共同努力下，取得了显著的成绩，可总结为"两个加强"和"四个变化"。"两个加强"是指主题出版在理论研究和作者队伍建设方面显著加强；"四个变化"是指主题出版从宏观到微观、从选题到市场、从国内到国际，以及从内容到形式四个方面均发生了明显的变化。

（1）从宏观到微观

主题出版宏观上在党和国家意识形态建设中发挥了重要作用，为新时期党和国家的事业发展起到了思想引领和凝心聚力的作用；微观上则体现在出版行业内，出版主体即出版单位积极参与，且加入的主体呈现多元化。出版单位和编辑参与的积极性越来越高，形成了主题出版良好的发展局面。

（2）从选题到市场

主题出版外延在不断扩大，选题越来越丰富，策划含量越来越高，装帧越来越精美，市场反馈越来越好。

（3）从国内到国际

主题出版在国内取得一定成就的同时，一些主题出版图书也在国外产生了很大的影响，对于传播好中国声音、讲好中国故事发挥了重要作用。此外，主题出版国际产业链初步形成，一批贴近海外受众的优秀出版物应运而生。

（4）从内容到形式

主题出版内容更加专业化，不仅形式丰富多样，而且出现了不少精品力作；不仅纸质图书多有创新，适合多种阅读终端的数字化产品也越来越多，深受年轻读者的欢迎。

周蔚华：近年来，在出版主管部门的顶层设计和全行业的共同努力下，主题出版取得了突出的成就，成为出版领域的一个亮点，主要表现在以下六个方面。

（1）对主题出版的重要性形成共识

主题出版的重要性已得到行业的普遍认同，形成共识。出版主管部门每年发布指导主题出版工作的文件，如《中央宣传部办公厅关于做好2022年主题出版工作的通知》，并将其作为指导出版工作、引导出版导向的一个抓手；出版单位将主题出版作为一个重要板块，主要领导亲自抓，并组建专门部门负责主题出版策划、编辑工作。

（2）主题出版物品种多样，内容精彩

主题出版物品种越来越丰富、内容越来越精彩。阐释习近平新时代中国特色社会主义思想的主题出版物引领主流，马克思主义经典著作、党和国家领导人著作及其研究成果不断出新，重大理论、重大事件、重大活动相关主题出版物借势发力，文学、文化、科技、少儿等多种类型主题出版物争奇斗艳。

（3）主题出版不断出现超级畅销书，引领出版市场

主题出版物不再主要以机构团购等方式进入市场，而是越来越成为读者或受众的主动选择。近年来，在超级畅销书榜单上主题出版图书都占有较大比重。

（4）主题出版物呈现形式丰富多样

随着出版融合不断深入推进，主题出版呈现形式由过去单一的纸质图书，转变为综合运用多种媒介，音像制品、电子出版物、VR/AR产品、短视频、剧本杀等各种形式的主题出版产品纷纷涌现。

（5）主题出版"走出去"成效显著

由于所承载的内容都是有关中国的重大题材，国外读者也较为关注，主题出版物已经成为讲好中国故事、传播好中国声音的重要载体。

（6）学界和业界对主题出版的认识和研究不断深化

近些年，学界业界通过论坛、研讨会，学术期刊通过设立专栏，对主题出版的内涵、外延、发展历程、特点、运作规律等进行了深入研究，推出一批有价值的学术成果。

毛小曼：近年来，主题出版进入发展的快车道，我们在出版管理工作中也深有体会。总的来说，就是中宣部出版局对主题出版工作的抓总、统筹更有力度，机制更为健全；出版单位参与的积极性得到广泛提升，开展主题出版工作的意识更为强烈；大家名家夯实质量品质，新人新作点亮内容题材；主题出版的形式多种多样，从融合出版，到破圈跨界至其他文化类别，均有标杆性突破；另外，主题出版物在市场认可度和读者口碑方面，也有了巨大的提升，超级畅销书频频出现。以上海为例，2021 年围绕建党百年出版了近 200 种主题出版物，包括纸质书、有声书、音像制品、电子出版物等各种形式，打造了包括文字、漫画、连环画、地图、立体书、歌曲乐谱、音像等全方位的作品体系。其中不乏优秀主题出版物，如上海人民出版社出版的《战上海》2019 年获得第十五届"五个一工程"特别奖，以其改编的电视剧《破晓东方》2022 年 12 月 23 日登陆央视一套首播；上海人民出版社出版的《火种：寻找中国复兴之路》，获得了"中国出版政府奖""中国好书""文津图书奖"等多个国家级奖项，入选了中央和地方各类推荐书目，并达到了 30 万册的发行量，英文版和中文繁体版已经出版，俄文版即将面世，韩文版和越南文版正在翻译中；上海文艺出版社出版的《千里江山图》2022 年荣获了第十六届"五个一工程"奖，在上市半年多的时间内，达到 10 万册的发行量，影视版权广受关注。

（二）目前主题出版工作面临的问题

韩建民：主题出版图书取得的一系列成就，进一步说明了主题出版的特性是政治性、市场性和学术性的统一。政治性是主题出版物的首要特性；主题出版中的精品力作往往具有较高的学术价值；市场性体现于读者的认同,只有被大量读者阅读,才能达到主题出版的传播效果。在学术性方面,还存在一些问题:一是文学类主题出版物怎么体现学术性;二是主题出版物如何得到学术共同体的认可,以增强学者创作的积极性。要解决好这两个问题,就需要研究主题出版的动力机制和评价机制。

周蔚华:在党的二十大报告中,文化建设的主体部分为主题出版工作指明了方向。目前我们的主题出版工作在理论研究和实践探索等方面还存在一些问题,所以开展关于主题出版的动力机制和评价机制的讨论是非常有必要的。首先,主题出版工作是围绕党和国家的一些重大的中心工作来展开的,将其作为一个独立的出版板块,无论是从行政管理的角度还是从出版单位选题策划的角度,都是非常有意义的。其次,关于主题出版的公益性和市场性,我认为应强调公益性,突出社会价值。市场性要求主题出版物要贴近读者,把党和国家的主流声音与老百姓的现实需求结合起来,这两者结合得好,就有市场,本质上市场性与公益性是不矛盾的。最后,关于主题出版的时效性和长久性问题,有些主题出版物需要及时宣传党和国家的政策,因此具有很强的时效性,但更多其他类型的主题出版物在策划时需要考虑出版内容的系统性和长久性,以确保其具有长久的生命力。

毛小曼:主题出版的总体态势向好是毋庸置疑的,但同样存在"二八效应",头部作品的曝光率、可见度,以及市场反响、读者口碑占据了主流,但还有相当数量的主题出版物存在着叫好不叫座,甚至既不叫好也不叫座的现象。有篇文章中提出了"时度效"的概念,指出"主题出版工作,要在时度效上下功夫"[①],我深受启发。主题出版的"时",众所周知,是结合重大时间节点、重大事件推出相关内容的主题出版物,这是出版单位做年度选题规划和中长期规划时的重要参考。主题出版的"效",即利用传

---

① 周慧琳. 努力做好新形势下的主题出版工作 [J]. 出版参考, 2017(1).

统的书刊发行渠道和各类新媒体、新平台、新传播手段，达到社会效益和经济效益统筹兼顾。主题出版在"度"的方面还有欠缺。韩建民曾著文指出"主题出版的本质特征是政治性、学术性和市场性的统一"，我觉得这三者就是评判主题出版的重要维度，既是选题内容方面的内在维度，也是处理"度"与"时"和"效"关系的操作层面的外在维度。很多主题出版物在这方面是比较欠缺的。有些是为做主题出版而强加主题，内容缺乏深度，浮于表面；有些为完成任务跟风出版，同质化严重；有些为迎合"节点"加快进度，缺乏对内容和编校质量的精细打磨，粗制滥造；有些抢大牌作者、大牌机构，但因各种原因，未能获得其最好作品，代价虽大，但效果甚微。做好主题出版，政治站位、专业眼光、科学决策、流程管理、营销布局等都很重要，但耐力和定性更加重要。好的主题出版产品，不仅仅是爆款的畅销品，更应该是常读常新的长销品。

二、主题出版的动力机制

（一）目前主题出版的动力机制及面临的问题

韩建民：政府支持和指导是主题出版的外生动力，能起到一定的推动作用，但主题出版的繁荣还是要靠出版主体、作者主体和市场主体的内生动力机制。主题出版的动力机制包含四个方面：①自上而下地发动与评价；②出版主体的发展要求；③编辑个人的成长需要；④市场反馈的强力推动。

目前主题出版动力机制在逐渐优化，动力机制内部作用更趋合理，但还存在以下问题：①自下而上的动力持久性不足，有些出版单位和编辑做主题出版存在功利意识和短期行为；②系统性的动力机制建设不够，主题出版是动态开放的全新体系，涉及若干方面，需要协调联动才能达到最佳运转效果；③学术性和市场性动力偏弱，有待进一步拓展和加强。

周蔚华：主题出版发展的动力机制主要来自三个方面。

（1）出版主管部门的顶层设计和政策推动

出版主管部门把主题出版作为推动出版工作、引导思想舆论的重要抓手，并在资金支持、媒体推介、评奖等方面给予倾斜，这些外在的激励机制对主题出版起到了引导和推动作用。

（2）出版单位的主动作为

出版单位的主动作为是核心动力。由于主题出版物聚焦党和国家的中心工作，因此，做好主题出版工作既是出版单位的责任，也能使其获得市场的认可，还能提升社会效益和经济效益，出版单位因而具有内生动力。

（3）读者和市场驱动

在主流价值观越来越受到全社会普遍关注的情况下，能够回答中国之问、世界之问、人民之问和时代之问的主题出版物具有巨大的市场需求。

这三个方面形成合力，推动主题出版迅猛发展。目前这三个方面都需进一步提高，比如：在各种重点主题出版物评审、推荐等方面过分集中于若干有行政资源的出版单位，总量偏小、力度较弱、覆盖面较窄；很多出版单位对主题出版的认识还不到位，过分依赖政府的行政资源，甚至把它看成一种"负担"，自觉性、自主性和主动性有待提高；整个社会对主题出版的认知还不够清晰，主题出版还没有得到全社会的普遍认同。

毛小曼：主题出版的动力机制，从行为结构上说，是政府、出版主体和市场的合力。从本质上说，主题出版的动力机制跟整个主题出版业高质量发展的内外要求是一致的。到底什么是主题出版呢？首先，我们必须赋予它一个边界、一个定义，方便进行分类、规划、评价；其次，主题出版的内涵，从这几年政府的导向来看，已经从政治读物类逐渐扩大到文学、科技科普和传统文化类读物。

结合我对党的二十大报告的学习，我个人体会，未来主题出版的内涵还应有更进一步的丰富，归结为一点，就是以人民为中心，出好书，特别是满足和引领大众精神文化需求、讲好中国故事方面的好书。以这个目标为牵引，政府和出版单位各司其职，共同发力。在政府层面，可能是优化现有的机制，提升现有机制的效果；而作为主题出版动力核心的出版单位，更多的应该是创新机制、建强机制，通过机制建设调动编辑的积极性，从选题策划开始，到最后的营销推广，建立起出版单位的强有力的人才队伍，在主题出版板块交出漂亮的答卷。

（二）主题出版动力机制的关键因素

韩建民：主题出版动力机制的关键因素包括政策、出版单位、作者与市场四个方面。主题出版没有政策引领就像发动机失灵，没有出版主体（出版单位）和创作主体（作者）就失去了动力源泉，而没有市场的主题出版就像飘浮在空中的风筝。

周蔚华：主题出版动力机制是一个复杂的系统，在这个系统中有几个关键的要素或者因素。由于主题出版服务于党和国家的中心工作，策划什么样的选题以更好地服务于党和国家的中心工作是非常重要的，因此策划选题的出版主体即出版单位是其最重要的要素，离开了这个要素，其他的一切要素都发挥不了作用；其他关键因素还包括出版主管部门的考核与评价、市场检验和读者评价、媒体与社会评价等。

毛小曼：政府方面创造的动力机制表现为这些年来不管是在评优评先评奖，还是推荐书目、资金扶持，以及社会效益考核、书号配发等方面都进行了精心布局，并产生了不错的效果。现阶段主题出版工作的重心应该从自上而下地推动，转换为如何激发作为出版活动主体的出版单位的内生动力。从出版管理工作的角度来看，出版单位是做好主题出版最关键的因素。出版单位是连接政府、作者、产品和市场（也就是读者）的中间枢纽，要最大化发挥出版单位在主题出版工作方面的能动性、主动性和创造力，还必须做好人才建设。一家出版单位的主题出版乃至出版工作做得好不好，跟是否有灵魂人物、领军人物有决定性关系，也跟是否有一支有水平能打仗的编辑队伍有很大关系。

目前很多出版单位在对主题出版的认识上还存在不足，有热情没方向，有方向没选题，有选题没队伍，机制方面的建立还有待完善。

（三）建立更加科学有效的动力机制

韩建民：我国主题出版的动力机制亟待由过去政府主导、出版单位参与的模式逐渐转向政府推动、出版单位主导、市场化运作的格局。要建立更加科学有效的动力机制，我认为要在以下四个方面下功夫：一是行政力量与行业力量的协同共振，二是主题出版与专业出版的融合创新，三是自上而下与自下而上的汇流互动，四是评价体系与动力机制的科学衔接。

周蔚华：主题出版需要在策划方面转变观念，比如不能把主题出版仅仅看成完成任务，应该把它看作发展的机遇；不能把主题出版看成需要政府资助的纯公益性行为，而应该面向市场，向市场要效益；不能被动地等待稿源和选题，而应该进行长远规划和整体布局。在表达方式上，不能局限于纸质媒体，要善于运用新的传播技术开展融合出版。在宣传营销方面，要克服对行政性渠道的依赖，通过多元渠道和新媒体手段，扩大主题出版的覆盖面、影响力等。

毛小曼：建立科学有效的动力机制，还需强调目标导向。主题出版要获得双效统一，就必须在评优评先、推荐书目等政府主导的渠道之外，遵循市场规律，强化市场意识，利用市场手段。有了这个目标，机制就会围绕其有效建立，再由市场去调整平衡、优胜劣汰。让主题出版回归传播意义，打磨经得起时间和读者口碑检验的精品好书，应该是主题出版发展的方向。

三、主题出版的评价机制

（一）目前主题出版的评价体系

韩建民：主题出版是一个复杂的、与时俱进的动态发展系统，这就决定了它的评价体系也是动态的、多元的，当然也应该是科学的、全面的。主题出版涉及教育出版、学术出版、大众出版，读者对象既有专业人士也有包括少年儿童在内的普通读者，既有纸质出版物也有融媒体产品，既面向国内市场也走向国际市场，所以它的评价体系必然是复杂多维的。目前还没有建立起一套综合的评价体系，更多的是通过我们前面提到的各种动力机制发挥引导作用。

周蔚华：目前主题出版缺乏较为权威的评价体系。不仅主题出版领域如此，整个出版业也缺乏比较公认的权威的评价体系。因此，经过这些年的探索，可以考虑首先建立一套能够对主题出版成效进行综合评价的体系。

毛小曼：目前主题出版领域还没有比较系统的评价体系。主题出版发展的这些年，主要依靠政府主导、评奖评先、权威书单推荐等进行积极的引导，同时主题出版成效也被纳入对于出版单位的考核指标中。在新时代的语境下，如何加入市场维度、社会评价维度建立系统科学的评价体系，需要更深层次的研究和思考。

（二）主题出版动力机制和评价机制的关系

韩建民：主题出版动力机制和评价机制的关系体现在三个方面：第一，两者是相辅相成，互为一体的；第二，评价机制是动力机制的引擎，动力机制是评价机制的呈现和结果；第三，评价机制的优化会直接反馈到动力机制上，评价机制的作用是具体的、可见的，而动力机制是深层流动的。动力机制的主体是出版单位和相关编辑，评价机制的主体是党和政府有关部门以及社会团体、读者市场，复杂性和系统性的特点更加明显。

周蔚华：谈到这个问题，借用一句流行语就是两者之间既有相同之处也有不同之处。相同之处在于主题出版的动力机制和评价机制的目标是一致的，都是为了保障主题出版的高质量发展，从而进一步促进出版业的发展和繁荣，让主题出版成为社会主义出版强国建设中的主力军。但两者之间也有不同，其不同之处就在于动力机制中的主导因素是出版单位，如果出版单位没有动力，主题出版动力机制就会失灵；但在评价机制中出版单位不能扮演主导因素，甚至不能成为一个重要因素，出版单位的自我评价只能作为一个参考因素，而政府评价、社会评价、市场评价在其中起到重要作用，至于这三者之间哪一个评价更重要，需要认真加以研究。动力机制和评价机制两者密切关联。动力机制是前提，评价机制是结果；动力机制决定评价机制，评价机制又反过来影响动力机制；两者之间既相互促进又相互制约，都是主题出版发展中不可缺少的运行机制。因此，《出版与印刷》杂志将这个问题作为一个重要的专题进行讨论很有必要，体现了策划者的问题意识和现实针对性。

毛小曼：将评价机制与动力机制相比较，两者的区别是谁是主导者。动力机制的核心是出版单位，而评价机制则是政府主导，社会和市场广泛参与。关键在于如何做到两者同频共振，有效统一。

（三）建立高效、合理、科学的评价机制

韩建民：建议出版主管部门委托相关研究机构，在充分调研的基础上撰写主题出版评价体系要素分析报告，根据报告和实际发展要求制定科学全面的评价体系，以引领和推动主题出版高质量发展。评价机制要能够激发出版主体和编辑人员的积极性，调动优秀作者投身主题出版创作的动力，从而形成广大读者乐于阅读主题出版物、评价主题出版物的良好氛围。评价体系还应该注意，一是要贯彻政治性、学术性和市场性的统一；二是要做到四个兼顾，即兼顾不同读者类型，兼顾不同媒介标准，兼顾不同传播渠道，兼顾不同作者要求。为了激发多元出版主体做好主题出版的积极性，可以相应调整评奖机制。一方面扩大评奖的"入口"和范围，适当增加获奖数量，也可增设特别奖项，加大具有地域和行业特色的选题的入选率，激励融媒体主题出版项目；另一方面进一步规范评奖和资助的"出口"，增加结项审核，强化市场评价。

周蔚华：主题出版的评价与其他类别的出版评价既有共同之处，也有一定的差异性。其共同之处就在于：它们都需要坚持把社会效益放在首位，在此基础上实现社会效益与经济效益的有机统一；都需要树立精品意识，通过精品出版物实现高质量发展；都需要建立政府评价、社会评价、专家评价和市场评价有机统一的评价体系；等等。不同之处在于，主题出版具有更强的政治性和导向性，要能够体现党的意志，要把服务于党和国家中心工作的目标作为首要任务，从这个角度出发来进行综合效果评价。为实现主题出版的高质量发展，应该充分借鉴现有的出版评价体系，并在此基础上根据主题出版的特性和功能加以改进，不能脱离现有的出版评价体系另搞一套，这是建立高效、合理、科学的评价机制的便捷和有效的途径。有关管理机构可以委托第三方机构在已有出版评价体系的基础上，广泛征求各方面的意见，形成初步的评价要素、权重、操作规程等，先在部分出版单位进行测试评价，找出存在的问题并加以改进，进而形成科学、合理的主题出版评价体系。

毛小曼：评价机制的建立是综合各方意见、调动各方要素资源、反映各方诉求的系统性工程。评价机制要与动力机制相互作用，共同构成推动主题出版高质量发展的运行机制，这是我们建立评价机制的目的。

党的二十大报告指出要"坚持以人民为中心的创作导向，推出更多增强人民精神力量的优秀作品"，这也为主题出版指明了方向。党的二十大后，主题出版将迎来新的发展时期。因此，对于主题出版概念的内涵外延、特性功能、动力机制和评价机制等有必要开展科学系统的研究，推动主题出版工作更好地担负起"举旗帜、聚民心、育新人、兴文化、展形象"的功能，讲好中国故事、传播好中国声音，全面提升主题出版的国际传播效能。

中　篇　回顾与展望

ZHONGPIAN HUIGU YU ZHANWANG

第八章 党的十八大以来主题出版回顾与展望

习近平总书记在党的二十大报告中强调,增强文化自信,围绕举旗帜、聚民心、育新人、兴文化、展形象建设社会主义文化强国,并具体提出了建设具有强大凝聚力和引领力的社会主义意识形态,广泛践行社会主义核心价值观,提高全社会文明程度,繁荣发展文化事业和文化产业,增强中华文明传播力、影响力等任务要求。站在迈向全面建设社会主义现代化国家新征程、向第二个百年奋斗目标进军的重要历史节点上,对党的十八大以来十年间的主题出版活动进行系统的回顾、梳理与总结,对于进一步贯彻落实党的二十大精神,充分发挥好主题出版功能,助力文化强国建设具有特殊而重要的意义。

一、党的十八大以来主题出版取得的成就

党的十八大以来,主题出版步入快速发展阶段。从 2012 年到 2022 年,主题出版重点出版物选题申报数量从 1240 种增长到 2240 种,① 几乎翻了一番。除了选题数量的爆发式增长之外,主题出版物范围有了扩展,内

---

① 中国新闻出版广电网 . 主题出版十年寻脉——从 2012 年到 2022 年主题出版重点出版物选题浅析主题出版发展路径 [EB/OL].https:// www.chinaxwcb.com/info/583194.

容质量也得到了全面提升，精品力作不断涌现。

（一）习近平新时代中国特色社会主义思想主题出版物引领主流

马克思主义中国化理论成果一直以来都是主题出版的核心层。习近平新时代中国特色社会主义思想作为马克思主义中国化时代化的集中体现，是党的创新理论的最新成果，是全面建设社会主义现代化国家、全面推进中华民族伟大复兴的行动指南。习近平新时代中国特色社会主义思想主题出版物的策划与出版也是这一时期主题出版贯穿始终的中心工作和首要任务。据笔者对"读秀"数据库信息的统计，2013年到2022年7月，我国共出版习近平总书记著作390余种（含多语种版本），其中既包括《习近平谈治国理政》（2014—2022年共出版四卷）、《习近平论强军兴军》（2017—2022年共出版三卷）、《论中国共产党历史》（2021年）、《习近平书信选集》第一卷（2022年）、《习近平外交演讲集》第一、二卷（2022年）等重要著作，也有《习近平关于实现中华民族伟大复兴的中国梦论述摘编》（2013年）、《习近平关于全面依法治国论述摘编》（2015年）、《习近平关于统筹疫情防控和经济社会发展重要论述选编》（2020年）、《习近平关于尊重和保障人权论述摘编》（2021年）等论述摘编类著作及各种重要讲话单行本，很多出版物发行量达千万，并陆续发行了几十种少数民族语言和外语版本，影响力辐射海内外。

党的十八大以来，随着全党全国不断掀起学习贯彻习近平新时代中国特色社会主义思想热潮，习近平新时代中国特色社会主义思想学习读本等相关出版物也是主题出版的重点之一，并逐渐呈现出系列化、系统化的趋势，持续发挥着引领作用。如《习近平总书记系列重要讲话读本》先后于2014年、2016年推出两版，印数均在千万册以上；《习近平强军思想学习纲要》（2019年）、《习近平法治思想学习纲要》（2021年）、《习近平经济思想学习纲要》（2022年）等学习读本相继推出，成为相关领域研究的必读书目；"理论热点面对面"系列出版物每年针对一项重大热点问题进行集中阐释和解读，已成为知名主题出版品牌；系统记述习近平总书记地方工作经历的"习近平地方足迹丛书"，《习近平讲故事》《习近平讲党史故事》《平"语"近人——习近平总书记用典》等通俗读物陆续出版并产生了巨大反响。初步形成习近平新时代中国特色社会主义思想文献著作、权威读本、理论专著、大众读物、学生教材、数字产品等较为完善的出版物体系。

（二）马克思主义经典著作、党和国家领导人著作及其研究成果不断出新

新中国成立以来，马克思主义经典著作和马克思主义中国化代表人物著作的出版始终是第一位的出版任务，党的十八大以来，马克思主义经典作家的作品及其研究性著作、中共一些重要领导人著作的出版也有一些新的成果。笔者根据全国新闻出版业历年情况数据统计，2012年至2020年，马列主义、毛泽东思想类的图书品种数从594种上升到了740种，总印数从1596万册上升到了1907万册，高于图书平均增长率。其中，《马克思恩格斯选集》（第3版）、《列宁选集》（第3版修订版）、《列宁全集》（第2版增订版）、《马克思恩格斯列宁哲学论述摘编》（党员干部读本）、《毛泽东邓小平江泽民胡锦涛关于中国共产党历史论述摘编》、"纪念列宁诞辰150周年列宁著作特辑""纪念马克思诞辰200周年马克思恩格斯著作特辑"等著作的出版都在社会上尤其是学界产生较大影响。

一大批研究马克思主义理论的出版工程启动并产生巨大影响，如《马藏》（第一部1—8卷）、《马克思主义大辞典》、《马克思主义新闻观百科全书》、《马克思主义经典文献传播通考》（100卷）等，全面反映了马克思主义科学理论，为深入学习和研读马克思主义经典著作，准确理解和运用马克思主义基本原理提供了坚实的基础。此外，一批聚焦马克思主义中国化进程的出版物也集中涌现，系统阐述了马克思主义中国化时代化的新成果，如《当代中国马克思主义的最新理论成果》、《马克思主义中

国化与当代中国丛书》《马克思主义中国化史》《马克思主义发展史》《马克思主义中国化发展史概论》"当代马克思主义基础理论研究丛书""马克思主义理论研究与当代中国书系"等。

党和国家领导人著作也是主题出版的重要内容。2013年是毛泽东同志诞辰120周年,2014年是邓小平同志诞辰110周年,2015年是胡耀邦同志诞辰100周年,在这些时间节点上各出版单位先后推出《毛泽东年谱(一九四九——一九七六)》《邓小平传(1904—1974)》《邓小平文集(一九四九——一九七四)》《胡耀邦文选》等主题出版物,为广大党员群众学习研究老一辈革命家思想提供了宝贵资料。《胡锦涛文选》(全三卷)《陈云年谱(修订本)》《任弼时书信选集》《毛泽东邓小平江泽民胡锦涛关于中国共产党历史论述摘编》等,都是马克思主义中国化时代化的重要理论成果。

(三)重大理论、事件、活动相关主题出版物借势发力

主题出版紧紧围绕党和国家重大时间节点进行集中性的策划和出版,形成宣传合力,因此,有些主题出版物具有较强的时效性。党在不同时期根据国内外形势变化而作出的重大决策、提出的政策主张、举办的重要会议,以及一些重大节庆、纪念日活动的主题宣传也是主题出版的重要内容。党的十八大以来,中宣部等出版管理部门每年就主题出版的工作重点作出安排部署,谋划重点选题方向,对重大历史节点的出版规划也越来越细致(见表8-1)。

表8-1　2013—2023年围绕重大历史节点的主题出版重点选题方向

年份	选题方向
2013	深入学习宣传贯彻党的十八大精神; 全面建成小康社会、全面深化改革开放目标和要求
2014	深入贯彻落实党的十八大、十八届三中全会精神

年份	选题方向
2015	深入贯彻党的十八大和十八届三中、四中全会精神； 新疆维吾尔自治区成立 60 周年；西藏自治区成立 50 周年； 抗日战争暨世界反法西斯战争胜利 70 周年
2016	中国共产党成立 95 周年；红军长征胜利 80 周年
2017	迎接宣传贯彻党的十九大；中国人民解放军建军 90 周年； 香港回归 20 周年；内蒙古自治区成立 70 周年
2018	学习宣传贯彻党的十九大精神；改革开放 40 周年
2019	新中国成立 70 周年；澳门回归 20 周年； 西藏民主改革 60 周年
2020	打赢脱贫攻坚战；做好新冠疫情防控出版工作； 恩格斯诞辰 200 周年；列宁诞辰 150 周年；抗日战争胜利 75 周年
2021	中国共产党成立 100 周年；党的十九届五中全会精神；解读"十四五"规划
2022	迎接宣传贯彻党的二十大；巩固拓展党史学习教育成果
2023	学习宣传贯彻党的二十大精神

在政策的精准引导和出版界的积极响应下，一大批围绕党和国家中心工作、切中时代脉搏的主题出版物推向市场。如围绕党的十八大提出的中国梦，人民出版社的"圆梦中国丛书"之《美丽中国梦》、社会科学文献出版社《中国梦：昨天·今天·明天》、学习出版社《中国梦，我的梦》、新华出版社《读懂中国梦》、浙江人民出版社《中国道路与中国梦想》等精品出版物，从各个角度对中国梦展开解读。再如 2020 年围绕脱贫攻坚、疫情防控等重大时代主题，出版界分别推出了《习近平扶贫故事》《立此存照：十八洞村精准扶贫档案实录》《中国共产党怎样解决贫困问题》以及《中国共产党防治重大疫病的历史与经验》《一场对中国制度的大考》《抗疫英雄谱》等一系列记录时代声音、回应现实关切的主题出版力作，集中体现了主题出版服务党和国家工作大局的特殊使命。2021 年中国共

产党成立 100 周年之际,建党相关选题更是占到了全部重点选题的 40%
以上,成为 2021 年主题出版最浓墨重彩的一笔。

(四)文学、文化、科技、少儿等多种类型主题出版物百花齐放

随着对主题出版认识的深入,主题出版的选题内容也不再局限于严
肃的政治题材,逐步扩展到各个出版领域。通过对 2012—2021 年十年间
899 种主题出版重点选题图书大致的内容分类统计发现(见图 8-1),理
论研究、党史国史、纪实报告和政策读本四大类主题出版物累计总占比达
到 62%,但仍有 38% 的主题内容分布在四大类别之外,这些出版物的内
容覆盖了文学、文化、科技、少儿等多个细分领域及专业出版市场。

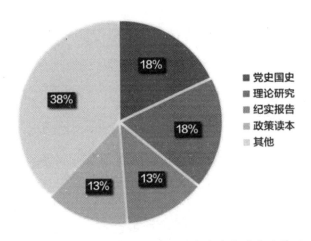

图 8-1　2012—2021 年重点选题图书内容分类占比情况

在细分领域,有以塑造典型人物、讲述感人故事为中心的文学主题,
如《我心归处是敦煌:樊锦诗自述》《张桂梅和她的孩子们》《科学与忠诚:
钱学森的人生答卷》等均入选中宣部年度主题出版重点选题,《花儿与歌
声》《北上》《云中记》《海边春秋》等作品凭借精彩的故事和鲜活的人
物形象,获得了中宣部精神文明建设"五个一工程"奖;有以传播中华文
化、推广国学教育为中心的文化主题,如登上各大畅销书榜、掀起"国学
热"的《中华文明的核心价值》《国学与人生》《家教与门风》等;有以展

现大国重器、彰显中国制造为中心的科技主题，如以宏大视角、澎湃语言讲述中国火箭军前世今生的《大国重器》，聚焦中国船舶工业发展历史的《大国起航——中国船舶工业战略大转折纪实》，记录中国高铁取得的巨大成就并走向世界的《巨龙飞腾：高铁改变中国》等。主题出版还不断深耕少儿领域，少儿主题出版正逐渐成为一股新的潮流，数量和质量都呈现上升态势，[①] 如《雪山上的达娃》《童心战"疫"·大眼睛暖心绘本》、"中华先锋人物故事汇"等专门针对青少年推出的主题图书，均受到社会的广泛关注，有些还入选了教育部中小学生阅读推荐书目。

此外，带有行业特色选题的开发也使得主题出版的类型更加丰富，如建党百年之际，中国画报出版社发挥自身资源优势推出《中国共产党百年图志》，江苏凤凰美术出版社从专业视角出发推出《中国共产党领导下的百年新美术运动研究》，中国统计出版社创造性地挖掘统计工作中的主题资源，推出了《人间奇迹：中国脱贫攻坚统计监测报告》，从不同方面拓展了主题出版的内容版图，实现了主题的特色化延伸。

二、主题出版高质量发展的主要举措

党的十八大以来十年间，主题出版在政策引导、市场运作、学术研究等方面深耕细作、久久为功，取得了长足进步。

（一）政策引导：系统化部署常态化推动

主题出版作为我国出版业一个特殊而重要的板块，政策引导对主题出版活动的发展起着至关重要的作用。党的十八大以来，国家新闻出版管理部门加强对主题出版的系统化部署，并逐渐形成一项重要的工作机制。2012 年 2 月 10 日，原新闻出版总署发布《关于报送迎接党的十八大主题出版重点选题的通知》，并于当年 5 月 23 日再次下发《关于做好迎接党

---

① 余若歆. 中国少儿出版"十三五"全景图 [N]. 出版商务周报, 2020-11-15.

的十八大主题出版工作的通知》,公布了100种重点出版物选题,这也是
"主题出版"第一次出现在政府文件的标题中;2013年和2014年,管理
部门又相继下发《关于制订和报送深入学习宣传贯彻党的十八大精神主
题出版重点选题的通知》和《关于开展培育和践行社会主义核心价值观主
题出版活动的通知》,分别对当年的主题出版工作作出重要部署并遴选出
重点选题;自2015年起,国家新闻出版管理部门每年发出通知,就本年
度主题出版工作提出要求,明确选题重点,并评选公布主题出版重点出版
物选题,对入选出版物从各个方面给予支持(见表8-2)。

表8-2 2012—2022年主题出版重点出版物选题申报及立项数量

年度	申报总量(种)	立项数量(种)
2012	1200多	100
2013	1500多	115
2014	1423	70
2015	1401	125
2016	1791	120
2017	1762	97
2018	1545	81
2019	1857	90
2020	2233	125
2021	2232	170
2022	2240	160
总计	超过19000	1253

从近十多年的数据来看,主题出版重点出版物选题的申报及立项数
量整体呈增长趋势,并分别在2022年与2021年达到一个峰值,大力度、
常态化的政策引导成为主题出版快速发展的主要推动力之一。除了选题
策划环节之外,政策的引导与支持还体现在基金资助、奖项评审、效益考

核、主题展示和阅读推广等各个方面。

在基金资助上，国家出版基金单独设立"主题出版项目"，在一般评审中也更多地向主题出版倾斜，例如 2020 年国家出版基金资助项目共分为九大类，其中属于主题出版项目的有四大类，在总资助项目 633 项中占了 125 项，占总资助项目近 20%；在奖项评审方面，以出版界三大奖项之一"五个一工程"奖为例，在近三届 54 种获奖图书中绝大多数都为主题图书，并有 14 种同时也是中宣部主题出版重点出版物；在效益考核上，2019年开始实施的《图书出版单位社会效益评价考核试行办法》将"入选中央宣传部年度主题出版重点出版物"作为关键指标，提高了主题出版在出版单位业务板块中的权重；自 2014 年以来，"全民阅读"已经连续 10 次写入政府工作报告，阅读推广活动的持续开展也在不断助力主题图书走进大众书单。可以说，管理部门的政策引导已经构成了一条顶层设计的完整链条，对主题出版以及一般出版领域起到了风向标和指南针的作用。

（二）市场运作：满足人民群众对高质量主题出版物的需求

从 2014 年到 2020 年，国家新闻出版管理部门每年发布的《新闻出版产业分析报告》开始对主题出版给予特别关注，并对每年表现突出的主题图书的发行情况进行总结（见表 8-3）。

表 8-3　2014—2020 年印数超百万册的主题图书（部分）

年份	书名	出版社	年印数（万册）
2014	习近平总书记系列重要讲话读本	学习出版社 人民出版社	1500
	习近平关于党的群众路线教育实践活动论述摘编	党建读物出版社 中央文献出版社	500
2015	习近平关于党风廉政建设和反腐败斗争论述摘编	中央文献出版社 中国方正出版社	550
	习近平谈治国理政	外文出版社	400

续表

年份	书名	出版社	年印数（万册）
2016	习近平总书记系列重要讲话读本（2016年版）	学习出版社 人民出版社	5200
	习近平关于严明党的纪律和规矩论述摘编	中央文献出版社 中国方正出版社	600
	全面小康热点面对面	学习出版社 人民出版社	200
2017	决胜全面建成小康社会夺取新时代中国特色社会主义伟大胜利	人民出版社	2400
	全面从严治党面对面——理论热点面对面·2017	学习出版社 人民出版社	700
	习近平谈治国理政（第二卷）	外文出版社	500
	习近平讲故事	人民出版社	180
2018	习近平新时代中国特色社会主义思想三十讲	学习出版社	3200
	新时代面对面——理论热点面对面·2018	学习出版社 人民出版社	980
	习近平谈治国理政（第一卷、第二卷）	外文出版社	600
2019	习近平新时代中国特色社会主义思想学习纲要	学习出版社 人民出版社	7800
	习近平关于"不忘初心、牢记使命"论述摘编	中央文献出版社 党建读物出版社	4700
	中共中央关于坚持和完善中国特色社会主义制度、推进国家治理体系和治理能力现代化若干重大问题的决定	人民出版社	610
	新中国发展面对面——理论热点面对面·2019	学习出版社 人民出版社	540
	习近平在正定、习近平在宁德、习近平在厦门	中共中央党校出版社	200
2020	新冠肺炎防控漫画	中国人口出版社	1180
	中华人民共和国民法典	中国法制出版社	500
	中共中央关于制定国民经济和社会发展第十四个五年规划和二〇三五年远景目标的建议	人民出版社	310
	中国制度面对面——理论热点面对面·2020	学习出版社 人民出版社	220

除了顶层设计的有力推动，面向市场也是主题出版高质量发展的必由之路。出版单位把行政力量与市场力量有机结合起来，在市场经营模式上展开积极有效的探索，综合运用社群、场景、互动、直播等手段，创新主题图书的营销模式。如上海世纪出版集团在《共产党宣言》诞生 170 周年、新中国成立 70 周年等重大历史时间节点都推出了别出心裁的"主题展"，借助书店的实景体验和读者社群推介主题出版物；建党百年之际专门成立"红色主题图书发行工作"小组的新华传媒公司，通过多渠道促进党史学习教育图书的发行工作，在半年的时间里联系走访单位 5600 多家，累计发行码洋超过 1.2 亿元。东方网与头部带货主播联合开展的"追梦者2——永远跟党走"红色文创直播专场，1 天就售出近万册定价 158 元的红色全景立体书《走进树德里》，充分体现了直播电商对主题出版发行的强大推动作用。

除了营销行动以外，打造品牌效应、延伸产业价值链等深度市场运作策略也成为拉动主题出版增长的着力点。许多出版集团和地方出版社都开始培育和打造自己的主题出版品牌，利用品牌效应为出版社增值添色。例如，中国出版集团通过开辟主题图书榜单、在各大书展集中展示优秀主题出版物、主办"主题出版高端论坛"等多种形式，尝试构筑起"中版主题出版"的特色品牌。中国共产党成立 100 周年之际，上海人民出版社联合本地文艺、教育、音乐等领域的多家专业出版社，联合打造了"党的诞生地"的主题出版品牌，形成了颇具地方特色的主题出版矩阵，推出了一系列精品图书，影响力辐射全国。在整合主题资源、拓展业务版图方面，上海人民出版社还以重点主题图书 IP 为中心推出一系列相关文创产品以增强受众沉浸感、扩大影响力、增加营收渠道，如与科大讯飞合作，打造"AI+VR 智慧党建虚拟展馆"项目，把新兴的视觉技术和《文献中的百年党史》等党史学习教育图书结合；与湖南卫视等域外媒体合作，推出主旋律电影《血战湘江》和纪录片《中国》的同名主题图书。通过上述一系列精心的市场运作,出版单位不仅扩大了主题图书市场,还将产业链扩展到了文创、会展、影视等多个领域,进一步拓展了主题出版的覆盖面,为实现双效增长提供了更多途径与发展空间。

(三)学术研究:数量与质量跨越式提升,理论与实务同步推进

伴随着主题出版的市场热度,各界也都加大了对主题出版的关注和研究力度。党的十八大以来,学界、业界、政界围绕"主题出版"展开了一系列研究交流活动,相关论坛在数量、规模、质量上都得到了跨越式的提升。2015年8月,在上海书展期间举办的首届"主题出版高端论坛",2018年8月在上海举办的"长三角主题出版论坛",2019年4月在杭州举办的全国首届"主题出版学术研讨会"等,为交流主题出版实践经验、促进主题出版理论研究、推动主题出版实现两个效益相结合等发挥了重要作用。

与主题出版相关的文章数量在过去十年间也呈大幅增长趋势,逐步成为出版研究的热点和亮点。在这些文章中,虽然探讨业界实践的实务型研究占据大多数,但也有许多学者着力于基础史论研究,从主题出版的历史缘起、概念界定、时代特征、突出特点、社会功能、运作机制、典型经验、案例分析等角度对主题出版活动展开深入探讨,研究成果丰硕。

在主题出版的起源与界定上,虽然不同学者仍抱有不同的看法,但更大程度的共识正在形成。通过对目前可考证的文献资料的回顾,"主题出版"作为一种自上而下的顶层设计的产物,这一概念的形成具有鲜明的时代性,是在我国政府管理部门指导出版工作的过程中逐步形成的,人们对其内涵和外延、特点和功能的认识也在不断深化,很多研究讨论都结合了主题出版的时代特性,对我们重新认识这一出版领域具有重要意义。

在实务研究方面,研究者通过对主题出版中各个环节的工作经验和运作规律进行归纳总结,形成了很多有价值的观点,尤其是近两年来,随着一系列多元化、特色化的主题出版实践深入开展,相关实务研究也由表

及里、由浅入深，研究更加细致全面，开始探讨不同主题、不同出版单位做好主题出版的方法和路径，这些实务层面的经验总结或探讨为正确把握主题出版规律、做好主题出版工作提供了有益借鉴。

三、党的十八大以来主题出版的主要特点

通过对重点主题出版物和主题出版活动的梳理，我们认为，党的十八大以来主题出版呈现以下几个突出特点。

（一）管理层高度重视、出版主体积极参与

随着"主题出版"被正式纳入管理者层面的话语体系，党和国家新闻出版管理部门将其作为出版工作的重中之重，每年发布《通知》划定选题重点、给予业务指导、遴选重点选题并给予各方面的支持已经成为一项常态化的工作。在顶层设计的大力引导下，各类出版单位也主动作为，将主题出版作为重点领域，成立专门的执行机构，如主题出版中心、主题出版策划编辑部等。通过对 2012—2021 年 899 种入围主题出版重点出版物选题（图书）的出版单位统计可以发现，主题出版重点出版物覆盖的出版机构多达 270 家，一些出版单位虽然没有入围，但主题出版仍是其重要业务板块，可以说全国大多数出版单位都介入了这一重要出版领域。

（二）中央出版单位发挥主力军作用，地方出版机构各具特色

地方出版之间由于资源禀赋不同呈现不平衡性。中央级出版社相较于地方出版社，在主题出版领域具有得天独厚的政治优势和资源优势，而各地方出版社也在充分立足本地资源，回应时代需求，开发了一系列具有地域特色的主题出版物，如安徽教育出版社《大别山上：一个革命老区的壮丽新生》、浙江摄影出版社《诗意栖居：在"浙"里看见美丽中国》、宁夏人民出版社和福建人民出版社《诗在远方："闽宁经验"纪事》等。从2012—2021 年主题出版重点出版物（图书）所属出版机构的地域分布情况来看，在 899 种主题出版重点图书中，北京地区（含在京中央出版机构）

有 527 种重点选题,占比达 58.62%;第二方阵为上海、湖北、江苏、广东等,入选重点项目均在 20 种以上;西部各省份除四川外,入选数量仍有较大提升空间,这些地方的主题资源,将是未来主题出版的富矿。

(三)选题跨度由点到面,极大扩展了主题出版的内容主题和空间

就早期的主题出版活动而言,相关出版工作类似于完成"命题作文"或"半命题作文"。随着党和国家对主题出版工作的日益重视以及主题市场的火热,业界在政策引导和市场需求的双重激励下开展了积极创新和多元实践,使得主题出版逐渐突破了在时效节点和内容范围上的限制,从过去以重大节庆、重要活动、重要会议等为主,扩展到各个领域对主旋律的弘扬以及对核心价值观的宣传[①],主题出版的内涵和外延得到了极大拓展。反映在主题出版市场层面,大众化、分众化的通俗读物和垂直化、细分化的专业读物越来越多,主题的多元化拓展与特色化延伸已经成为显著趋势。

(四)表现形式多维拓展,融合出版成效初显

作为内容呈现的重要载体,出版物的体裁和形态直接影响着读者的阅读体验和接受情况。十年来,管理部门对主题出版工作的《通知》中多次就丰富出版物的表达形式提出意见要求,如 2012 年、2013 年强调"要有理论研究著作,也要有通俗读物",2014 年的"接地气,用小故事讲述大道理",2015 年提出"形式多样,体裁丰富",2021 年还围绕"谁来写""怎么写""如何呈现"等作出了明确指导。在此背景下,主题出版的体裁上从过去主要是纪念性、叙述性、论证性的文体,转向各种文体并行,比如报告文学、小说、诗歌等[②],近年来还出现了儿童漫画、立体书、剧本杀等新兴主题出版形式。此外,主题出版领域的融合出版趋势也在不断加强,很多主题图书都开发了对应的电子书、有声书、短视频、电影,甚至

①左志红,袁舒婕,张雪娇. 主题出版:既要接天线又要接地气 [N]. 中国新闻出版广电报,2020−12−14.
②左志红,袁舒婕,张雪娇. 主题出版:既要接天线又要接地气 [N]. 中国新闻出版广电报,2020−12−14.

"AI+VR 虚拟展馆"等配套数字内容，重点选题中也出现了全媒体图书等融合出版项目，给读者带来了全新的视听体验。

（五）打破"无法依靠市场"的刻板印象，市场驱动力作用凸显

党的十八大以来，随着越来越多优秀主题出版物的涌现，主题出版已经成为出版业打造优质内容、推动双效增长的重要发力点。对主题出版"无法依靠市场"的刻板印象逐渐被打破。根据《新闻出版产业报告》，2017—2020 年每年印数超百万册的一般图书中，主题图书的占比始终保持在 20% 以上，个别年份甚至接近 40%，展现了主题图书的主流影响力。开卷公司发布的主题出版市场报告（见图 8-2）也显示，近年来主题图书的品种、码洋、销量占整体市场的比重都呈上升趋势，并在 2021 年建党百年之际实现了跨越式的增长。随着市场规模的不断扩大，主题出版已经成为出版业最具增长潜能的业务板块之一。

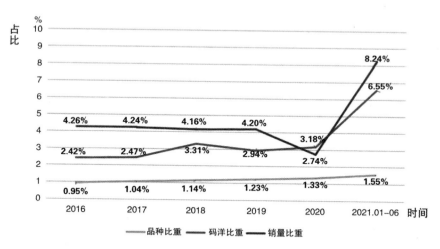

图 8-2　2016—2021 年主题图书占整体图书市场的比重（数据来源：开卷公司）

（六）读者反馈积极，主题出版传播力、影响力不断扩大

为进一步了解主题出版图书在大众市场中的反馈情况，本文梳理了2012—2021 年重点主题出版图书的豆瓣评分与读者短评。结果发现，151 种有评分数据的重点主题出版图书评分均值为 8.03，整体评价积极；从评

论内容来看,本文搜集了 264 种有短评数据的重点主题出版图书的 2300 余条短评,并梳理了排名前 100 的高频词,出现最多的词汇包括"中国""历史""文化""发展"等,表明主题出版图书将受众的认识引导到了以国家为中心的各个维度上,实现了主题出版价值引导的基本功能,而"故事""生活""小说"等高频词表明了内容多元化的主题通俗读物格外受读者的欢迎。此外,"喜欢""不错""真实"等评价也直观反映了读者对部分主题出版图书内容的认可。

(七)走出去步伐加快,向国际社会展现了可信、可爱、可敬的中国形象

主题出版"走出去"是中国文化"走出去"的重要组成部分,也是提高国家文化软实力的重要战略。[①]党的十八大以来,《通知》多次将主题出版"走出去"作为年度选题重点提出,主题出版借助"中国图书对外推广计划""中国文化著作翻译出版工程""丝路书香出版工程"等一系列专项政策平台支持,在"向世界展示真实立体全面的中国,为我国社会主义现代化建设营造良好外部环境"的同时,也向国际社会展现了一个可信、可爱、可敬的中国形象,推动中国文化走向世界。近年来,除了全球发行量破千万的《习近平谈治国理政》(第一至四卷)等重点主题图书的强势出海,外文出版社、五洲传播出版社、中国人民大学出版社等也都推出了一系列面向全球市场的主题出版选题,中国外文局还以整体品牌形象参加了 2021 年和 2022 年中国国际服务贸易交易会,展示了近年来主题图书对外出版和全球宣介的丰厚成果。

四、以党的二十大精神为指引,进一步做强做亮做活主题出版

十八大以来的十年,是党和国家事业发展进程中极不寻常、极不平凡、

[①] 李婷,韩建民,杜恩龙."十四五"中国出版"走出去"的展望与思考 [J]. 科技与出版,2021(1).

具有里程碑意义的十年，也是主题出版不断创新、不断突破、不断发展的十年。党的二十大的胜利召开，对主题出版提出了新的要求，也带来了新一轮的发展机遇。

（一）把学习宣传贯彻党的二十大精神作为主题出版的头等大事和首要政治任务

《中共中央关于认真学习宣传贯彻党的二十大精神的决定》（以下简称《决定》）对学习宣传贯彻党的二十大精神作出了部署。《决定》指出："习近平同志的报告，深刻阐释了新时代坚持和发展中国特色社会主义的一系列重大理论和实践问题，描绘了全面建设社会主义现代化国家、全面推进中华民族伟大复兴的宏伟蓝图，为新时代新征程党和国家事业发展、实现第二个百年奋斗目标指明了前进方向、确立了行动指南，是党和人民智慧的结晶，是党团结带领全国各族人民夺取中国特色社会主义新胜利的政治宣言和行动纲领，是马克思主义的纲领性文献。"[1] 主题出版作为宣传思想战线的前沿板块，首先要学习好、宣传好、落实好习近平总书记的报告，要以高度的政治责任感和使命感，牢牢把握正确方向导向，切实抓紧抓好学习宣传贯彻党的二十大精神这个首要政治任务[2]，按照习近平总书记在中共中央政治局第一次集体学习时强调的四个"全面把握"的要求去进行主题出版的选题策划和出版，即全面把握习近平新时代中国特色社会主义思想的世界观、方法论和贯穿其中的立场、观点、方法；全面把握新时代十年伟大变革的深刻内涵和重大意义；全面把握中国式现代化的中国特色、本质要求和必须牢牢把握的重大原则；全面把握党的二十大作出的各项战略部署。出版界要切实加强理论研究阐释，积极主动

---

① 新华网.中共中央关于认真学习宣传贯彻党的二十大精神的决定 [EB/OL].http://www.news.cn/politics/cpc20/2022−10/30/c_1129088415.htm.
② 新华网.李书磊在学习宣传贯彻党的二十大精神电视电话会议上强调 迅速兴起学习宣传贯彻党的二十大精神热潮 [EB/OL].http://www.xinhuanet.com/2022−10/28/c_1129086139.htm.

进行对外宣介，充分运用出版工作系统性、深刻性等传统优势，加上融合出版表现形式的生动性、多样性、互动性等，增强主题出版的感召力、凝聚力、影响力，努力营造奋进新征程的良好社会氛围，增强贯彻落实的自觉性和坚定性，推动党的二十大精神深入人心、落到实处。

（二）以高质量主题出版推进文化强国建设

党的二十大报告指出，过去五年和新时代十年我们确立和坚持马克思主义在意识形态领域指导地位的根本制度，新时代党的创新理论深入人心，社会主义核心价值观广泛传播，中华优秀传统文化得到创造性转化、创新性发展，文化事业日益繁荣，这一成绩的取得，主题出版在其中发挥了重要作用，今后必须持续发力。党的二十大报告在"推进文化自信自强，铸就社会主义文化新辉煌"部分提出了建设具有强大凝聚力和引领力的社会主义意识形态、广泛践行社会主义核心价值观、提高全社会文明程度、繁荣发展文化事业和文化产业、增强中华文明传播力影响力等5项具体任务。主题出版要自觉把思想和行动统一到党的二十大精神上来，把智慧和力量凝聚到党的二十大提出的目标任务上来。就具体工作来说，应把稳基调、把好导向，引导广大党员干部和人民群众加深对习近平新时代中国特色社会主义思想的认识和理解，高度重视对全面建设社会主义现代化国家、中国式现代化道路研究成果的选题策划出版，要以社会主义核心价值观为引领，高度重视社会主义先进文化、革命文化和中华优秀传统文化方面出版物的选题策划和出版，高度重视爱国主义、集体主义、社会主义教育内容的选题策划和出版，高度重视有利于弘扬传统美德、加强家庭家教家风建设、提高人们道德水平和文明素养内容的选题策划和出版，高度重视讲好中国故事、传播好中国声音的外向型选题策划和出版，推动中国出版更好地走向世界。

（三）以精品为引领，做强、做亮、做活主题出版

主题出版的生命力，是出版业稳定、持续、健康发展的支撑性力量。要

以精品出版物为引领，做强做亮做活主题出版。一是在顶层设计上，实现资源高效配置，出版管理部门进一步加强引导，优化重点主题出版物的遴选机制，提高出版基金资助的灵活性和有效性，确保重点主题出版物的出版质量与高标准的投入成本相匹配，完善主题出版物社会效益的市场反馈体系。二是在内容生产上，坚持以读者为中心，强化精品意识，发挥出版机构主体性作用，进一步优化内容供给，强化受众意识和效果导向，积极开展市场调研与选题创新，推出一批视角新颖、内容扎实、情感真实的大众化、分众化读物，把少儿、科技等垂直领域的主题出版做精做细，加强对地方特色资源的开发。三是在发行营销上，要利用网络直播等新的营销模式，运用畅销书运作思维，扩大销售渠道，最大化利用重要节点、知名作者的推动作用，在线上渠道和新媒体营销方面加强拓展力度。四是在品牌战略上，构筑差异化优势，实现资源的联动开发，随着主题出版市场的不断扩大，碎片式、零散化的布局将不能适应未来市场的竞争格局，如何加强统筹规划，打造差异化的竞争优势，构筑品牌影响力是重要课题。此外，主题出版与时代主题息息相关，相关资源的开发价值远不止于图书、音像电子等领域，应向产业上下游及相关文化产业的方向拓展，实现主题资源的联动开发与产业价值链的延伸。

第九章　政策引导与业界实践

　　2020 年是极具标志性的一年。这一年既是"十三五"规划收官之年，也是全面建成小康社会决战决胜脱贫攻坚之年，席卷全球的新冠疫情更是深刻影响了全球政治经济文化格局，为中国和世界的发展增添了前所未有的新变量。在这个重要节点上，主题出版延续多年的强劲发展态势，在政策引导、业界实践与理论研究方面都有新的进展。

一、政策引导：把握时代主题，回应现实关切

　　多年来，主题出版一直是行业管理部门关注的中心工作之一，也是每年都进行顶层设计和重点部署的工作。2020 年 2 月中宣部办公厅下发通知，明确了当年主题出版选题及出版工作的重点，包括加强习近平新时代中国特色社会主义思想的研究阐释，营造全面建成小康社会和打赢脱贫攻坚战的浓厚氛围，弘扬科学精神、普及科学知识、培育公民文明习惯，唱响中国经济光明论，深化社会主义核心价值观宣传阐释，认真组织做好庆祝中国共产党成立 100 周年选题编写出版工作等六个方面内容。根据中宣部发布的通知，2020 年各地区、各部门、各出版单位共组织上报主题出版选题 2233 种，其中图书选题 1911 种、音像电子出版物选题 322 种，

上报选题总量比 2019 年的 1856 种增加了 20%，最终确定重点出版物选题 125 种，其中图书选题 110 种、音像电子出版物选题 15 种。[①] 在政策红利和市场需求双重激励下，2020 年主题出版重点出版物在申报数量和立项数量上均达到历史峰值。

2020 年主题出版选题数量猛然增长的背后主要有两方面的因素：一方面，2020 年是"十三五"规划收官和全面建成小康社会之年，出版工作聚焦聚力党和国家的工作主线，在通过的重点出版物选题中，"打赢脱贫攻坚战""全面建成小康社会"此类反映党和国家工作主线和重大历史时刻的多达 27 种，占比 21.6%[②]；另一方面，新冠疫情暴发，亟须出版业更好地履行社会责任，做好疫情防控的出版社会服务，增加科学防控、知识科普、健康传播等方面的内容供给，在 125 种主题出版重点出版物选题中，有关疫情防控的超过了 20 种，体现了出版业在特殊时期的社会责任和历史担当。新冠疫情发生后，国家新闻出版署数次发文就疫情期间的出版工作进行部署。2020 年 2 月 6 日，国家新闻出版署下发通知，要求出版界进一步加强出版服务，助力疫情防控，并提出了加强正面宣传引导、精心策划相关选题等具体要求[③]，为 2020 年的主题出版工作指出了新的方向。3 月，国家新闻出版署在向各地印发的《关于支持出版物发行企业抓好疫情防控有序恢复经营的通知》中也着重强调，各地政府部门要做好工作，保障重点主题出版物发行。[④] 各地区出版部门也就疫情期间的主题出版工作进行了部署，加强疫情防控选题策划出版，对该类读物在各个环节特事特办加大支持力度。

① 中央宣传部办公厅关于公布 2020 年主题出版重点出版物选题的通知 [EB/OL].http://www.nppa.gov.cn/nppa/contents/279/74399.shtml.
② 吴志海.基于主题出版重点出版物选题的分析与启示——以 2015—2020 年国家主题出版重点出版物选题为研究对象 [J].科技与出版,2020(9).
③ 孙海悦.加强出版服务 助力打赢疫情防控阻击战 [N].中国新闻出版广电报,2020-02-07.
④ 王勤.支持出版物发行业共克时艰创新发展 [N].中国新闻出版广电报,2020-03-19.

出版融合是 2020 年主题出版领域政策引导的另一个关键词。除了年度主题出版重点出版物中出现了《出征出征——抗击疫情优秀歌曲集（全媒书）》等体现融媒体特征的选题，国家新闻出版署还开展了"数字出版精品遴选推荐计划""全国有声读物精品出版工程"等项目，进一步推动出版融合，拓展主题出版的新形式。在"数字出版精品遴选推荐计划"中，宣传阐释习近平新时代中国特色社会主义思想，服务决胜全面建成小康社会、决战脱贫攻坚，促进国家生态文明建设，特别是抗击新冠疫情方面的主题出版类项目被列为首要申报类别[①]，最终的入选项目包含了"《习近平用典》系列融媒体出版物""《为了共同的健康》——疫情防控全媒体传播"等众多主题出版项目。"全国有声读物精品出版工程"也将主题出版作为申报重点[②]，最终评选出的 55 个项目中，同样包括大量主题出版的内容，如《习近平新时代中国特色社会主义思想学习纲要（有声书）》《从一大到十九大：中国共产党全国代表大会史（有声书）》《〈共产党宣言〉与新时代》等。

二、业界实践：守正创新，多领域成果丰硕

在党和国家大力倡导、支持引导主题出版的同时，出版界也积极响应，主动作为，策划了一批高质量的主题出版物，引发了热烈的社会反响。

（一）坚定服务工作大局，奏响主旋律

马克思主义和马克思主义中国化的创新性成果以及对它们的宣传阐释解读，始终是主题出版核心层面的内容。尽管近年主题出版的边界在不断拓展，但有关习近平新时代中国特色社会主义思想的内容仍然占据着主流，并产生了广泛的影响力。2020 年 6 月底，主题出版的标志性出版物

---

① 国家新闻出版署关于组织实施数字出版精品遴选推荐计划 2020 年度项目申报工作的通知 [EB/OL].http://www.nppa.gov.cn/nppa/contents/279/45925.shtml.
② 国家新闻出版署关于申报 2020 年全国有声读物精品出版工程项目的通知 [EB/OL].http://www.nppa.gov.cn/nppa/contents/279/45922.shtml.

《习近平谈治国理政》第三卷由外文出版社正式出版，并以中英文两种版本面向海内外发行，该系列收录了习近平总书记在领导和推进新时代中国特色社会主义建设中发表的重要论述，集中体现了党的理论创新成果。中央文献出版社先后出版了《论党的宣传思想工作》和《论坚持全面依法治国》，分别收录了习近平总书记围绕党的宣传思想工作和全面依法治国提出的一系列新思想、新观点、新论断，进一步深化了习近平新时代中国特色社会主义思想在宣传和法治等重点领域的指导性作用。除系统化、理论化的论述之外，习近平总书记的个人成长历程也是广大干部群众深入理解和把握习近平新时代中国特色社会主义思想的理论、历史和实践逻辑的宝贵教材。2020年1月和7月，中共中央党校出版社相继出版了三本采访实录——《习近平在厦门》《习近平在宁德》和《习近平在福州》，真实还原和再现了我国领导人客观清醒、立足长远的战略思维，诠释了新时期党员领导干部的风采，这些作品一经出版就掀起了学习热潮，对于学习阐释习近平新时代中国特色社会主义思想的形成和发展起到了有力的推动作用。① 除了上述现象级图书，2020年主题出版领域内还有很多叫好又叫座的图书引人注目。如人民出版社出版的《大国攻坚：决胜2020》围绕着中国经济的热点难点，深入解读了中国经济充满"韧性"、富有"弹性"的原因，兼具理论深度和实用价值；学习出版社、人民出版社联合出版的《中国制度面对面》用事实说话，对我国国家制度和国家治理体系等问题进行了深入浅出的阐释，被读者称为"中国之治"的权威辅导书；广西人民出版社推出的《中国奇迹是如何发生的？——论中国道路和中国话语》从学理的高度探讨了中国道路的理论基础和内在逻辑，从全方位的视角出发，深刻剖析了中国奇迹发生的原因。② 这些主题图书聚焦国家工作主线，关注时政变化，并对之进行深入解读，为读者提供了有力的理论

① 2020年度出版业十件大事发布 [N]. 中国新闻出版广电报，2021-01-20.
② 胡倩倩. 精心培育，合力浇灌主题出版之花 [N]. 新华书目报，2020-07-03.

指引和丰富的精神滋养。2020 年临近中国共产党成立 100 周年，提早谋划、提前启动，认真组织做好相关选题编写和出版工作也是中宣部明确的六方面选题重点之一。

一些有关党史的主题出版物引发了广泛关注，如生活·读书·新知三联书店出版的《星火的启示》《决战》《一本书的历史》三部著作分别聚焦不同的历史时期，用大量细节还原了党史的形成过程，为建党 100 周年系列主题出版物起到了良好的示范作用。

（二）决战决胜脱贫攻坚，记录时代声音

2020 年 11 月 23 日，随着贵州省最后一个贫困县摘帽，中国 832 个国家级贫困县全部脱贫摘帽，脱贫攻坚工作取得重大进展。这一年，展现贫困地区人民生活变化、讲述脱贫攻坚历程的主题出版物也成为一大亮点，出版界从不同视角切入、选用不同文体，推出了一批精品佳作。

脱贫攻坚与人民生活密切相关，相关主题出版物大多选择从细微处着手，聚焦个体观察，讲述真实故事。如分别由湖南人民出版社和湖南教育出版社出版的《立此存照：十八洞村精准扶贫档案实录》《十村记：精准扶贫路》都是通过记录一个或数个贫困村的脱贫之路，聚焦个体人物或家庭的生活变迁，以点带面地展现脱贫攻坚的非凡历程；由商务印书馆出版的《习近平扶贫故事》由 67 篇扶贫故事组成，生动鲜活地记录了习近平总书记关心困难群众生产生活、带领他们摆脱贫困的难忘瞬间；中国青年出版社出版的《中国脱贫攻坚群英谱》聚焦几十位不同行业、不同地域、不同身份的普通人，以短篇报告文学形式讲述扶贫故事，刻画了一个个鲜活的脱贫模范人物。有的出版社跳出常规思维，从外国人的视角出发，表达他们对中国扶贫的真实感受和切身理解，如外文出版社推出的《外国人眼中的中国扶贫》等。

此外，也有部分主题出版物立足宏大视角，对我国脱贫攻坚之路进行了全景式扫描和学理性探讨。如江西人民出版社出版的《中国共产党怎样解决贫困问题》从国家战略的高度出发，记录了中国共产党人针对贫困问题的理论思考和实践探索；经济科学出版社出版的《脱贫攻坚与精准扶贫：理论与实践》通过对历史和现实背景的系统分析，阐释了打赢脱贫攻坚战、消除绝对贫困的重要意义；中原农民出版社和红旗出版社联合出版的《中国特色减贫之路：打好精准脱贫攻坚战》以精准扶贫相关理论的论述和实践为出发点，对脱贫攻坚中"扶持谁""谁来扶""怎么扶""如何退"等重点问题进行了详细分析和论证。

无论是从小处着手还是从大处着眼，这些精品出版物都忠实记录了我国脱贫攻坚的壮阔历程，同时也总结了大量贫困地区脱贫致富的经验方法，发挥了良好的社会效益，很多都入选了中宣部 2020 年主题出版重点出版物。

（三）凝心聚力共克时艰，助力疫情防控

2020 年，突如其来的新冠疫情给世界带来了巨大冲击，出版界按照党中央国务院决策部署，快速应对、主动作为，在紧急出版疫情防控出版物、记录全国上下抗疫历程以及协助防疫物资供给、开展公益捐赠等方面做了大量工作。在各级政府及相关部门的大力支持下，主题出版事业不仅将疫情的影响降至最低，还围绕抗疫这个年度主题，因势而谋、应势而动、顺势而为，涌现出了一批精品力作。

在这些与疫情相关的出版物中，有的对相关历史经验和治理制度进行总结爬梳，为疫情防控工作提供经验借鉴和理论指引，如人民出版社出版的《中国共产党防治重大疫病的历史与经验》、外文出版社出版的《一场对中国制度的大考》等。其中，中央文献出版社出版的《习近平关于统筹疫情防控和经济社会发展重要论述选编》引起了格外关注，该书收录习近平总书记疫情期间的重要文稿 43 篇，全面记录领导人亲自指挥、亲自部署抗疫斗争的全过程，以及党中央统筹疫情防控和经济社会发展的重大战略举措，体现了主题出版对疫情防控工作有力的指导和推进作用。

　　还有一批精品主题出版物通过具体的人和事，全面、客观地记录了中国政府和人民的战"疫"进程。如人民卫生出版社的"致敬最美战'疫'医务工作者"丛书通过一线医务工作者的亲身经历，讲述了一个个真实的与病魔抗争、与时间赛跑的故事，展现了中国医务工作者在这场战"疫"中所作出的巨大牺牲和贡献；崇文书局出版的报告文学集《抗疫英雄谱》收录了约 70 位抗疫英雄的故事，反映了包括医护工作者、社区工作者、科研人员、志愿者等在内的无数平凡人为疫情防控作出的努力和付出；中国方正出版社的《抗疫家书》通过记录一线抗疫工作人员与亲属师友间的家书往来，凸显了普通个体在灾难面前的真挚情感和顽强意志。在这些出版物中，《查医生援鄂日记》影响颇为广泛，这本由上海仁济医院呼吸科查琼芳医生撰写的日记，真实记录了上海援鄂医疗队长达两个月的抗疫历程，用质朴的文字展现了这段特殊岁月中的个人感受，该书不仅入选了中宣部 2020 年主题出版重点出版物，还与日本著名的岩波书店签署了版权输出协议，进入日本出版业的主流发行渠道。①

　　（四）主题出版全面拓展，融合多元视角

　　与以往相比，主题出版的内涵目前已经有了很大的拓展，从过去以重大节庆、重要活动、重要会议等为主，扩展到各个领域对主旋律的弘扬以及对核心价值观的宣传，题材上也从过去主要是纪念性、叙述性、论证性的文体，转向各种文体并行，比如报告文学、小说、诗歌、儿童读物等②，2020 年这种趋势表现得更加明显。

　　近年来，少儿出版一路高歌猛进，即使在新冠疫情的影响下，2020 年少儿图书零售市场也实现了逆势增长 1.96% 的良好业绩。而随着中国特色社会主义的进一步发展，童书市场所体现出来的导向性原则更为明显，

① 韩寒.2020 主题出版：感受时代力量与温暖 [N]. 光明日报，2020-07-15.
② 左志红，袁舒婕，张雪娇. 主题出版：既要接天线又要接地气 [N]. 中国新闻出版广电报，2020-12-14.

少儿主题出版正逐渐成为一股新的潮流，数量和质量都呈现上升态势。[①]
在中宣部 2020 年主题出版重点出版物中，就有青岛出版社《写给青少年
的党史》、江苏凤凰少年儿童出版社"童心战'疫'·大眼睛暖心绘本"系
列等少儿主题出版选题。除此之外，各级各类出版社也开始围绕疫情防控
推出了一系列少儿主题出版物，如二十一世纪出版社在第一时间策划了
国内首部纪实性抗疫主题的儿童文学作品《一枝一叶总关情：2020 年春
天抗疫纪事》，首部青少年版的钟南山传记《钟南山：生命的卫士》也由接
力出版社发行。少儿主题出版既具有主题出版的普遍性，又具有其特殊性，
既要坚持正确导向，也要适合少儿阅读兴趣，如何打造内容优质、形式新
颖、可读性强的少儿主题图书依然是出版业要加以高度关注的。

过去主题出版物的选题角度往往选择从党、政、军等宏观层面解读大
政方针，近年来各地出版单位则另辟蹊径，越来越转向带有地域和行业特
色的本地资源开发相关选题[②]，浙江人民出版社推出的《之江新语》《心无
百姓莫为官》等就是依托习近平总书记在浙江工作的思想和实践，将对中
国特色社会主义理论的阐释与地方实践相结合，取得了良好的经济效益和
社会效益。2020 年，各地出版社继续深入挖掘地方特色，将地方叙事嵌入
到国家大局之中，如湖南教育出版社推出的《十村记：精准扶贫路》选取了
习总书记就扶贫问题视察、视频连线过的 10 个村落，结合这些村落的历史
文化和时代背景回溯其贫困的原因，在展现地域特色、挖掘地方资源的同
时，也回应了脱贫攻坚的主题工作，该书也同样入选了中宣部 2020 年主题
出版重点出版物。此外，安徽教育出版社《大别山上：一个革命老区的壮丽
新生》、浙江摄影出版社《诗意栖居：在"浙"里看见美丽中国》、江苏人民
出版社《世纪江村：小康之路三部曲》等重点选题都立足本地资源，回应导

---

① 余若歆. 中国少儿出版"十三五"全景图 [N]. 出版商务周报, 2020-11-15.
② 韩建民，熊小明，李婷. 主题出版发展新动向：创新模式 把握规律 引领转型 [J]. 中国
出版, 2019(15).

向需求。这些建立在地方叙事之上的主题出版物拉近了主题出版与读者之间的距离，在塑造统一的核心价值观方面有望发挥巨大作用。

三、理论研究：厘清概念功能，聚焦融媒体转型

近年来主题出版也成为出版研究的热点之一。在中国知网的高级检索页面，以"主题出版"为主题、篇名和关键词进行检索，选择检索范围为"期刊"，时间范围为 2020 年，删除其中不符合条件的条目如新闻报道、图书推荐、国家政策等，共获得 124 篇研究"主题出版"的期刊论文，这一数字延续了近年来持续增长的趋势。在内容上，虽然探讨如何做好主题出版的实务型研究仍然占大多数，但越来越多的学者开始着力于主题出版领域的基础理论研究，并开始将主题出版与社会治理、融媒体发展等相结合进行综合性研究。

（一）主题出版概念溯源

主题出版概念梳理是一项基础性研究。周蔚华通过对相关文献的回顾查证说明，管理部门第一次在正式文件中出现"主题出版"的提法，是在 2008 年 3 月 20 日发布的《新闻出版总署关于纪念改革开放 30 周年有关工作的通知》（新出办〔2008〕330 号）中。此前，2003 年，原新闻出版总署发布的关于重大事件、重大活动等方面的通知中，虽用了"重点图书""重点出版物"等提法，但还没有出现"主题出版"的明确概念。[①] 从 1995 年起，除了个别年份，新闻出版管理部门每年都发出了部署做好某项中心工作的图书出版（重点出版物）的通知，有的年份发了若干份相关通知，比如 2002 年新闻出版总署（有的通知还和中宣部联合发出）就发出了 6 份关于迎接或者宣传十六大的重点出版物的通知。崔波等学者也曾指出，在"主题出版"的定义产生前，中国的主题出版活动就已经存在

---

① 周蔚华.主题出版若干基本史实辨析 [J].出版发行研究，2020(12).

了，在重要节点或者遇到重大活动、重大事件，出版界配合党的中心工作做好出版工作，是我党领导下的出版工作的一贯做法。[①]通过对原始文献的细致爬梳来厘清主题出版概念的演进，有助于还原主题出版历史的本来面目，对人们把握其深刻内涵和规律性意义深远。

（二）主题出版功能拓展

随着主题出版在出版业乃至整个文化产业中的地位不断提升，过去一年，越来越多的学者开始从更宏观的功能层面考察主题出版的社会职能。张瑞静、王卉指出，主题出版作为中国出版业的重要组成部分，一直具有社会舆论引导功能，在移动互联时代，主题出版要继续发挥好引领先进文化、宣传主流舆论的功能[②]；周蔚华也指出，主题出版的职能不仅仅是传播知识，更主要的是确立信仰、凝聚力量、形成共识，这是过去的大众出版、教育出版、专业出版所不具备的功能，传统三大板块理论也已经不能解释当前中国出版业的现状，需要用主题出版、大型出版工程、教育出版、专业与学术出版、大众出版五个板块理论来对当代中国出版业进行分析概括[③]；蓝廖国则基于马克思主义人学的视角，在主题出版的价值逻辑起点、价值主题、价值旨归之上提出了主题出版的育人功能。他认为，育人功能主要是指事物或方法在培育或者教育人的过程中所发挥的积极作用，主题出版主要通过满足人的精神文化需要来实现其特殊的育人功能。[④]

此外，还有研究将主题出版放置在社会治理的维度进行审视，从更高层面探讨了主题出版的功能价值。如王媛认为，主题出版作为出版业新的增长点，也是国家治理体系的重要组成部分，谈论主题出版的发展路向，

① 崔波 . 政治、技术、社会维度下新中国成立 70 年来的中国主题出版 [J]. 编辑之友，2019(9).
② 张瑞静，王卉 . 移动互联时代主题出版舆论引导功能分析 [J]. 出版广角，2020(17).
③ 周蔚华 . 重新理解当代中国出版业 [J]. 出版发行研究，2020(1).
④ 蓝廖国 . 价值逻辑、育人功能与实践路径：新时代主题出版研究——基于马克思主义人学的视角 [J]. 出版广角，2020(16).

需将主题出版放置在当下社会治理、话语体系变革的维度重新定位其历史使命,脱离"就出版论出版"的传统研究思路,重新审视主题出版的本质和功能[1];周蔚华、杨石华指出,国家治理体系和治理能力现代化离不开出版功能的发挥,出版作为一种传播方式,在把社会主义核心价值观融入法治建设和社会治理之中有着天然的传播优势,尤其是主题出版最重要的职能就是弘扬和宣传社会主义核心价值观[2];虞文军、李祖平通过对《之江新语》现象的观察提出,主题出版可以高质量地记录和传播思想理论创新成果,成为执政能力、治理能力现代化的要素资源和强大动能,并实现政治文化价值全面持续的彰显、提升与引领。[3]

(三)主题出版融合发展

融媒体时代的发展与转型成为 2020 年主题出版研究的核心关键词之一。李婷、韩建民以主题出版融媒体传播的实践为突破口,重点研究 5G 时代我国主题出版借力融媒体传播提质增效的内涵和动因,发现并提炼了主题出版融媒体传播的四种模式,即"平台经济"驱动下的矩阵式平台模式,"小、快、灵"的产品模式,"主题出版+"内容场景化模式,以及主题出版借力数字阅读平台模式,并进一步提出了我国主题出版融媒体传播的实现路径[4];聂远征、张琰等则通过涵化理论探寻文本内容与受众接受之间的关系,提出新媒体时代的新标准与新要求倒逼主题出版从媒介融合创设跨媒体叙事空间、激活受众良性互动、创设认知共鸣等方面完成自身优化[5];芦珊珊、黄芙蓉认为,5G 时代的主题出版建立在数字化思

---

① 王媛. 新公共话语空间中主题出版的发展路向 [J]. 出版发行研究, 2020(12).

② 周蔚华,杨石华. 出版与国家治理体系和治理能力现代化 [J]. 中国出版, 2020(8).

③ 虞文军,李祖平.《之江新语》现象与思想理论创新、执政能力现代化——兼论图书政治文化价值的提升与引领 [J]. 中国出版, 2020(5).

④ 李婷,韩建民. 从"相加"到"相融":主题出版融媒体传播模式与路径创新 [J]. 中国出版, 2020(15).

⑤ 聂远征,张琰. 新媒体环境下主题出版传播策略优化研究——基于涵化理论的分析视角 [J]. 科技与出版, 2020(10).

维之上，要将传统出版和新兴技术融合创新，逐步发展出新的主题出版形态，从"数字化＋个性化"完成传播内容建构，从"移动化＋场景化"完成传播方式建构，从"技术化＋人文化"完成传播伦理建构。①

四、对下一步主题出版重点和发展的建议

2020 年，在中宣部的坚强领导下，在出版界的积极响应之下，我国主题出版实践取得了巨大成绩，相关理论研究也在不断跟进。与此同时，选题雷同、表现方式单一、表达形式呆板、重选题轻推广、重实务轻理论研究等一些亟待解决的问题，都需要我们在今后的出版工作中加以改进。

2021 年是中国共产党成立 100 周年，是实施"十四五"规划、开启全面建设社会主义现代化国家新征程的第一年。新年伊始，中宣部发出关于做好 2021 年主题出版工作的通知，对 2021 年主题出版工作从推动习近平新时代中国特色社会主义思想出版传播向纵深发展，大力营造共庆中国共产党百年华诞、共创历史伟业的浓厚氛围，紧扣宣传解读党的十九届五中全会精神、解读"十四五"时期我国发展的战略目标和任务部署，深化社会主义核心价值观宣传阐释，向世界展示真实立体全面的中国等五个方面进行了全面部署。

从中宣部的通知中可以看出，2021 年的主题出版有些是出版界多年一以贯之的永恒主题，必须不断加强、不断深化和不断创新，比如学习宣传习近平新时代中国特色社会主义思想、社会主义核心价值观的宣传阐释以及向世界展示真实立体全面的中国，而庆祝中国共产党成立 100 周年和宣传解读"十四五"则是当前阶段性的重要出版任务，尤其是党中央专门召开党史学习教育动员大会，习近平总书记发表重要讲话，提出全党同志要做到学史明理、学史增信、学史崇德、学史力行，学党史、悟思想、

---

① 芦珊珊，黄芙蓉. 论 5G 时代主题出版传播形态建构 [J]. 出版广角，2020(11).

办实事、开新局，以昂扬姿态奋力开启全面建设社会主义现代化国家新征程，以优异成绩迎接建党100周年。因此，2021年庆祝建党100周年的选题，回顾党的100周年奋斗历程，总结马克思主义中国化理论成果，特别是学习宣传党的创新理论的最新成果——习近平新时代中国特色社会主义思想的选题，反映党与人民心连心、同呼吸、共命运历史的选题，大力发扬红色传统、传承红色基因、赓续共产党人精神血脉、始终保持革命者大无畏奋斗精神的选题，成为庆祝建党100周年的热点。同时，在回顾辉煌历史的同时，面向第二个百年奋斗目标以及"十四五"规划的选题也是当年的热点。

第十章 "两个一百年"历史交汇点上的主题出版

2021 年是中国共产党成立 100 周年，也是我国实施"十四五"规划、开启全面建设社会主义现代化国家新征程的第一年。站在"两个一百年"奋斗目标的历史交汇点上，主题出版上承政策引导、下接读者市场，在内容和形态上不断推陈出新，收获了良好的社会效益和经济效益。

一、从年度主题出版工作重点看主题出版的新变化

多年来，主题出版一直是行业管理部门关注的中心工作之一，也是每年都进行顶层设计和重点部署的工作。通过梳理中宣部历年发布的做好年度主题出版工作的通知，可以一窥国家对主题出版工作要求的变化与趋势。

（一）强调时效性与长远性的结合，鼓励策划经得起历史检验的"传世之作"

近年的年度主题出版工作通知较前些年的最大变化在于对主题出版重点选题的表述上：前些年对重点选题的描述通常以"优秀读物"或"经典读物"为主，更多是在选题方向上予以指导；近年来明显强化了对内

容质量的相关表述,如强调围绕习近平新时代中国特色社会主义思想推出一批"有学理深度和学术厚度的理论专著";围绕庆祝中国共产党成立100周年打造"精品力作、传世之作"和"高质量、标志性党史著作";紧扣十九届五中全会精神推出"扎根伟大实践、经得起历史检验的理论著作";等等。这些表述对主题出版物的理论高度和思想深度提出了更高的要求,并且突破了对主题出版时效性的固有认知,强调精品主题出版物持久的生命力,体现了主题出版精品化、可持续化的发展趋势。

（二）突出内容和形式的有机统一,鼓励大家写小书及多样化呈现

年度主题出版工作通知对相关工作的部署也更加具体、细致,不仅概括出选题重点,还对"谁来写""怎么写""如何呈现"等问题指明了具体的方向。如2021年的通知就明确指出"鼓励'大家写小书',推出一批在深入研究的基础上进行浅出表达的大众化读物",要求"面向不同群体推出一批吸引力、感召力强的分众化作品"和"通俗读物"等;2022年的通知也要求"强化受众意识和效果导向","积极探索工作的新载体、新路数,在贴近读者、接地气上下功夫"。这些内容强化了对创新表达形式和实际传播效果的要求,体现了行业管理部门越来越注重主题出版在受众阅读层面的普及性和接受度,既是对主题出版走出高阁、进入普通民众视野的方向性指引,也契合了当前主题出版大众化阅读的发展趋势。

（三）统筹国内国际两个市场,从强调对外宣介到促进文明交流对话

随着《中华人民共和国国民经济和社会发展第十四个五年规划和2035年远景目标纲要》（以下简称"十四五"规划）的颁布和全面建设社会主义现代化国家新征程的开启,我国朝着世界舞台的中央又更近了一步。近年来,年度主题出版工作的通知多次将主题出版"走出去"作为选题重点之一,强调提升讲好中国故事的能力,"向世界展示真实立体全面的中国,为我国社会主义现代化建设营造良好外部环境"。

随着主题出版步入快速发展阶段,与此相应,我国出版"走出去"的方

式方法在不断改进，力图改变传统的单向传播而突出对话、交流，重视受众的接受和传播效果。2021年主题出版工作通知明确提出"加强核心叙事"，"推出一批为各国读者读懂中国、增进认同的共情之作"，"推出一批促进文化交流和文明对话的读物"。从单向传播的"宣传"到更加注重方法和技巧的"叙事""共情""对话"，体现了主题出版对外传播思路的积极转变，这与我国加快构建中国话语和中国叙事体系，塑造可信、可爱、可敬的中国形象等加强国际传播能力建设的整体思路也是一脉相承的。

二、从重点出版物看主题出版的新变化

2021年各出版单位共组织上报主题出版选题2232种，最终确定重点出版物选题170种，立项数量较上一年度（125种）有大幅提升，并再次突破历史最高水平，彰显了"主题出版大年"的特殊情形。"两个一百年"历史交汇点下的主题出版重点出版物主要围绕以下两大主题展开。

（一）聚焦党史学习，书写华章伟业

作为中国共产党发展历程中的一个重大历史节点，庆祝中国共产党成立100周年成为2021年主题出版最浓墨重彩的一笔。据统计，在当年的170种重点出版物选题中，与建党相关的选题多达70种，占比超过40%。尤其是中共中央印发《关于在全党开展党史学习教育的通知》以来，各类党史出版物更是成为年度最大热门主题。在入选的重点出版物中，人民出版社出版的《习近平讲党史故事》，人民出版社、中共党史出版社出版的《中国共产党简史》等主题图书作为"国家队精品"，一经出版就受到广泛关注，掀起了全国范围内党史学习教育的热潮。各单位和地方出版社围绕百年来党在各方面的工作和各领域取得的成就也出版了一系列精品力作，许多视角更加细微、叙事更加通俗的大众化、分众化读物相继面市，如中国妇女出版社出版的《小家与大党》、科学出版社出版的《百位著名科学家入党志愿书》、三晋出版社出版的《一个老共产党员的生活账》

等都不拘泥于宏大叙事,而是以小见大地展现出描述生活、触摸时代、认知历史的独特视域,从不同角度展现了鲜活生动的百年党史,成为充满生命力的百年献礼作品。

（二）创新理论成果,坚定道路自信

在主题出版的核心层面,与马克思主义中国化的重大创新成果、习近平新时代中国特色社会主义思想相关的出版物延续了历年来的主流地位和广泛影响力。在2021年中,国内第一套权威、全面、系统考证马克思主义经典文献传播的大型出版项目"马克思主义经典文献传播通考"（100卷）完成出版工作;以问答体形式阐述理论热点难点的新书《习近平新时代中国特色社会主义思想学习问答》,成为广大党员干部群众的重要学习读物;此前就已备受关注的习近平系列采访实录也新推出了《习近平在福建》《习近平在浙江》等。既有"大部头"的鸿篇巨制,也有"小而精"的大众读物,满足了不同读者的阅读兴趣和学习需求。此外,2021年还是实施"十四五"规划、开启全面建设社会主义现代化国家新征程的第一年,我国刚刚实现了全面建成小康社会和决战决胜脱贫攻坚的伟大目标,对中国道路、历史成就和发展经验的系统性阐释和总结也是主题出版的热点选题方向,相关重点出版物如《数字解读中国:中国的发展坐标与发展成就》《中国乡村振兴之路——理论、制度与政策》等,从多个角度彰显了走上现代化道路的中国智慧和中国方案。

三、从出版物形态看主题出版的新变化

媒介技术的跨越式发展深刻改变了人们的阅读习惯,出版物的形态也愈发丰富。作为出版业最具活力的领域之一,主题出版的出版形态不断创新,给读者带来了全新的呈现方式和视听感受。

（一）多媒体融合丰富读者阅读体验

谈到出版物形态创新,人们最先想到的是各种数字出版形态。在

2021 年中宣部主题出版重点出版物选题中，歌曲集、微纪录片等音像电子出版物的数量由 2020 年的 15 种上升至 25 种，很多主题图书也都开发了对应的电子书、有声书、短视频等配套数字内容。例如，学习出版社和人民出版社"理论热点面对面"系列新书、动漫微视频《新征程，舞起来！》及有声书同步推出，并以"直播实录""硬核知识""弹幕屏语""特别阅读""精彩快闪""云端答疑"等形式对内容进行深入解读；上海人民出版社围绕畅销书《火种：寻找中国复兴之路》开发了富媒体电子书、"AI+VR 智慧党建虚拟展馆"项目、文创品牌"逗好"和"小启"等，将高品质内容与多元产品体验相关联，把主题出版的融合实践推向深处。

（二）3D 立体书、漫画领衔纸质书出版创新

在纸质书方面，主题出版也开辟了多种创新表现形式。如在 2021 年中宣部主题出版重点出版物选题中就首次出现了 3D 立体书的全新形态，包括红军长征恢宏场景的《长征：红星闪闪照我心》和展现我国各类超级工程建设成就的《点赞中国：超级工程 3D 立体互动百科》，它们突破了纸质书以文字为主、逐页翻阅的传统叙述方式，将蕴含深厚精神力量的内容和场景具象化为一件件艺术藏品，极具创新性和吸引力。值得一提的还有瞄准青少年市场的漫画类主题图书，借用动漫形象讲述百年党史中的重大历史事件，兼具内容的专业性与形式的灵活性，主题出版与漫画科普"强强联合"，在青少年群体中备受欢迎。

（三）"红色剧本杀"引领党史教育新潮流

除了常规出版物之外，红色主题与年轻人喜闻乐见的桌面游戏"剧本杀"的结合也成为主题出版中的一大亮点。在建党百年之际，一大批以中国共产党革命历史为背景的"红色剧本杀"推向市场，受到了年轻人的热烈欢迎，参与者在跌宕起伏的故事情节和身临其境的角色扮演中完成了对文本的阅读和体验，也在收获党史知识的同时接受了爱国主义教育。由于兼具娱乐性和教育性，全国许多党团支部纷纷借助"红色剧本杀"开展

沉浸式党史学习教育,有的还邀请创作者围绕当地历史文化资源定制原创剧本,或在文旅项目上与"红色剧本杀"产品进行深层次合作,吸引了大量读者参与。

四、从市场表现看主题出版的新变化

(一)从数据趋势来看

根据开卷数据,我国主题出版市场的码洋规模从 2017 年的 19.84 亿元上涨到 2020 年的 28.87 亿元,占大众图书市场的码洋规模也从 2.47% 上升到 3.18%。[①] 在中国共产党成立 100 周年这一重大历史节点下,2021 年主题出版图书各项市场指标继续呈现大幅上涨趋势,上半年主题出版图书在整体市场中的码洋比重达到 6.55%,销售比重达到 8.24%,品种比重达到 1.55%,均为近年来的最高值。[②] 各出版发行单位透露的具体数据也显示出主题出版的强大活力。无论是传统渠道还是电商平台,主题出版都表现出极强的市场潜力。

(二)从图书榜单来看

各类图书榜单是大众图书市场的风向标,也反映了主题出版的空前热度。在过去一年里,《习近平在福建》《中共党史十二讲》《百年党史关键词》等主题图书都登上了开卷数据非虚构类新书榜。在新书销售普遍疲软的大背景下,一些主题图书长期占据畅销书榜,反映了建党百年之际大众对红色题材作品格外关注。以开卷 2021 零售畅销书排行榜为例,除《红岩》《红星照耀中国》《苦难辉煌》等经典作品长期在榜之外,《这里是中国 2:百年重塑山河》《漫画百年党史·开天辟地》等题材更加广泛、表现手法更加新颖的作品也纷纷进入榜单。这种热度在实体店中表现更

---

① 谭皖予.2021 主题出版影响力报告 [J]. 出版人杂志,2021(7).
② 北京开卷.如何做好市场化的主题出版图书? [EB/OL]. (2021-07-16). http://mp.weixin.qq.com/s?__biz=MzA5MzIxNTkxMQ==&mid=2652576799&idx=1&sn=24ade72e87179ace21c00e2b9edf0a49&chksm.

加强劲，如《红星照耀中国》位居 8 月至 9 月实体店非虚构榜榜首，8 月实体店非虚构榜单前三名更是全部被主题出版类图书占据。

（三）从上市公司营业收入报告来看

作为出版业的晴雨表，从各出版上市公司的营业收入报告中也能一窥"主题出版热"。A 股 22 家出版业上市公司（不包括 2021 年新上市的公司）2021 年度报告显示，主题图书的出版发行已经成为很多公司的重点业务[①]，主题出版已经成为盈利创收的关键。报告显示，营业收入比上年同期增长最多的是中南传媒，达到 33.54%，其增长的主要原因，就是主题出版图书的收入大幅度增长。[②]营业收入同样增长 30% 以上的新华传媒也在报告中介绍到，除了受新冠疫情影响减少之外，其增长最主要的原因就是时政类图书销售增加，该公司专门成立了"红色主题图书发行工作小组"，累计发行码洋超过 1.2 亿元。

五、从理论研究看主题出版的新变化

政策的积极引领和业界的深入实践使主题出版迸发出强大活力，相关研究数量也继续呈大幅增长趋势，近年来主题出版研究的内容更加全面、深入，正成为出版研究领域中的"显学"。主题出版研究主要有以下几个新亮点。

（一）百年历程史海钩沉，多维聚焦红色出版

在"主题出版"概念风靡之前，相关出版活动就已经存在，中国共产党在不同时期都把出版作为推动工作、凝聚人心等方面的锐利武器。[③]建党百年之际，党在各个历史时期的主题出版活动成为热门研究对象，一大批相关的出版史研究集中涌现。

---

① 刘蓓蓓. 主题出版成上市公司重中之重 [N]. 中国新闻出版广电报，2021-09-08.
② 刘蓓蓓. 主题出版成上市公司重中之重 [N]. 中国新闻出版广电报，2021-09-08.
③ 周蔚华. 主题出版若干基本史实辨析 [J]. 出版发行研究，2020(12).

对百年党史中的红色出版历程回顾成为主题出版的一个重点研究领域，如曹建等通过系统梳理中国共产党百年来的主题出版工作，总结了中国共产党探索马克思主义与中国具体实践相结合的主题出版工作特点和成效。[①] 高杨文对中国共产党建党百年以来特别是新民主主义革命时期中国共产党人的出版成就及其经验进行了总结。[②] 还有学者将视角聚焦在某一特殊历史时期或某一类特定主题出版物之上，如范军的研究聚焦延安时期的主题出版活动，从时代背景、出版物的内容和形式等方面，梳理了我党在宣传抗日政策与主张、传播根据地军民的抗战事迹与精神中的历史经验[③]；于安龙等考察了中国共产党人对《共产党宣言》的阅读历程及其效用[④]；周蔚华等发现，在中国共产党百年历程中，党史题材出版物的撰写主体、功能定位、服务对象、研究视角等发生显著变化，并在推动马克思主义中国化、总结历史经验教训和发展规律等方面展现了重要价值。[⑤]

此外，部分学者还将相关出版活动勾连更为宏观的史学研究方法或马克思主义中国化的独特视角。如李芳馨等将红色出版视作一种起源于特殊历史时期的主题出版，认为其作为革命史与生活史的转喻途径使思想得以"生活化"，呼吁关注传统革命史学范式下的生活性文本和红色出版的生活史研究[⑥]；周蔚华系统论述了出版在马克思主义中国化传播中的独特作用，提出出版是马克思主义在中国传播的主力军和主阵地，马克思主义出版物引导大批革命者走上马克思主义指引的革命道路、锻炼了一批党的领导骨干等。[⑦]

---

① 曹建，郭占文. 中国共产党百年主题出版工作 [J]. 出版广角，2021(20).
② 高杨文. 新民主主义革命时期中国共产党的出版成就与贡献 [J]. 中国编辑，2021(7).
③ 范军. 延安时期的主题出版 [J]. 出版参考，2021(7).
④ 于安龙，徐晨雨. 中国共产党人《共产党宣言》百年阅读史考察 [J]. 中国编辑，2021(7).
⑤ 周蔚华，张艳彬. 中国共产党党史题材出版物的历史考察与当代价值 [J]. 编辑之友，2021(6).
⑥ 李芳馨，范军. 见"微"知"著"：红色出版研究的微观史学探索 [J]. 中国出版，2021(13).
⑦ 周蔚华. 出版在马克思主义中国化传播中的独特作用 [J]. 出版发行研究，2021(5).

（二）主题出版应用研究因社制宜，逐步构筑主题"长尾"

随着一系列多元化、特色化的主题出版实践深入开展，主题出版的内涵和外延不断拓展，参与主体也愈加丰富。相应地，相关研究也开始探讨不同主题、不同出版单位做好主题出版的方法和路径，研究面向的群体更加细致全面。

在内容和题材方面，除了马列主义、党政党建读物等传统主题出版以外，科学、美术、文艺等各个领域的主题出版也开始受到研究者关注。如杨春聚焦科技类主题图书，总结出其具有国家引导精准化、选题方向多样化、参与主体多元化、双效益发展均衡化等多方面策划优势[①]；徐海燕研究发现，现有美术类主题出版物重点选题表现出注重年度选题重点、利用既有资源优势、持续发力主攻方向等基本特点，但出版物的质量和效益存在提升空间[②]；施学云通过对近年来主题文艺出版物的考察，认为其呈现一种自上而下的集体组织、集体生产的建构特征，彰显了主流意识形态对文艺创作突出人民性、时代性的期待和导引。[③]

如何根据自身定位和资源优势做好主题出版，已经成为许多少儿、高校和地方人民出版单位密切关注的研究议题。少儿主题出版市场最为活跃，相关研究也最为丰富，如郑雪洁以 2015—2021 年入选主题出版重点出版物选题的少儿类主题图书为基础，从出版单位、选题数量和内容等方面分析了当前少儿主题图书的现状和热点[④]；叶丹就《伟大也要有人懂》[⑤]，王泳波就《童心向党·百年辉煌》等热门少儿主题出版物的

① 杨春. 科技主题图书策划路径探析：基于主题出版重点出版物选题的分析 [J]. 出版参考, 2021(1).
② 徐海燕. 美术类主题出版物的基本特点及发展路径 [J]. 出版参考, 2021(7).
③ 施学云. 近年来脱贫主题文艺出版物生产刍论 [J]. 出版科学, 2021(1).
④ 郑雪洁. 少儿类主题出版重点出版物（图书）选题目录 (2015—2021 年) 分析 [J]. 出版参考, 2021(10).
⑤ 叶丹. 新时代少儿主题出版的新实践："伟大也要有人懂"系列编辑手记 [J]. 中国出版, 2020(S1).

出版历程和经验进行了总结,为做好少儿主题出版提供了优秀的案例参考。[1] 高校出版社和地方出版社也围绕主题出版展开了大量工作,对其进行的相关研究取得了不菲的成果。如王日俊通过辨析主题出版选题策划方面存在的认识误区,提出大学出版社在主题出版内容建构上可以从做好科技出版、展现地方特色、传播先进文化等方面积极谋划[2];刘书超聚焦地方人民出版社关于党史出版的策划与实践,提出应该在策源地上下功夫、深挖党史档案资源、挖掘所在地精神范本、结合地方特色做好党史创新出版。[3]

（三）出版融合引领前沿,对外传播持续发力

出版融合与对外传播都是近年来出版研究的热门议题,主题出版作为出版业最具活力和增长潜能的业务板块之一,同样延续了这一态势。

在出版融合方面,学者普遍关注 5G 等新技术在主题出版的策划、发行等各环节中的应用及其带来的新变化。如刘恋集中探讨了 5G 时代下主题出版的融合发展机遇与创新路径,强调了技术在选题、出版物形态和传播形式上带来的新发展空间[4];莫湘文以"中国故事 100 部"为例,从借力平台、形成系列和构建场景三个维度总结了主题出版的数字传播模式[5];区燕宜认为,在融媒体时代要打破媒体之间的横向壁垒,将融合、创新发展的基本理念贯穿选题策划、内容打造、产品推广等编辑工作的各个环节,实现主题出版的转型及增值。[6]

主题出版具备时政性、时效性和学术性等特征,自然成为"走出去"

① 王泳波．讲好党史故事,传承红色基因:"童心向党·百年辉煌"书系的出版漫谈 [J]. 出版广角,2021(11).

② 王日俊．大学出版社青年编辑主题出版选题方向探究 [J]. 科技与出版,2021(12).

③ 刘书超．地方党史出版的策划与实践:以地方人民出版社为例 [J]. 出版广角,2021(13).

④ 刘恋．5G 时代主题出版融合发展机遇与创新路径分析 [J]. 出版广角,2021(20).

⑤ 莫湘文．主题出版数字传播模式及策略探究:以"中国故事 100 部"为例 [J]. 出版广角,2021(4).

⑥ 区燕宜．融媒体时代主题出版转型发展的探究 [J]. 科技与出版,2021(6).

的重要抓手。^① 作为中国出版"走出去"的重要资源，主题出版的对外传播研究多从实践出发。陈雪丽等总结了中央广播电视总台近年来在主题出版"走出去"方面作出的贡献，如为主题出版图书提供多语种翻译服务、将优质音视频主题节目翻译制作成音像出版物等 ^②；张丽华借鉴弱传播理论视角，提出可以从丰富选题维度、提升选题温度、精选选题角度、优化传播时间节点等方面助力主题出版的"出海"^③；甄云霞等则以加强"一带一路"国际出版合作为要点，提出要以周边国家为重点做好主题出版，保持对外交流过程中的特色优势内容设计与多角度深度合作并举的良好态势。^④

六、主题出版的发展趋势及未来展望

近年来，主题出版呈现以下发展趋势。一是多元化拓展。传统的"主题"主要是指党和国家的重点工作、会议、活动、节庆日等，以事件、思想和理论为主；而当下以人物为中心的文学主题、以器物为中心的科技主题等不断涌现，主题出版的内涵已经拓展到各个领域对主旋律的弘扬以及对核心价值观的宣传。

二是特色化延伸。面对日益激烈的选题竞争，结合自身资源优势做好主题出版、构筑差异化优势，已经成为各类出版单位探索的主要方向之一。尤其是科技、美术、农业、法律、统计等一些细分领域内的专业出版社，都将重大主题与自身定位相结合，实现了主题的特色化延伸。

三是大众化传播。将党和国家的重大政策理论转变为深入浅出、通俗易懂的作品，传达给更多读者，是主题出版实现高质量发展的关键。除了

---

① 周国清，刘悦玲."十四五"时期主题出版的任务与路径 [J]. 中国编辑，2022(3).

② 陈雪丽，戴地. 我国主题出版"走出去"的挑战与应对：基于中央广播电视总台创新实践的探讨 [J]. 对外传播，2021(11).

③ 张丽华. 弱传播理论视角下新时代主题出版的对外传播 [J]. 出版参考，2021(4).

④ 甄云霞，王珺. 后疫情时代的"一带一路"国际出版合作 [J]. 出版发行研究，2021(3).

出版机构在选题和内容上更多地考虑到大众市场之外，"全民阅读"工作和系列学习活动的持续开展也在不断助力主题出版读物走进大众书单。

四是市场化运作。随着市场活力的不断迸发，主题出版"为完成任务而做"的刻板印象逐渐被打破，市场化运作进一步加强。一些出版机构在选题策划阶段就注重读者和市场需求，并综合运用社群、直播等手段创新主题出版图书的营销模式，还成立了专门的主题出版策划和发行部门。

五是融合化出版。出版融合是出版业发展的一个重要方向，主题出版也不例外，这种趋势主要体现在两个方面：其一，内容形态上的融合，即利用数字技术开创主题出版物的多种形态；其二，产业链上的融合，目前主要体现为围绕优质主题IP打造品牌标识、延伸产业价值链。

以加强"一带一路"国际出版合作为要点，聚焦国际化破局。主题出版除了要对内确立信仰、凝聚共识之外，还要作为提升文化软实力、增强对外传播力的战略任务来看待。主题出版在"走出去"上持续发力，在将一批优秀的主题出版物通过译介推向海外市场的同时，还在选题策划和话语体系上不断推陈出新，国际影响力不断提升。

站在"两个一百年"奋斗目标的历史交汇点上，主题出版迸发出前所未有的生命力，营造了共庆百年华诞、共创历史伟业的浓厚氛围。与此同时，我们也不能忽略发展中存在的一些问题，如重复出版现象依然严重，部分出版物内容枯燥，讲得出传不开，理论研究滞后等，这些都需要出版界予以足够的重视，多方协作加以解决。

中宣部就2022年主题出版工作的部署通知中，明确了迎接宣传贯彻党的二十大工作主线，并确定了六个方面的选题重点。结合中宣部的通知要求与当时实际情况，主题出版工作需要找准以下几个发力点。

一是结合学习党的十九届六中全会精神，进一步总结党的百年辉煌历程，实现重大历史节点下的主题出版的价值延续，突破时效性局限，为党的二十大召开营造良好氛围。

二是在党的二十大后，学习贯彻党的二十大精神将成为新主流，各出版单位需要提前布局、精心谋划，把握好这个年度最大"主题"，尤其要将学习阐发习近平新时代中国特色社会主义思想这一马克思主义中国化的最新成果作为主题出版的重中之重，并密切关注中国式现代化道路、全过程人民民主、共同富裕等中国特色的政治构架和价值理念。

三是坚持以问题为导向，改进出版物的形式和内容，深入推动融合创新，结合读者需求和出版社自身优势将经济形势宣传、讲好中国故事等各个领域的主题出版做精、做细。

四是促进学界和业界的交流互动，尤其加强对优秀主题出版物的案例研究，探索主题出版更深层次的运作规律，为实现主题出版高质量、可持续的发展打下更坚实的理论基础。

第十一章　深化跨界合作　推进内涵发展

主题出版近年来迎来高速发展，不仅重塑了中国出版格局，而且在推进出版业高质量发展过程中发挥着越来越不可替代的引领与示范作用。2022 年主题出版继续服务党和国家中心工作，围绕年度主题主线，在深入开展学习贯彻党的二十大精神和习近平新时代中国特色社会主义思想之外，各方参与主体定位也更加清晰，配合更加默契，分工更趋合理，体系化运作更加流畅，实现了政界、业界和学界之间更加良性的互动，在制度供给、业务实践和理论研究等方面都取得了新的突破。

一、政策引导：多措并举，强化引领作用

2022 年党和政府在主题出版政策的顶层设计和重点部署上开展了大量工作，有效规范了主题出版的发展方向。2021 年 12 月底国家新闻出版署印发《出版业"十四五"时期发展规划》，强调在新的发展阶段，出版工作应当发挥服务大局、统一思想、凝聚力量的重要作用，进一步巩固壮大主流思想舆论，并提出到"十四五"时期末主题出版的传播力、引导力、影响力明显提高，主题出版的印刷保障能力和应急印刷保障能力大幅提

升的目标。① 该规划极大提升了主题出版在整个出版业体系中的地位，丰富了主题出版的选题和内容体系，提出通过"做强做优"主题出版实现对出版业高质量发展的示范引领作用的任务要求，并为此制定了各项保障措施。2022 年 10 月党的二十大报告在谈及文化建设时也强调要围绕举旗帜、聚民心、育新人、兴文化、展形象建设社会主义文化强国，巩固全党全国各族人民团结奋斗的共同思想基础，为此需要建设具有强大凝聚力和引领力的社会主义意识形态，广泛践行社会主义核心价值观。② 在这其中，主题出版可以发挥自身在内容组织和传播等方面的独特价值。上述规划和报告内容将从宏观上指导未来较长一段时期内的主题出版工作。

2022 年 1 月召开的全国宣传部长会议和全国出版（版权）工作会议则为全年的主题出版工作具体起到了"举旗定向"的作用，其中"迎接、宣传、贯彻党的二十大"成为全年工作最重要的主线。在此基础上，2022 年 3 月中宣部发布通知确定 2022 年主题出版重点选题的六个方面，分别是：突出"两个确立"的决定性意义，推动习近平新时代中国特色社会主义思想深入人心；聚焦主题主线，为奋进新征程、建功新时代营造良好氛围；坚定历史自信、增强历史自觉，巩固拓展党史学习教育成果；坚持稳中求进工作总基调，展现中国经济的光明前景和广阔空间；强化社会主义核心价值观引领，更好弘扬新风正气；向世界展现可信、可爱、可敬的中国形象，提升讲好中国故事的能力。③ 此后公布的入选名单显示，当年各地区、各部门、各出版单位共报送主题出版选题 2240 种，入选主题出版重点出版物选题共 160 种，其中图书选题 140 种、音像电子出版物选

---

① 国家新闻出版署. 出版业"十四五"时期发展规划 [J]. 中国出版，2022(3).
② 习近平. 高举中国特色社会主义伟大旗帜 为全面建设社会主义现代化国家而团结奋斗 [N]. 人民日报，2022−10−26(4).
③ 中宣部办公厅印发通知明确 2022 年主题出版六方面选题重点 [J]. 中国出版，2022(7).

题 20 种。①从数据统计而言,2022 年选题申报数与 2021 年几乎持平,入选数则较 2021 年减少 10 种。选题申报数延续三年的高位,反映了 2022 年主题出版工作的重要性以及各出版单位投身主题出版的积极性和主动意识。

2022 年的另一个政策要点是"出版深度融合"。当年 4 月中宣部首次就出版融合发展领域专门出台政策文件,印发《关于推动出版深度融合发展的实施意见》。该文件也成为继《关于加快推进媒体深度融合发展的意见》《出版业"十四五"时期发展规划》等之后又一出版单位探索融合发展新模式、新业态、新领域的重要指引,推动出版融合从"相加""相融"到"深融"阶段的转型。有学者认为,构建融合发展生态,实现多元一体化发展和协同发展是出版深度融合的关键点,这将意味着出版资源与其他领域跨界合作的强化,进而形成联动效应,延伸出版价值链。②同时,这一意见的发布和国家新闻出版署启动的出版融合发展工程、优秀现实题材和历史题材网络文学出版工程、全国有声读物精品出版工程等具体项目相互支撑,形成推动主题出版融合发展走向纵深的政策合力。

除了宏观政策层面的指引,2022 年有关部门为推动主题出版的高质量发展,在具体举措方面也有意识地进行了新的尝试,从细处健全相关机制。例如中宣部出版局在 1 月启动了"出版视点"系列专题研讨活动,全年共举行了十一场,其中第三场主题即为"擘画'十四五' 奋进新征程——做强做优主题出版",引起了对相关问题的讨论。在 2 月该局又启动了"奋进新征程 建功新时代"好书荐读活动,每月向社会大众推荐重点主题图书。该活动全年共推出 8 期书单,每期推荐 10—15 种图书,共推荐图书 94 种。入选荐读活动的图书展示了优质主题出版物的基本特征,

① 中宣部办公厅关于公布 2022 年主题出版重点出版物选题的通知 [EB/OL].(2022-09-07)[2023-04-21].https://www.nppa.gov.cn/ nppa/contents/279/104922.shtml.
② 杜方伟,方卿.从"相加""相融"到"深融"——出版融合发展战略历程与展望 [J]. 出版广角,2022(5).

为各出版单位做好主题出版工作树立了标杆。

二、实践发展：守正创新，做强做亮做活

在上述政策牵引下，各出版单位在实践中主动作为，深入贯彻习近平新时代中国特色社会主义思想，突出年度主题主线，不断推陈出新，做强做亮做活主题出版，在内容上坚持政治性、学术性和市场性有机统一，形式上加强出版深度融合和跨界合作，传播上则更加强调"走出去"效能的提升。

（一）贯彻落实"两个确立"，推动习近平新时代中国特色社会主义思想入脑入心

2021 年 11 月召开的党的十九届六中全会确立了习近平同志党中央的核心、全党的核心地位，以及习近平新时代中国特色社会主义思想的指导地位。围绕"两个确立"，推动习近平新时代中国特色社会主义思想深入人心成为 2022 年主题出版的核心内容。2022 年 7 月，外文出版社出版《习近平谈治国理政》第四卷中英文版并面向海内外发行，为社会各界统一思想和行动，迎接党的二十大胜利召开，帮助国际社会加深对中国的认识和理解提供了重要参考文献。《习近平书信选集》（第一卷）、《习近平论强军兴军》（第三卷）的出版则进一步丰富了习近平总书记重要论述原著体系。人民出版社还分别联合河北、福建、浙江和上海等四地的人民出版社出版了《让群众过上好日子——习近平正定足迹》《闽山闽水物华新——习近平福建足迹》《干在实处　勇立潮头——习近平浙江足迹》《当好改革开放的排头兵——习近平上海足迹》等"足迹"系列丛书，系统记录了习近平总书记主政各地期间的工作足迹和治理思想，为广大干部群众干事创业提供了鲜活样本和学习典范。此外，2022 年人民出版社还联合其他出版机构在已有基础上继续出版了《习近平经济思想学习纲要》《总体国家安全观学习纲要》《习近平生态文明思想学习纲要》《习近平

强军思想学习问答》等习近平新时代中国特色社会主义思想阐释读本。

2021 年 7 月 1 日习近平总书记在庆祝中国共产党成立一百周年大会上向全世界庄严宣告了我国小康社会的全面建成和历史性地解决了绝对贫困问题。为系统总结这一伟大历程，留存宝贵资料，有关部门精心组织实施了"纪录小康工程"，包括建立"纪录小康工程"数据库和出版系列丛书等。其中系列丛书又包括中央和地方两个系列，中央丛书包括《习近平的小康情怀》《习近平的扶贫足迹》《全面建成小康社会重要文献选编》等，地方丛书则为各省区市和新疆生产建设兵团关于全面建成小康社会的"全景录"。① 相关图书展示了习近平总书记考察调研的感人场景，反映了在习近平总书记的亲自谋划、亲自指挥、亲自推动下，打赢脱贫攻坚战、全面建成小康社会是如何由梦想变为现实的。

（二）聚焦年度主题主线，营造良好社会氛围

2022 年围绕党的二十大、北京冬奥会和冬残奥会、中国共青团成立 100 周年、香港回归祖国 25 周年和中国人民解放军建军 95 周年等主题，各出版机构积极策划，出版了大量文质兼美的主题出版物。党的二十大甫一结束，人民出版社即出版了党的二十大报告单行本、《中国共产党章程》单行本和《党的二十大报告辅导读本》，党建读物出版社、学习出版社出版了《党的二十大报告学习辅导百问》，党建读物出版社则出版了《二十大党章修正案学习问答》，让广大干部群众第一时间学习领悟大会的成果和思想。人民出版社还策划出版了"新时代：我们这十年"系列丛书，包括《十年伟大飞跃》《中国道路与中国方案研究》《迈向共同富裕社会建设之路》等，从多个角度阐释自党的十八大以来中国取得的一系列重大成就，兼具学理性和可读性。中共党史出版社在建党 101 周年之际出版了《中国共产党的一百年》，为各界学习党史提供了最新最权威的读本。各地方出

---

① "纪录小康工程"数据库近日上线 系列丛书在全国出版发行 [N]. 人民日报，2022-10-15(4).

版集团为喜迎二十大召开也开展了丰富多彩的主题图书展示、展销和发布活动，例如上海世纪出版集团策划推出了"新时代十年世纪精品好书主题展"，江苏凤凰出版传媒集团则举办了"书写新时代　献礼二十大"主题出版重点出版物集中发布活动。中国人民大学出版社也围绕二十大报告集中推出了包括"中国式现代化研究丛书"、《江山与人民：中国治理体系解析》在内的多种理论著作。①

冬奥主题图书类别丰富，既有直接服务冬奥工作人员的相关读本，也有向大众普及冰雪运动专业知识的科普读物，满足了广大读者的不同阅读需求。如中国人民大学出版社和北京体育大学出版社分别推出《北京冬奥会和冬残奥会志愿者读本》和《北京冬奥组委工作人员简明知识读本》，人民文学出版社推出旨在记录中国冬奥历程、展示运动健儿拼搏精神的报告文学作品《中国冬奥》等。围绕建团百年，中国青年出版社联合江苏人民出版社策划出版的《中国青年运动一百年（1919—2019）》一书入选中宣部 2022 年主题出版重点出版物，生动展现了中国青年为民族独立、人民解放和国家富强、人民幸福前赴后继的奋斗历程。围绕香港回归祖国 25 周年，广东人民出版社出版的《血脉——东深供水工程建设实录》一书入选 2022 年 5 月"中国好书"推荐，深刻反映了工程建设者群体忠于祖国、心系同胞的家国情怀。围绕建军 95 周年，生活·读书·新知三联书店出版了《决胜——解放战争何以胜利》，上海音乐出版社出版了《军歌嘹亮——庆祝中国人民解放军建军 95 周年歌曲集》等图书。

（三）以重大文化出版工程为载体，凸显使命感、历史感与厚重感

重大文化出版工程体现了出版的文化底蕴和知识厚度，代表了社会主义出版事业的公益性，有助于发挥出版在积累知识、传承文明、树立标准等方面的重要功能。新时期的主题出版主要围绕"三化"（中华优秀传

---

① 陈香 .2022 年出版十件大事 [N]. 中华读书报，2022-12-28(18).

统文化、党领导人民创造的革命文化、社会主义先进文化）和"四史"（党史、新中国史、改革开放史、社会主义发展史）开展工作，因此完全可以和重大文化和历史出版工程相结合，借助这一重要载体实现价值和目的。2022年，一系列标志性的重大文化出版工程的问世或结项为主题出版增添了使命感、历史感与厚重感。

2022年11月，由党中央批准实施的重大文化工程《复兴文库》由中华书局正式出版发行。该文库计划出版五编，目前已经出版的三编共计37卷、195册、6190万字。习近平总书记在序言中高度评价该文库"对于我们坚定历史自信、把握时代大势、走好中国道路，以中国式现代化推进中华民族伟大复兴具有十分重要的意义"，并提醒我们"要在学好党史的基础上，学好中国近代史，学好中国历史"[①]，为主题出版贡献新的方向和思路。2022年底，由浙江大学出版社负责出版发行的"中国历代绘画大系"工程也即将结项。该项目是在习近平总书记的亲自批准和关心下开展的，前后历时17年，囊括《先秦汉唐画全集》《宋画全集》《元画全集》《明画全集》《清画全集》，共计出版60卷226册，全方位展示了中国古代灿烂辉煌的绘画艺术，增强了民族自信心和自豪感。而由山东大学、山东师范大学、山东人民出版社、齐鲁书社四家单位共同参与、协同进行，篇幅达到230函、1816册、4789卷的《儒典》也于2022年9月在尼山世界文明论坛正式对外发布。该丛书共精选215种儒学经典，展示了中华优秀传统文化的精髓，为赓续中华文脉作出积极贡献。

（四）"主题出版+"赋能，出版融合持续深入

随着出版深度融合的持续推进，主题出版物的呈现形式已经不再只是纸质书、电子书和有声书的复合出版，还体现在主题出版元素与具体渠道和载体的嫁接上，涌现了AR/VR出版物、微视频、数据库、数字影像展、

---

① 习近平.在复兴之路上坚定前行——《复兴文库》序言 [N].人民日报，2022-09-27(1).

动漫游戏等新型业态，产品的丰富度、交互性和传播力显著增强。如在入选中宣部 2022 年主题出版重点出版物选题的音像电子出版物选题中首次出现了 VR（虚拟现实）出版物，包括河南教育电子音像出版社报送的《那年的红军（VR 动画）》和陕西科学技术出版社报送的《VR 视界——红色文化体验馆》。2022 年 10 月上线的"记录小康工程"国家数据库（www.jiluxiaokang.com）收录近 114 万条数据，包括大事记、志书年鉴、新闻报道、白皮书、课题报告、出版物等十六种类型，并按服务人群划分党政机关、新闻媒体、智库机构和大中学生四个子库，展示方式包括文字、图片、电影、微视频、专题片、歌曲、纪实报告剧、实物和 VR 网上体验馆等。由中国大百科全书出版社推出的"穿越时空的大运河"数字影像分别于 2022 年初和 2022 年 5 月 1 日起在首都博物馆和北京市主城区内 20 块 8K 超高清大屏上展播，"盛世修典——《中国历代绘画大系》成果展"在 2022 年也先后在浙江美术馆、嘉兴市文化艺术中心和中国国家博物馆等多个公共文化场馆进行特展，并注重运用视频、装置艺术、3D 打印、新媒体科技等多元化展示手法赋予观众沉浸式体验。这些数字出版产品让原本停留于书籍中的中华传统文化和艺术走进寻常百姓家，体现了出版深度融合的最新发展。而在中国音像与数字出版协会组织开展的"2022 年数字阅读项目"评审结果中，也有诸如"大别山精神红色教育 VR 体验馆"（河南人民出版社），乡村振兴研究数据库（社会科学文献出版社），"流动的历史——浙江运河遗产全媒体知识服务项目"（浙江出版集团）等多种优质主题出版融合项目。[①]

（五）借"船"出海，提升国际传播效能

党的二十大报告提出要"加强国际传播能力建设，全面提升国际传播

---

① 关于公布"2022 年数字阅读推荐作品"和"2022 年数字阅读推荐项目"推荐结果的通知 [EB/OL].(2022-07-20)[2023-04-21].http://www.cadpa.org.cn/3269/202207/41528.html.

效能,形成同我国综合国力和国际地位相匹配的国际话语权"。在如何"讲好中国故事",提高国际传播效能,实现从"走出去"到"走进去"的转变问题上,2022年主题出版越来越强调借助多种载体、渠道和平台以寻求突破。

一是打造数字化外向型主题出版产品和服务,实现中国内容的国际化表达。十多年"走出去"的经验已经提示主题出版的国际化不能再只是停留于实物和版权的输出,而是需要打造真正能够方便国外读者使用的产品和服务。网络文学是中国出版"走出去"的重要名片,通过有关部门和行业协会"优秀现实题材和历史题材网络文学出版工程""优秀网络文学作品和优秀网络文学作家推荐活动"等政策引导,以及现实题材网络文学征文大赛等活动的推动,网络文学在叙事上向主流文化和价值观靠拢趋势愈发明显,部分产品逐渐获得海外读者认可。据2022年9月上海市新闻出版局、阅文集团联合发布的《2022现实题材网络文学发展趋势报告》,自2015年首届现实题材网络文学征文大赛举办以来,阅文集团现实题材作品7年复合增长率达到37.2%,增速位列全品类第二。[1]2022年阅文作家齐橙创作的《大国重工》成为首批被大英图书馆收录的中国网络文学作品之一。[2]该作品同时也是第二届现实题材网络文学征文大赛特等奖作品和第五届中国出版政府奖网络出版物奖获奖作品。在游戏出海方面,上海米哈游网络科技股份有限公司和上海莉莉丝网络科技有限公司则在"原神""万国觉醒"等原创精品IP中融入中国传统文化等主题元素,通过游戏数字产品将中国故事带向海外并占领了当地市场,2022

① 现实题材发展趋势报告发布:作品增速全品类第二近八成获奖作品已授权开发[EB/OL]. (2022-09-01)[2023-04-21].https://www.chinanews.com.cn/cul/2022/09-01/9842338.shtml.
② 第二届出版融合发展国际化论坛在京成功举办[EB/OL].(2023-01-07)[2023-04-21].http://www.cadpa.org.cn/3271/202301/41564.html.

年 1 月双双入选打响"上海文化"品牌工作创新案例（2021 年度）。①

　　二是推动主题出版与学术出版融合，深耕"一带一路"共建国家。学术产品具有跨国界传播的天然优势，学术出版也是当前国际出版的主流，资源集中度和影响力显著提升，因此主题出版意欲构建中国话语和中国叙事体系，应当注重与学术出版的融合，加强"中国故事"符合国际学术规范的表达。国外也有学术出版集团表示愿意支持中国专家学者著作的国际出版，并冠以"中国系列"向世界学术圈推广。②2022 年"国家社科基金中华学术外译项目""中国图书对外推广计划""中国文化著作翻译出版工程""经典中国国际出版工程""丝路书香出版工程"等在项目申报上继续重点支持反映时代精神和中国水平的学术著作走向世界。中国人民大学出版社则依托"一带一路"共建国家出版合作体这一国家级平台，借助论坛、国际书展等积极推动中国学术图书走进"一带一路"共建国家的出版物市场，并成为入选 2022 年"丝路书香工程"项目最多的出版单位。③

三、学术研究：渐成体系，跨界互动升级

　　随着 2022 年 7 月首届全国出版学科共建工作会在北京大学召开，探索建构中国特色出版学学科体系、学术体系和话语体系，成为出版研究的重要目标。在一系列有利条件的加持下，主题出版学术研究呈现了研究成果渐成体系、研究力量更加专业和学术交流日益常态等可喜局面。

　　（一）知识生产日益体系化

　　2022 年学界和业界对主题出版的研究继续从历史、理论和实务三个

① 特别关注 |《打响"上海文化"品牌工作创新案例》评选结果公布 [EB/OL].(2022-01-27)[2023-04-21].https://www.thepaper.cn/newsDetail_forward_16477132.
② 赵海云，韩建民 . 主题出版"走出去"——基于中国话语和中国叙事体系构建的视角 [J]. 出版与印刷，2022(1).
③ 我社 22 种图书获得经典中国国际出版工程项目、丝路书香项目资助 [EB/OL].(2022-09-09) [2023-04-21].http://www.crup.com.cn/News/Detail?doi=19f0e8ee-40bd-4d44-b8e7-8f7f2a4c7396&type=%E6%96%B0%E9%97%BB%E5%8A%A8%E6%80%81.

维度不断深入,体系化趋势明显。笔者通过对中国知网 2022 年发表的期刊文章以"主题出版"为主题、篇名和关键词进行检索(检索时间为 2023 年 2 月 8 日),剔除其中的新闻报道、图书广告、政策文件、期刊评论等,共获得 230 篇相关论文,延续了近年来的增长趋势。这些文献代表性的观点可分为以下几个方面。

在主题出版发展史和学术史研究方面,围绕 2022 年党的二十大召开这一重要时间节点,部分专家学者系统总结了十八大以来的十年或十九大以来的五年主题出版的实践和学术研究发展的概貌,例如郝振省、宋嘉庚认为党的十九大以来主题出版的生产实践和学术研究进入了新阶段,但相关研究也存在研究主题和主体可适当扩展、理论体系有待进一步建立、融合发展模式研究亟待发力等问题。[①] 万安伦、黄婧雯认为随着业界和学界对主题出版认识的不断深化,主题出版将党和国家的意志更好地融于出版,逐渐成为我国出版的核心构成。[②] 周蔚华、何小凡认为党的十八大以来主题出版成绩斐然并形成了一定的特点,此可归功于政策引导、市场运作和学术研究等方面的持续优化,需要继续通过高质量主题出版推动文化强国建设,贯彻精品战略做强做亮做活主题出版。[③]

在主题出版的基础理论研究方面,各界主要围绕《出版业"十四五"时期发展规划》中"做强做优主题出版",主题出版的概念、逻辑与功能等基本理论问题以及动力机制和评价机制等前沿问题展开论述。例如周国清、刘悦玲认为"十四五"时期主题出版应呼应时代发展、满足群众需求、繁荣出版市场、强化对外传播以及提升数字化水平,进一步在内容生

① 郝振省,宋嘉庚.党的十九大以来的主题出版:态势、观点、问题与建议 [J].编辑之友,2022(4).
② 万安伦,黄婧雯.党的十九大以来中国特色出版学研究观察 [J].出版广角,2022(2).
③ 周蔚华,何小凡.以精品为引领,做强做亮做活主题出版——十八大以来主题出版回顾与展望 [J].中国出版,2022(21).

产、营销宣传和协同发展等方面探索新的模式和思路。[①] 于殿利通过系列文章从全局高度对主题出版的历史与社会逻辑[②]、时代与现实逻辑[③] 和产业与企业逻辑[④] 等基本问题进行了回答。周蔚华、熊小明也围绕主题出版的内涵与外延、特性、类别划分和功能等一系列基本理论问题进行了说明和辨析，以期推动各方就相关问题展开更多的讨论。[⑤] 付玉、韩建民在审视已有主题出版物的评价路径和模式的基础上认为，需要通过在原有的评价体系中扩充主题出版，增加学术性评价，动态完善指标，建立融媒体产品评价体系等对其进行完善。[⑥] 上述主题出版基础理论问题的研究对相关应用研究和实践发展能够在理念和方向上起到有效纠偏作用。

在主题出版的实务研究方面，相关文献依然以案例分析为主，聚焦于不同出版主体（地方出版社、大学出版社、期刊社、科技出版社等）如何高质量开展主题出版工作，主题出版如何与少儿、学术、文学、法律、科技、期刊和地域特色出版等进行具体结合，以及主题出版的大众化、融合发展和"走出去"等问题。例如潘凯雄认为主题出版对长篇小说创作而言圈定的选材范围实质较为宽泛，作家需要做到"有相应的生活积累且进得去出得来，有自己的独立思考与独特视角和有与之相匹配的艺术表现力"方能诞生精品。[⑦] 谭晓萍认为哲学社会科学期刊为构建有中国特色的"三大体系"需要参照"期刊主题宣传好文章"入选论文标准，坚持政治性与学术性相结合，并以体系化建设为抓手做强做优主题出版论文的选题策划。[⑧]

除学术论文外，杭州电子科技大学韩建民教授等出版了《高度与温

① 周国清，刘悦玲."十四五"时期主题出版的任务与路径 [J]. 中国编辑，2022(3).
② 于殿利. 主题出版的历史与社会逻辑 [J]. 出版发行研究，2022(5).
③ 于殿利. 主题出版的时代与现实逻辑 [J]. 出版发行研究，2022(6).
④ 于殿利. 主题出版的产业与企业逻辑 [J]. 出版发行研究，2022(7).
⑤ 周蔚华，熊小明. 主题出版若干基本史实辨析 [J]. 出版发行研究，2020(12).
⑥ 付玉，韩建民. 主题出版评价机制优化研究 [J]. 编辑之友，2022(11).
⑦ 潘凯雄. 主题出版中的长篇小说创作应有之"三有"[J]. 小说评论，2022(2).
⑧ 谭晓萍. 社科学术期刊高质量发展中的中国特色构建 [J]. 科技与出版，2022(3).

度——主题出版研究导论》一书,李婷副教授主持的"我国主题出版物'走出去'国际影响力的评价、提升路径与保障机制研究"项目入选了 2022 年度国家社科基金一般项目,都丰富了主题出版学术研究的成果的呈现形式。

（二）研究力量日益专门化

全国出版学科共建会上成立的五家出版学院和出版研究院为主题出版研究提供了更多成建制的力量,例如华东师范大学与上海市委宣传部共建的出版学院的主要研究方向和特色定位之一即为主题出版特色人才的培养。[①]2022 年 9 月国务院学位委员会和教育部公布了新版《研究生教育学科专业目录》,其中出版专业学位类别首次可以授予出版博士专业学位,虽然这一新目录在 2023 年下半年招生时才会执行,但相关的师资队伍建设和专业设置无疑会提前布局,这些都将促进出版研究力量的进一步专门化。另根据相关机构自身介绍,在 2022 年 6 月国家新闻出版署公布的首批 16 家入选 2022 年度出版智库高质量建设计划出版高端智库的机构中,中国人民大学出版研究中心、杭州电子科技大学融媒体与主题出版研究院和安徽大学新闻传播学院编辑出版学系等都将主题出版作为重要研究方向。

（三）学术交流日益常态化

2022 年有关主题出版的论坛、研讨会、期刊专栏等学术交流活动也日益频繁和深入。例如 2022 年 4 月 12 日中宣部出版局主办的第三场"出版视点"专题研讨活动邀请政府管理部门、知名作者和出版机构负责人围绕"做强做优主题出版"话题分别从内容质量、选题规划、青少年主题出版、主题出版大众化以及主题出版与学术出版融合等角度进行了探讨。4 月在京举行的首届全民阅读大会开辟了新时代主题阅读推广分论坛,7 月

---

① 张建春.锚定目标 汇聚合力 共创中国特色出版学科新局面 [J].中国出版,2022(23).

在山东泰安举行的第五届国际新闻出版合作大会也将"主题出版与海外合作"作为议题之一。主题出版各方参与主体定期交流机制的建立无疑有助于沟通观点，解决痛点，商议对策。

《出版与印刷》杂志自 2021 年起开设了《主题出版对谈》栏目，由著名出版人韩建民主持，每期邀请一至两名出版行业管理者、业界或学界专家就主题出版相关重要事项进行研讨。2021 年和 2022 年该栏目各开展了两期对谈，邀请嘉宾包括郝振省、王为松、赵海云、周蔚华和毛小曼等，主题则依次为"主题出版的历史与内涵""主题出版的内容与作者""主题出版'走出去'"和"主题出版的动力机制和评价机制分析"。这些对谈嘉宾和主题设置反映了当前主题出版研讨的跨界属性日益增强，对主题出版学理层面的讨论愈发深入，产生的成果也势必将对主题出版的理论研究和业界实践产生更大的指导价值。

根据 2023 年全国宣传部长会议和全国出版（版权）工作会议精神以及《中共中央关于认真学习宣传贯彻党的二十大精神的决定》等文件要求，学习宣传贯彻党的二十大精神将会是 2023 年主题出版最重要的任务，其中配合学习贯彻习近平新时代中国特色社会主义思想主题教育开展出版活动又是重中之重。根据 2023 年 4 月 1 日《中共中央关于在全党深入开展学习贯彻习近平新时代中国特色社会主义思想主题教育的意见》，此次主题教育要求"用党的创新理论统一思想、统一意志、统一行动"，"坚持学思用贯通、知信行统一，把习近平新时代中国特色社会主义思想转化为坚定理想、锤炼党性和指导实践、推动工作的强大力量，使全党始终保持统一的思想、坚定的意志、协调的行动、强大的战斗力"。[①] 为满足主题教育的需要，指定出版单位应将主题教育原著原典和辅导学习资料的出版工作作为重要的政治任务保质保量完成。广大出版界同仁则需要认真

---

① 中共中央关于在全党深入开展学习贯彻习近平新时代中国特色社会主义思想主题教育的意见 [J]. 党建研究，2023(5).

研读党的二十大报告和党章,学习领悟《习近平著作选读》第一卷和第二卷、《习近平新时代中国特色社会主义思想专题摘编》《习近平新时代中国特色社会主义思想学习纲要（2023年版）》等有关精神,并将其具体应用于主题出版工作。

围绕年度主题主线加强出版物策划、弘扬社会主义核心价值观和面向国际社会讲好中国故事等常态化任务也会继续成为今后相当长一段时间内主题出版的重点工作。

主题出版近年来经历了快速的发展,但也积累了一些需要攻克的难题,包括选题如何策划以立意高远、内容如何创新以提升质量、形式如何生动以吸引读者、营销如何深化以赢得市场、机制如何灵活以聚拢人才、主体如何活跃以避免板结、理论如何突破以引领实践等。随着主题出版从"野蛮生长期"过渡到"平稳发展期",这些问题与主题出版高质量发展之间的矛盾日益突出,如何破解它们将是未来一段时期内主题出版的重点工作。为此,在2023年3月24日于杭州召开的第二届主题出版学术研讨会上,中国图书评论学会会长郭义强提到,主题出版物迈进文质兼美的境界,要在理论说服力、学术感召力、作品的吸引力与感染力、市场影响力和长久生命力等"六个力"上下功夫,做到有神采、有个性、有温度、有骨气。[①] 这是从选题和内容层面为实现主题出版长远健康发展提供的重要建议。浙江出版联合集团董事长鲍洪俊则在会上提出,要通过升格大脑、升华内容输出、升级操作系统、升腾理论建构,从理念、内容、机制和科学研究等四个方面为主题出版的未来发展出谋划策,尤其是强调要跳出出版研究主题出版。[②] 杭州电子科技大学融媒体与主题出版研究院则发布了《主题出版评价机制优化研究报告》,将主题出版理论研究的重点和

① 黄琳. 第二届主题出版学术研讨会在杭州举行 [N]. 中国新闻出版广电报,2023-03-28(2).
② 如何做好新时代主题出版,主题出版研讨会上专家都说了什么? [EB/OL].(2023-03-24）[2023-04-21].https://www.163.com/dy/article/I0K8O1070512DFEN.html.

实践发展的前沿紧密结合。

主题出版越往深处发展，越需要管理部门、出版主体和科研机构这三方主体形成更加稳定协调的系统，共同攻克系列难题。三方主体不仅共同构成了主题出版的实践场域，也同处一个理论和学术论域。其中主题出版的科研机构作为理念的引领者和思想的孵化器，一方面应该为各方主体搭建沟通协调的有效平台，加强同管理部门和出版主体的交流和联系，直面一线问题，吸收各方智慧，做到"脚踏实地"，另一方面又需要超越实践，通过"仰望星空"运用理论的力量在观念和价值上对实践进行引领，否则其研究成果将是空洞无力的。

下　篇　专题研究

XIAPIAN ZHUANTI YANJIU

第十二章　主题出版与马克思主义经典著作出版

　　虽然马克思主义经典著作出版属于主题出版的核心层已得到一定认可，但二者之间的内在同一性并未得到进一步的阐释。本研究将对二者之间的同一性作详细的阐释，以期在统一思想认识的基础上最大限度地发挥其出版功能效用。马克思主义经典著作出版和主题出版之间的这种同一性可从其意图、效果、特征三个方面得到直观体现。

一、作为意识形态象征形式的马克思主义经典著作

　　约翰·B.汤普森在对意识形态进行概念界定时指出，中性的意识形态"可以视为有关社会行动或政治实践的'思想体系''信仰体系'或'象征体系'"①。以该界定中的要素或特征来看待马克思主义经典著作，可发现其有明显的意识形态特质。

　　（一）马克思主义信仰体系的文本载体

　　狭义的"马克思主义信仰体系"由唯物主义的世界图景、共产主义的

---

① 约翰·B.汤普森.意识形态与现代文化[M].高铦，文涓，高戈，等译.南京：译林出版社，2005：6.

远大理想、人民至上的根本信念、自由全面的人生追求组成。[①]这些信仰体系的内容自成体系又相互交叉构成了马克思主义理论体系。作为文本载体的马克思主义经典著作向读者群体提供了通向马克思主义信仰体系的知识图谱，尤其是以《马克思恩格斯全集》《列宁全集》《斯大林全集》为代表的系统性出版物。在内容方面，三大"全集"以著作（各个时期的政论文章、专题研究、写作提纲或演讲稿）、书信集、补充文稿（各类笔记、摘录、批注）等内容作为知识模块来进行编辑整理，这为读者在进入马克思主义信仰体系时提供了一份明确的知识地图，方便读者可以按照自身阅读需求按图索骥地进行阅读。而特定的单行本著作则聚焦某一具体信仰体系部分，为读者提供系统而细致的科学阐释。例如《共产党宣言》这一经典著作为全世界的无产阶级细致地呈现出了共产主义这一远大理想的蓝图；《劳动在从猿到人的转变过程中的作用》揭示了人类起源问题中的历史唯物主义；《神圣家族，或对批判的批判所做的批判》强调了人民至上的根本信念等。

（二）马克思主义实践体系的指导手册

马克思主义经典著作的编译出版为中国带来了全新的现代科学理论体系，为新中国的社会主义实践提供了科学的行动指南。因此马克思主义经典著作本身就是马克思主义实践体系的重要指导手册。在马克思主义理论中，哲学、政治经济学以及科学社会主义各部分对新中国成立以后的政治制度和经济建设以及科学文化发展都具有理论指导功能。在具体的社会实践中，无论是宏观的组织领导还是微观的实践方式，马克思主义经典著作虽未直接给出具体的实践步骤，但均提供了相应的指导思想。例如毛泽东1958年在《关于读书的建议》中倡导党委干部们读《苏联社会主义经济问题》和《马克思恩格斯列宁斯大林论共产主义社会》

---

① 刘建军 . 论马克思主义信仰体系 [J]. 求索 , 2020(4).

这两本书，"使自己获得一个清醒的头脑，以利指导我们伟大的经济工作"①。另外，在人民公社建设中浮夸风和"共产风"氛围出现后，毛泽东认识到这一问题的严重性，再次强调了调查之风，并嘱咐调查组人手一本《马克思恩格斯列宁斯大林论共产主义社会》，边调查边读书。②毛泽东之所以两次强调《马克思恩格斯列宁斯大林论共产主义社会》这一经典著作，其原因就在于它对当时的经济建设和人民公社的发展具有现实指导意义，并印证其实践是否存在问题。从党对马克思主义经典著作百余年来的出版史来看，这种指导手册的功能意义一直在发挥着并将继续发挥作用。

（三）马克思主义意识形态的象征形式

和"报纸成为意识形态的象征形式"③一样，作为传媒产品的马克思主义经典著作同样是一种意识形态象征形式，并且是马克思主义这一独特意识形态的象征形式。作为马克思主义知识、信仰、实践体系文本载体的马克思主义经典著作，以物质化的媒介形式向大众呈现了它是代表着无产阶级根本利益的学说，具有典型社会主义意识形态的政治意涵。无论是西方资本主义国家还是以中国为代表的社会主义国家，马克思主义经典著作均已被视为一种马克思主义象征形式，在这一符号化过程中，其政治属性则被重点强调。政治属性的凸显对马克思主义经典著作的翻译出版是一把双刃剑。在社会主义国家中，其出版地位和被重视程度将会得到极大提高；而在资本主义国家里，出于维护资本主义意识形态的需要，马克思主义经典著作此类书籍则会受到不同程度的抑制，正如史蒂文·费

---

① 中共中央文献研究室. 毛泽东年谱：一九四九—一九七六 第三卷 [M]. 北京：中央文献出版社, 2013: 500.
② 王树荫. 马克思主义中国化史：1949—1976[M]. 北京：中国人民大学出版社, 2018: 307.
③ 涂凌波. 现代中国新闻观念的兴起 [M]. 北京：中国传媒大学出版社, 2016: 126.

希尔所说的"资本主义国家……审查传播共产主义思想的读物"①。

二、政治传播下的马克思主义宣传与经典著作出版

在新中国成立以后马克思主义经典著作的翻译出版实践本质上是一种国家行为,具有浓厚的政治传播属性,这使其出版任务和主题出版的意图具有较好的内在同一性。

(一)政治意识下马克思主义意识形态的建设举措

在出版意图方面,马克思主义经典著作出版和主题出版都是服务于党和国家的社会主义精神文明建设这一工作大局。主题出版作为当代中国出版业中一种独特的出版活动,具有浓厚的国家意志特征,是一种典型的政治传播行为,这就决定了它是直接服务于党和国家的工作大局。马克思主义经典著作的出版工作正好是党和国家工作大局中关于社会主义精神文明建设的重要组成部分。无论是主题出版还是马克思主义经典著作出版,都需要政治意识作为先决条件。这种政治意识决定了主题出版具有导向鲜明、任务明确的特质②,而马克思主义经典著作出版的这种导向性和任务性则更加明确,即主要服务于马克思主义意识形态的建设。

马克思主义经典著作的出版是所有出版物中最讲政治意识的,高度符合了出版工作要求中的必须坚持"政治第一"的方针。"政治第一,就是要求出版工作,必须符合无产阶级革命和社会主义建设事业的当前需要和长远需要,出版每一本书,都首先要看它的政治内容,考虑它的政治后果,并且要根据政治形势,来决定先后缓急,决定多出什么,少出什么,或者不

---

① 史蒂文·费希尔. 阅读的历史 [M]. 李瑞林,贺莺,杨晓华,译. 北京:商务印书馆,2009: 276.
② 胡艳红. 回应时代课题,创新主题出版——关于我国主题出版的发展与思考 [J]. 出版广角,2016(13).

出什么。"① 宣传马列主义一直是党的核心工作内容之一，马克思主义经典著作出版作为直接的宣传方式自然备受重视，因此在整个出版工作中处于核心位置。在出版物资紧张的时代，马克思主义经典著作的出版被放在出版工作中的第一序列，就是为了保障马克思主义的宣传能够切实贯彻落实，从而确保马克思主义在意识形态领域中始终处于指导地位。

（二）政治站位下宣传马克思主义的出版部署

在经过社会主义改造和马克思主义指导地位的确立后，党和国家在意识形态建设工作方面一直是以巩固马克思主义的指导地位作为工作中心。在此基础上，马克思主义经典著作的翻译出版直接服务于巩固马克思主义在意识形态领域指导地位这一政治意图。为实现这一政治意图，党中央就马克思主义经典著作的出版来宣传马克思主义做了诸多部署。

在社会主义革命和建设时期，在历次的全国宣传会议中马列主义基本理论的宣传被反复强调成为宣传部的重要工作之一。马克思主义经典著作的出版也被赋予了"百年树人"的期望。胡乔木早在第一届全国出版行政会议上的《改进出版工作的几个问题》报告中就曾指出，应"把宣传马克思主义放在全部工作的第一位"②。另外，文化部出版事业管理局制定的出版计划（1953—1967）中同样强调："有系统地出版马克思列宁主义经典著作，广泛宣传马克思列宁主义，反对各种资产阶级思想，是出版工作的首要任务。"③ 在改革开放和社会主义现代化建设新时期，中共中央和国务院在《关于加强出版工作的决定》中再次强调了社会主义的出版工作必须要宣传马克思列宁主义。随着社会主义经济体制建设的不断推

---

① 中央宣传部. 中央宣传部关于出版工作座谈会情况和改进出版工作问题的报告 [G]// 中国出版科学研究所，中央档案馆. 中华人民共和国出版史料：12. 北京：中国书籍出版社，2009：278—279.

② 《胡乔木传》编写组. 胡乔木谈新闻出版（修订本）[M]. 北京：人民出版社，2015：423.

③ 文化部出版事业管理局. 出版事业十五年远景计划（1953—1967）[G]// 中国出版科学研究所，中央档案馆. 中华人民共和国出版史料：7. 北京：中国书籍出版社，2001：384.

进，面对西方资产阶级思潮的再度冲击和国内资产阶级自由化抬头的时代背景，党和国家重申了马克思主义经典著作出版在意识形态建设中的重要作用，为此《列宁全集》中文第 2 版的编辑出版被高度重视。进入新世纪以后，为了进一步繁荣发展哲学社会科学和进一步推进马克思主义意识形态建设，以《马克思恩格斯文集》《列宁专题文集》为代表的经典著作的编辑出版受到各界人士的称赞。

在中国特色社会主义新时代，马克思主义经典著作的编辑出版是在坚定历史自信、增强历史主动的背景下，为谱写新时代中国特色社会主义意识形态工作新华章和推进我们这个拥有九千六百多万名党员的马克思主义政党更加团结统一的重要工作。为此，为适应马克思主义中国化、时代化、大众化不断推进的形势和满足广大读者多层次阅读需求而编辑出版的"马列主义经典作家文库"在这一时期得以问世。基于出版这一传播行为在马克思主义意识形态建设中所发挥的重要作用，在人民出版社成立 100 周年之际，习近平总书记高度肯定了其出版马克思主义经典著作对推动马克思主义中国化时代化的功绩，并期望其继续赓续红色血脉，为建设社会主义文化强国作出新的更大的贡献。

整体而言，马克思主义经典著作作为一种意识形态象征形式，因其内容特点使得它在精神引导和理论指导方面有着较好的作用。在党和国家一系列的政策安排和工作部署下，马克思主义经典著作的出版已成为一种马克思主义意识形态建设的常规化和制度化实践。它在我国社会主义建设中发挥着指导思想的基础作用，这直接契合了主题出版中的第一个指导思想层次的"主题"词源。

三、政治社会化下的出版功能扩散

做好主题出版工作是全面发挥出版功能的体现，尤其是宣传真理、资政育人功能的发挥与主题出版关系极为密切，其中宣传真理的首要内容就是要宣传马列主义。① 马克思主义经典著作出版的出版功能包括两个方面：一是培育了马克思主义信仰，二是奠定了马克思主义中国化时代化新篇章的文本基础。这些出版功能为我们确立和坚持马克思主义在意识形态领域指导地位的根本制度奠定了扎实的思想基础，有助于当代中国共产党人持续推进理论创新，因此它有着毋庸置疑的重要历史贡献。

（一）马克思主义的信仰塑造

"无论是处于顺境还是逆境，我们党从未动摇对马克思主义的信仰。"② 党之所以能够始终坚持马克思主义信仰，与党始终坚持翻译出版马克思主义经典著作这一伟大事业有着密切关联。正是因为有了党对马克思主义经典著作的翻译出版并应用于党的建设之中，我们才能够更好地培育不同时代中国共产党人的马克思主义信仰，为其铸就政治灵魂、精神支柱和最鲜明的身份标识。

作为党的出版机构，人民出版社最初的宗旨和任务是："一面为信仰不坚定者祛除根本上的疑惑，一面和海内外同志图谋精神上的团结。"③ 作为人民出版社主导性出版物的马克思主义经典著作，在塑造马克思主义信仰和谋求实现共产主义精神上的团结中发挥着重要作用。而这一宗旨在诸多中国共产党人身上得到了具体的体现。以《共产党宣言》这一经典著作的翻译出版为例，它对毛泽东和邓小平等老一辈革命领导人的马克思主义信仰确立有着巨大的形塑作用。④ 这种因阅读马克思主义经典著作而走上革命道路的事例，在诸多革命先辈的回忆录中比比皆是。⑤

新中国成立以后，马克思主义信仰的培育成为意识形态建设中的一

---

① 周慧琳. 努力做好新形势下的主题出版工作 [J]. 出版参考，2017(1).

② 习近平. 在庆祝中国共产党成立 95 周年大会上的讲话 [N]. 人民日报，2016-07-02.

③ 人民出版社. 人民出版社通告 [J]. 新青年，1921(5).

④ 日一夫. 中共领袖与《共产党宣言》[J]. 新湘评论，2011(2).

⑤ 刘雨亭. 阅读与革命：二十世纪二十年代中共马克思主义著作经典化的发生 [J]. 中共党史研究，2019(10).

个重点工作，关系到马克思主义在意识形态领域中是否真正地处于指导地位。为此，作为马克思主义意识形态政治社会化媒介载体的马克思主义经典著作的出版与阅读学习备受党中央重视。所以无论是全党全军的整风运动，还是高级干部学习马恩列斯著作活动，乃至当下基层党组织的日常学习，马克思主义经典著作都是必备的文献，它们成为中国共产党人的精神食粮，培育了不同时代中国共产党人的马克思主义信仰。在马克思主义理论的指引下，中国共产党人能够更加坚定自信地运用马克思主义的立场、观点、方法去看待社会现象和解决实际问题，并自觉地以马克思主义去驳斥各种资本主义思想和抵制"和平演变"，从而巩固马克思主义在意识形态领域的指导地位。

（二）马克思主义中国化时代化的文献基础

马克思主义只有与中国的具体实践和时代背景相结合才能更好地指导当下的中国问题，因此马克思主义中国化、大众化、时代化一直是党在积极推进的重要事业。马克思主义中国化的核心基础是马克思主义经典著作的出版流通，它为推进马克思主义中国化提供了文献基础。只有在吃透这些经典著作的基础上才能推进具有中国特色的马克思主义理论创新。马克思主义经典著作的出版流通在各个时期都激发了中国马克思主义者的灵感，让他们创作出具有中国特色的马克思主义文本。在毛泽东著作中对马克思主义经典著作的引用比比皆是，但又并非简单地套用。邓小平在研读《列宁全集》时，深受列宁关于经济建设著述的影响，推进了中国的社会主义经济体制改革。习近平在青年时期就认真阅读了《资本论》并且为此做了详细的读书笔记，在工作之余一直长期坚持阅读马克思主义经典著作，真正做到了"把读马克思主义经典、悟马克思主义原理当作一种生活习惯、当作一种精神追求，用经典涵养正气、淬炼思想、升华境界、指导实践"①。而这也促进了他将马克思主义中国化，提出习近平新时代中国特色社会主义思想，并发展成为 21 世纪的马克思主义。

四、主题出版特征的外显

主题出版在实践过程中具有公益性、互动性、多元性、时效性、主体性、导向性等特征。②作为意识形态象征形式的马克思主义经典著作，除了其政治传播属性下的出版任务及社会功能与主题出版有着内在的同一性外，在其出版实践中的公益性导向和时间节点性也与主题出版实践有着较好的同一性。

（一）出版的公益性导向

马克思主义经典著作的出版实践并非为出版而出版，而是为社会主义服务而出版。在新中国成立以前，马克思主义经典著作的翻译出版是为了中国共产党的建设和宣传服务，因此在南京国民政府主导的宣传话语体系中充斥着各种负面评价并被其图书审查政策所不容、屡遭查禁。新中国成立以后，中国共产党成为执政党，马克思主义经典著作的出版与阅读学习被视为是意识形态建设的有效方式，其出版的合法性和必要性在为社会主义建设服务中得到了阐释。党借助马克思主义经典著作的出版和学习批判了"封建主义思想""资产阶级唯心主义思想"，抵御了资产阶级自由化等反马克思主义思想侵蚀。因此马克思主义经典著作出版具有浓厚的社会主义精神文明及其意识形态建设导向性。这种导向性也决定了在出版实践中它追求的主要是社会效益而非经济效益，为此公益性成为其显著特质。

（二）出版的节点性特征

主题出版具有围绕节点性纪念活动进行出版的特性，马克思主义经典

---

① 习近平. 在纪念马克思诞辰 200 周年大会上的讲话 [N]. 人民日报，2018-05-05.
② 杨国祥. 浅谈主题出版的特征与策划 [J]. 出版广角，2013(11).

著作的出版同样具有这一特性。马克思主义经典著作的出版背景除了是为服务特定的宣传目标和学习活动外,诸多经典著作的出版还是为了纪念马克思、恩格斯、列宁、斯大林这些伟大的革命思想家。例如 1960 年是列宁诞辰 90 周年,中共中央为纪念列宁专门下发了相应的纪念办法,其中就涉及列宁著作的出版工作:一是编译出版了《列宁选集》(四卷本),二是先组织《人民日报》摘录并发表列宁关于各方面问题的言论选录文章(《列宁论党》《列宁论帝国主义》《列宁论殖民地革命》《列宁论战争与和平》《列宁论群众运动》《列宁论不断革命》《列宁论无产阶级革命和无产阶级专政》《列宁论反对修正主义》),每种三四万字,然后由人民出版社进行单行本小册子的出版。[①]值得注意的是,中央外事小组还就纪念列宁的 6 本小册子(《列宁论无产阶级革命和无产阶级专政》《列宁论战争与和平》《列宁论新型的革命的无产阶级政党》《列宁论帝国主义是无产阶级社会主义革命的前夜》《列宁反对修正主义》《列宁论民族解放运动》)的外文版出版请示了中央,最终获批并"拟按照《列宁主义万岁》外文版的文种出版俄、英、法、德、日和西班牙文等六种外文版"[②]。

另外在 1972 年 5 月 5 日马克思诞辰之际,中央编译局和人民出版社重新编选出版了《马克思恩格斯选集》。1998 年正值《共产党宣言》发表 150 周年,为此中央编译出版社出版了《共产党宣言》的纪念版和珍藏版。2018 年 5 月正值马克思诞辰 200 周年,中央编译局和人民出版社出版了"纪念马克思诞辰 200 周年马克思恩格斯著作特辑"。2020 年正值列宁诞辰 150 周年,人民出版社专门组织出版了"纪念列宁诞辰 150 周年列宁著作特辑"。这种具有节点性的专题纪念出版实践本身就是一种典型的主题

---

① 中共中央. 中央关于纪念列宁诞生九十周年几项工作的通知 [G]// 中共中央宣传部办公厅,中央档案馆编研部. 中国共产党宣传工作文献选编:1957—1992. 北京:学习出版社,1996:188—190.
② 中国出版科学研究所,中央档案馆. 中华人民共和国出版史料:10[M]. 北京:中国书籍出版社,2005:339—340.

出版活动。

　　长期以来主题出版被视为是一种实践性概念，业界与学界对其学理性的讨论主要聚焦于时政性较强的主题出版物。马克思主义经典著作因其独特的文本特质，在其出版流通中政治传播的话语属性比较明显，在中国的政治语境中它通常被赋予较高的政治地位和象征意义。马克思主义经典著作的翻译出版行为之所以具备明显的政治传播属性，是因为它较好地满足了政治传播中的符号化过程，即"将符号化的事物纳入到一个明确的价值判断体系之中"①。一方面，作为马克思主义意识形态象征形式的马克思主义经典著作在其传播过程中本身就早已被符号化；另一方面，在党的意识形态建设实践经验中，马克思主义经典著作的出版早已成为一种常规性的实践举措。它明确地满足了主题出版在词源基础库中最为核心的"指导思想"的内涵要求。将马克思主义经典著作的出版行为界定为主题出版实践，不仅有助于我们从政治传播的视角来丰富主题出版的学理内涵，从而为推进主题出版这一概念的理论化作相应的前期准备；还有助于我们进一步深化巩固马克思主义在意识形态领域中指导地位的根本制度。

　　马克思主义是中华人民共和国的根本指导思想。习近平总书记在十九届中央政治局第五次集体学习时的讲话中强调"学习马克思主义基本理论是共产党人的必修课"，为此，在"加强对马克思主义经典著作的学习研究"时需要"加大经典著作编译力度"和"推进经典著作宣传普及"②。党的二十大报告强调了"意识形态工作是为国家立心、为民族立魂的工作"③。马克思主义经典著作的出版流通作为意识形态建设中的常规化举措，理应成为为国家立心、为民族立魂中的主体性内容。为此，

① 许静. 浅论政治传播中的符号化过程 [J]. 国际政治研究, 2004 (1).
② 习近平. 学习马克思主义基本理论是共产党人的必修课 [J]. 求是, 2019 (22).
③ 习近平. 习近平著作选读：第一卷 [M]. 北京：人民出版社, 2023: 36.

出版界需积极地通过图书出版的方式宣传系统而权威的马克思主义理论，使其成为全党全国人民共享的同一种理论资源并形成思想同心圆的合力作用，为谱写马克思主义中国化时代化的新篇章提供扎实的文本基础，推进21世纪的马克思主义不断深化发展，并切实地落实坚持马克思主义在意识形态领域指导地位的根本制度。

第十三章　主题出版与中国共产党党史出版物

习近平总书记在党史学习教育动员大会上的讲话中指出："党的历史是最生动、最有说服力的教科书。"[①]重视党史学习教育是我们党的优良传统，中国共产党成立至今，始终强调党史的总结、研究、学习与教育，自觉地将其作为主题出版工作的一项重要任务。党史出版物是主题出版的一个重要方面，它通过对党的历史进行回顾、总结、研究和传播，对于总结党的经验教训、展现党的辉煌成就、普及党史知识、传播党史文化等都具有极其重要的意义。

一、党史出版物出版状况的历史回顾

中国共产党极其重视对自身进行理论总结。在不同历史时期，党的领导机构、领导人以及党的理论工作者不断对中国共产党的经验教训进行总结、提炼，并为下一阶段的工作提供借鉴。

---

① 习近平.在党史学习教育动员大会上的讲话[J].求是，2021(7).

（一）新民主主义革命时期（1921—1949 年）

新民主主义革命时期，中国共产党在革命过程中始终站在斗争的最前线，党史出版工作在艰苦卓绝的革命斗争中前进和发展。由于军阀割据，当时的中国长期处在国民党的白色恐怖之中，中国共产党党史方面的著作往往不能公开出版，常常处于地下和半地下出版状态。中国共产党成立后不久，蔡和森作为中国共产党创建人之一和党的理论家，最早开始对党简短的历史进行回顾和总结，先后撰写《中国共产党史的发展》《党的机会主义史》《论陈独秀主义》等著作，这些著作已成为党史研究的开山之作，奠定了党史研究的基础。[①] 其中，《中国共产党史的发展》为蔡和森应莫斯科中山大学旅俄支部邀请所作的报告[②]，报告内容主要包括中国共产党产生的背景及历史使命，中国共产党从一大到四大历次会议的政治背景、会议内容及意义等。这一报告可以说是中国共产党的第一部党史著作，为研究党的早期历史提供了宝贵材料。[③] 蔡和森随后写的《党的机会主义史》从党的成立一直写到"八七会议"，重点是五卅运动后党内机会主义产生、发展和衰落的过程，集中批判了机会主义错误，指出了党内存在的种种问题，并对党的思想、制度、组织和作风建设提出了看法。该文是对《中国共产党史的发展》一文的深化。

较早对党的历史进行总结的还有党的另外两位理论家和早期领导人瞿秋白、李立三。1928 年 4 月，瞿秋白写就《中国革命与中国共产党——关于一九二五年至一九二七年中国革命的报告》，此文是为党的六大准备的书面报告，于 6 月 1 日油印小册子发予党的六大全体代表。[④] 以此为基础，瞿秋白于 6 月 20 日在党的六大上作了口头的政治报告，在书面与口头报告基础上形成《政治决议案》。在以上三个文件的基础上，瞿秋白和其他

① 王继平、李永春、王美华．蔡和森思想论稿 [M]．长沙：湖南人民出版社，2003：313.
② 蔡和森．蔡和森文集（下）[M]．北京：人民出版社，2013：857.
③ 李永春．蔡和森年谱 [M]．湘潭：湘潭大学出版社，2008：213.
④ 刘小中、丁言模．瞿秋白年谱详编 [M]．北京：中央文献出版社，2008：271.

同志一起写成五万字左右的通俗政治读物《中国革命和中国共产党》，由中央出版局印行。[①] 随后，瞿秋白写成《中国共产党历史概论》，这是其1929 年 12 月至 1930 年 6 月在莫斯科列宁学院、中国劳动者共产主义大学讲授中国共产党党史时使用的大纲。[②] 大纲共有十二讲，系统地论述中国共产党诞生的历史背景与客观条件、中国的经济发展与社会阶级的变化发展、中国共产党的产生及意义等内容，将 1929 年底之前的中国共产党历史分为九个阶段，每个阶段包括历史背景、革命形势、党的会议及路线、方针、政策等。《中国共产党历史概论》虽是一份残缺的大纲，但作为党史专题研究的重要成果，是对党史全面化、体系化的反映。[③] 1930 年2 月，李立三发表了《党史报告》。[④] 该报告论述了中国共产党产生的客观条件和历史必然性，探讨了中国共产党发展的历史脉络，总结了中国共产党早期革命斗争的经验教训。

为总结革命斗争中的经验教训以指导中国革命，这一时期中国共产党革命史著作成为党史出版的重要组成部分。党的理论家们在这方面作出了大量工作，主要包括恽代英《中国民族革命运动史》、张闻天《中国现代革命运动史》、华岗《一九二五年至一九二七年的中国大革命史》（以下简称《中国大革命史》）、《中国民族解放运动史》、王稼祥《中国共产党与革命战争》《中国共产党与中国民族解放的道路》、王若飞《关于大革命时期的中国共产党》等。其中《中国民族解放运动史》《中国现代革命运动史》两部著作影响较大，在解放区甚至在国统区都广泛流行。[⑤]《中国大革命史》由华岗在第一次大革命失败后不久写成，并于 1931 年 7 月由上海春耕书局第一次出版。该书详细论述第一次大革命的兴起、高潮

① 周一平 . 瞿秋白与中共党史研究 [M]. 北京：社会科学文献出版社，2014：265—268.
② 刘小中，丁言模 . 瞿秋白年谱详编 [M]. 北京：中央文献出版社，2008：323.
③ 周一平 . 瞿秋白与中共党史研究 [M]. 北京：社会科学文献出版社，2014：324.
④ 中央档案馆 . 中共党史报告选编 [G]. 北京：中共中央党校出版社，1982：204.
⑤ 桂遵义 . 马克思主义史学在中国 [M]. 济南：山东人民出版社，1992：413.

到失败的全过程，对中国社会的性质、社会经济基础以及大革命的动力、对象、任务、意义、经验与教训进行全面阐述，总结中国共产党在大革命时期的各方面工作及其路线、方针、政策。该书在当时被认为是"对中国史研究极有价值的著作"。①《中国民族解放运动史》由《中国大革命史》改编扩充而成，于 1940 年 8 月由上海鸡鸣书店出版。该书联系抗日战争实际，从鸦片战争开始，总结了中国近代史历次反帝反封建的革命斗争经验教训，指明了争取抗战胜利的道路。该书在解放区许多地方作为中等学校暂定的中国近代史读本，大量发行。②1937 年 12 月，张闻天主编的《中国现代革命运动史》在延安出版发行，署名为中国现代史研究委员会编著、出版（该书在 1987 年由中国人民大学出版社再次出版，署名恢复为张闻天主编）。该书出版不久便在上海、武汉等地相继翻印，全国发行。中国共产党在各抗日根据地的各类院校一般以此为教材或蓝本。直至 1949 年 10 月前，解放区各干部学校都以此书为课本。从抗日战争到解放战争，先后出版十多个版本，印行 20 次以上。③该书从太平天国运动到第一次国内革命战争时期共分为七讲，每一讲都将革命运动置于当时的社会历史背景下阐述其产生、发展及后果，并对历次革命运动的失败原因与经验教训进行总结。胡华称这本书为"我党历史上第一本正式出版的这方面的教本"。④

延安时期，全党范围内有计划、有组织地开展理论学习运动，加强党的建设。《中国革命和中国共产党》就是为了适应学习运动的需要，由毛泽东及其他同志编写的党内教育的教材。该书于 1940 年在党内刊物《共产党人》上发表，随后出版单行本，在抗日战争及抗战胜利后发挥了重要

---

① 向阳 . 华岗传 [M]. 杭州：浙江人民出版社，1993：92.
② 向阳 . 华岗传 [M]. 杭州：浙江人民出版社，1993：147.
③ 程中原 . 张闻天传 [M]. 北京：当代中国出版社，2000：509—510.
④ 张闻天 . 中国现代革命运动史 [M]. 北京：中国人民大学出版社，1987：419.

的革命动员和教育作用。[①]《改造我们的学习》《整顿党的作风》《反对党八股》是毛泽东关于整风运动的基本著作，这些著作从思想上反对主观主义、宗派主义、党八股，树立马克思主义的作风。1942 年，毛泽东在中共中央学习组作了《如何研究中共党史》的讲话，提出将整个党的发展过程作为研究对象，以全面的、历史的方法解决中国的实际问题。这篇报告作为中共党史研究理论与方法问题的重要著作，对党史学习与研究有重要指导意义。1945 年 4 月 20 日党的扩大的六届七中全会通过了《关于若干历史问题的决议》，总结了建党以来特别是六届四中全会至遵义会议前党的历史经验与教训，高度评价了毛泽东运用马克思列宁主义基本原理解决中国革命问题的杰出贡献，肯定了确立毛泽东在全党的领导地位的重大意义，全面阐述了历次"左"倾错误的表现及其产生根源与严重危害。该决议是党的历史上第一次对自己的重大历史问题作出系统的总结并形成统一的认识，成为研究新民主主义革命时期党史的重要文献。

除上述党史方面的文献外，中国共产党还做了大量党史资料的整理与出版工作。早在 1926 年 5 月，中国共产党通过向导周报社出版第一部党史文献集《中国共产党五年来之政治主张》。[②] 延安整风运动开始后，全党掀起学习党史的高潮，为给整风运动提供学习和研究问题的材料，党中央组织编写了中共中央文件汇编《六大以来》《六大以前》[③]，分别于 1941 年 12 月和 1942 年 10 月在延安出版。此后，中央书记处在以上两本书基础上选编《两条路线》，于 1943 年 10 月出版。[④] 以上三部文献集为学习和研究新民主主义革命时期中国共产党党史提供了十分珍贵的原始

---

① 欧阳军喜 .《中国革命和中国共产党》导读 [M]. 北京：中国民主法制出版社，2017：2，112.

② 郝瑞庭 . 简论延安时期的党史文献整理工作 [J]. 延安大学学报（社会科学版），1988(2)：39—44.

③ 徐光春 . 马克思主义大辞典 [M]. 武汉：崇文书局，2018：967.

④ 毛泽东思想研究协同创新中心，全国毛泽东哲学思想研究会 . 思想·道路·制度：毛泽东与当代中国（上卷）[M]. 湘潭：湘潭大学出版社，2014：705.

资料。

这一时期，苏联出版了一些有关中国共产党党史的著述和资料。为纪念中国共产党成立 15 周年，共产国际筹划和实施一系列纪念活动，其中包括出版总结中国共产党党史的小册子，如米夫撰写的《英勇奋斗的 15 年》于 1936 年以俄、中、英等文字出版，1936 年在莫斯科出版的《烈士传（第一辑）》《中国人民的英雄》《中国人民的三位英雄》等。[①] 这些图书虽然不是在国内出版，但由于共产国际对中国共产党的特殊作用，这些出版物在中国共产党尤其是在党的领导人中也产生了很大影响。

（二）社会主义革命和建设时期（1949—1978 年）

中华人民共和国成立后，我国实现从新民主主义社会到社会主义社会的历史转变，开始对社会主义建设道路进行艰辛探索。中国共产党成为执政党，为党史研究与出版工作创造了前所未有的条件，党史研究向规模化和体系化发展，党史出版物开始大量公开出版。

这一时期产生了一批极具影响力的中国党史通史型著作，包括胡乔木《中国共产党的三十年》、学习杂志初级版资料室编《中国共产党简史》、刘祖春《中国共产党简史》、缪楚黄《中国共产党简要历史》、黄河《中国共产党三十五年简史》、王实等《中国共产党历史简编》、徐元冬等《中国共产党历史讲话》等。其中胡乔木创作的《中国共产党的三十年》于 1951 年 6 月 22 日发表于《人民日报》，并由人民出版社出版单行本，这是一本在 20 世纪五六十年代发行量最大的中国共产党党史研究著作。《中国共产党的三十年》是叙述和总结中国共产党 30 年历史的第一本简明党史，确定了中共党史的框架和研究方向，成为中国共产党党史的范本，以后的党史教材和著作无不受其影响。[②] 该书通过对中国共产党的历史及成

① 王松堂，陈金龙. 共产国际与中共建党纪念活动的发端 [N]. 光明日报，2011-04-27(11).

② 田子渝，曾成贵. 八十年来中共党史研究 [M]. 武汉：湖北人民出版社，2001: 12.

立背景、重要发展阶段等重大问题的介绍，系统阐述毛泽东思想发展的历史脉络，宣传中国共产党成立 30 年来的发展脉络与取得的巨大成就，总结革命斗争经验教训，宣传新中国的各项方针政策。《中国共产党的三十年》出版后立即成为广大党员和各级干部的学习读本，并在海外传播，至1962 年 5 月，人民出版社已重印 28 次，印数达 212 万余册。[①]

中国革命史专著与教材在这一时期也大量出版，如胡华《中国新民主主义革命史》、叶蠖生《现代中国革命史话》、荣孟源《中国近百年革命史略》、何干之《中国现代革命史讲义（初稿）》、王德庆等《中国现代革命史讲话》、李新等主编《中国新民主主义革命时期通史》四卷本等。其中胡华编著的《中国新民主主义革命史》于 1950 年 3 月由新华书店出版，该书一经面世很快成为新中国各界了解中国革命和中国共产党历史的普及读本，是新中国成立以后出版的第一本中国革命史教材、中国共产党党史教材。[②] 该书从 1919 年五四运动写到 1945 年抗日战争胜利，内容包括中国共产党领导革命的功绩与作用、毛泽东的革命活动以及毛泽东思想在各个历史时期对革命的指导等。胡华于 1953 年主持编写《中国革命史讲义》，由中国人民大学出版社在 1959 年正式出版。《中国革命史讲义》继承了《中国新民主主义革命史》的叙述体例和框架，内容上进行了大量的扩充。[③] 该书从五四运动写到中华人民共和国诞生，叙述了中国共产党领导中国新民主主义革命的全过程。受教育部委托，何干之主持编写的《中国现代革命史讲义（初稿）》由高等教育出版社于 1954 年 12 月出版，成为高校内部教材。该教材于 1957 年 6 月和 1958 年 2 月由高等教育出版社分上下两册出版，改名《中国现代革命史》。[④] 该教材以五四运动为中国共产主义运动兴起的起点，一直写到 1956 年 6 月社会主义改造基本

① 周一平. 中共党史史学史 [M]. 兰州：甘肃人民出版社，2001：123.
② 周一平. 中共党史史学史 [M]. 兰州：甘肃人民出版社，2001：154.
③ 刘涓迅. 革命史学家胡华 [M]. 北京：当代中国出版社，2011：135.
④ 周一平. 中共党史研究七十年 [M]. 长沙：湖南出版社，1991：259.

结束,全面反映中国革命面貌,并通过总结中国革命的经验教训为现实斗争服务。

这一时期,党史资料工作的建设全面开始,如20世纪50年代中宣部内部发行的《党史资料》20册、人民出版社1951年出版的《土地改革重要文献汇集》、中共中央办公厅1952年再版的《六大以前》《六大以来》、人民出版社1957年内部发行的《中共党史教学参考资料》等,为党史研究积累了扎实的原始资料。

1966年至1976年,党史出版工作遭受严重破坏。这一时期公开出版发行的党史题材出版物极少,只有极少数图书出版与发行,如《学习中共党史参考提纲》《中国共产党历史讲义》等,这些著作以路线斗争史代替中国共产党党史,虚构历史事实,以偏概全[①],给党史研究和出版事业带来消极影响。

(三)改革开放和社会主义现代化建设新时期(1978—2012年)

党的十一届三中全会开启了我国改革开放和社会主义现代化建设新时期。随着党的解放思想、实事求是的思想路线的重新确立,党史出版物取得突破性进展,达到前所未有的繁荣,党史通史、党史专史、党史人物传记、党史资料整理等类型的出版物大量出版,呈现百花齐放的局面。

这一时期党史通史著作大量出版发行,包括中共中央党校《中国共产党史稿》、李践为主编《中国共产党历史》、胡绳主编《中国共产党的七十年》、刘孝良主编《中国共产党史》、沙健孙主编《中国共产党通史》、中共中央党史研究室《中国共产党历史(上卷)》、郑惠等主编《中国共产党通志》、盖军主编《中国共产党80年历史简编》、中共中央党史研究室编著《中国共产党简史》、沙健孙主编《中国共产党史稿(1921—1949)》、中共中央党史研究室《中国共产党历史(第一卷)》《中国共产党历史(第

---

① 田子渝,曾成贵.八十年来中共党史研究 [M].武汉:湖北人民出版社,2001:12.

二卷）》和解放军政治学院中共党史教研室《中共党史讲话》（军内发行）等。1981 年党的十一届六中全会通过的《关于建国以来党的若干历史问题的决议》（以下简称《决议》），对新中国成立以来党的重大历史问题作出全面、科学、客观的评价，成为中国共产党总结自身历史的经典文献，《中国共产党的七十年》和《中国共产党历史（上卷）》等著作都遵循了《决议》的论断和评价口径。胡绳主编的《中国共产党的七十年》由中共中央党史研究室集体撰述，于 1991 年 8 月由中共党史出版社出版。该书对中国共产党 70 年来的历史道路和经验教训进行了全面深入的总结，并对社会主义时期的中国共产党党史分期、关于国民党的论述、社会主义时期的失误问题等提出许多新观点和新论断。胡乔木称之为"大家盼望已久的一部中等篇幅的内容比较完善而完整的党史"①。沙健孙主编的《中国共产党通史》是一部五卷本的党史著作，约请中共中央文献研究室、北京大学、中国人民大学等 10 个单位的专家学者合作撰写，由湖南教育出版社于 2000 年出齐。该书共分五卷，主要叙述中国共产党创建时期、大革命时期、土地革命战争时期、抗日战争时期、解放战争时期的历史。在五卷本《中国共产党通史》的基础上增补、修改、校订而成的《中国共产党史稿（1921—1949）》于 2006 年 10 月由中央文献出版社出版，集中展现了新民主主义革命时期党史研究的最新成果。由中共中央党史研究室编写的《中国共产党历史》是党史界和党员干部群众瞩目的重大工程。《中国共产党历史（第一卷）》是在 1991 年出版的《中国共产党历史（上卷）》基础上修订而成，2002 年由中共党史出版社出版，记述中国共产党领导中国新民主主义革命的历史。《中国共产党历史（第二卷）》于 2011 年 1 月出版发行，同时《中国共产党历史（第一卷）》校订重印。第二卷记述中国共产党从中华人民共和国成立到党的十一届三中全会召开的历史。

---

① 中共中央党史研究室. 中国共产党的七十年 [M]. 北京：中共党史出版社，1991: 1.

这一时期党史专门史出版呈现生机勃勃的局面，在党建史、思想史、经济史、文化史、外交史等领域均取得令人瞩目的成绩。在党建史方面，出版了中共中央党校党建教研室编《中国共产党党的建设大事记》、陈至立主编《中国共产党建设史》、杨钦良《中国共产党建设简史》、吴传煌等《中国共产党廉政建设史》、刘晶芳主编《中国共产党优良作风建设史》、高新民等主编《中国共产党建设史》、陈挥等《中国共产党反腐倡廉建设史》等；在思想史方面，出版了张静如主编《中国共产党思想史》、刘华清《中国共产党执政思想史》、张启华等《中国共产党思想理论发展史》、张静如等《十一届三中全会以来中国共产党思想史》等；在经济史方面，出版了顾龙生主编《中国共产党经济思想发展史》、刘勉玉主编《中国共产党经济政策发展史》、赵凌云主编《中国共产党经济工作史》、张雷声等主编《中国共产党经济思想史》等；在统一战线史方面，出版了胡之信主编《中国共产党统一战线史：1921—1987》、王邦佐主编《中国共产党统一战线史》、顾行超《中国共产党统一战线思想史》等；其他专题如《中国共产党土地政策演变史》《中国共产党机关发展史》《中国共产党宣传史》《中国共产党创建史》《国共关系史》《中国共产党文化思想史研究》《感悟当代中国外交——中共领导集体处理国际关系的外交智慧（1949—2008）》等也纷纷问世。

党史人物传记出版成果丰硕，对党史人物研究起到积极的推动作用，也从一个重要方面充实与丰富了党的历史。毛泽东、周恩来、刘少奇、朱德、邓小平、陈云等党的领导人以及李大钊、陈独秀、瞿秋白、蔡和森、恽代英、邓中夏、李立三、张闻天、王稼祥等重要党史人物的传记相继出版。这一时期最突出的成果首推《中共党史人物传》。1979年中共党史人物研究会决定编写多卷本传记丛书《中共党史人物传》。1980年5月《中共党史人物传》（第一卷）出版，至1991年6月《中共党史人物传》前50卷出齐。2017年《中共党史人物传》（1—89卷）由中国人民大学出版社修订再版，共编入千余位著名中国共产党党史人物的传记，构成了第一部纪传体中国共产党党史，堪称中国共产党党史人物传记方面里程碑式的大型工程。中共党史人物研究会还与解放军政治部联合出版《中国人民解放军高级将领传》，与民族出版社联合出版《中共党史少数民族人物传》等。

断代史方面，对党史不同时期均做了翔实、深入的探讨，各个历史时期都有力作问世。李新等的《中国新民主主义革命史长编》由上海人民出版社于1997年9月出齐12卷，将新民主主义革命分为12个阶段进行论述，是一部资料极为丰富的中国革命史著作。该书在2001年修订增补时改为《中国新民主革命通史》。龚古今等主编的《中国抗日战争史稿》于1984年由湖北人民出版社出版，从军事和政治方面详尽记述"九一八"事变到抗日战争胜利的历史，是我国比较系统地论述抗日战争史的第一部专著。[①]军事科学院军事历史研究部编写的《中国抗日战争史》三卷本于1994年出齐，该书出版后受到社会各方面的关注与好评，荣获第二届国家图书奖、首届国家社会科学基金项目优秀成果一等奖、全军军事科研成果奖等，成为研究抗日战争史的经典著作，并于2015年再次出版。[②]军事科学院军事历史研究部编著的《中国人民解放军全国解放战争史》五卷本由军事科学出版社于1997年出齐。该书按照全国解放战争过渡、战略防御、战略进攻、战略决战、战略追击五个阶段编为五卷，是一部系统反映全国解放战争史的大型史著。[③]中共中央党史研究室第三研究部撰写的《中国改革开放史》《中国改革开放30年》由辽宁人民出版社分别于2002年、2008年出版。柳建辉、曹普编写的《中国改革开放30年史（1978—2008）》于2008年由青岛出版社出版。

---

① 王建辉.《中国抗日战争史稿》评介 [J]. 世界历史，1985(8).

② 军事科学院军事历史研究部 . 中国抗日战争史：上卷 [M]. 北京：解放军出版社，2015：再版说明 .

③ 江英 . 系统反映全国解放战争史的学术力作——评五卷本《中国人民解放军全国解放战争史》[J]. 军事历史研究，1999(2).

党的十一届三中全会后，随着历史档案的陆续开放，停滞了十余年的中国共产党史料整理出版以空前规模重新展开并取得了辉煌成就。中国人民解放军政治学院党史教研室编辑的《中共党史参考资料》由人民出版社于 1979 年出版 11 册，后根据新收集的重要史料续编 7 册，该书在当时被认为是新中国成立以来"规模最大的党史资料书籍"。[①] 中央档案馆编辑的《中共中央文件选集（1921—1949）》全套书共 18 册，收录 1921 年至 1949 年中共中央发布的重要文件，由中央党校出版社于 1989 年至 1992 年陆续公开出版。随后，延安整风时期选编的《六大以前》《六大以来》分别于 1980 年和 1981 年由人民出版社再版。中共中央文献研究室编辑的《建国以来重要文献选编》由中央文献出版社于 1992 年 5 月至 1998 年 5 月出版，2011 年再版，是第一部系统公布新中国成立十七年以来党和国家重大决策的重要文献。[②] 中共中央文献研究室编辑的《改革开放三十年重要文献选编》于 2008 年由中央文献出版社出版发行，收录从 1978 年 12 月至 2008 年 10 月的重要文献共 232 篇。

（四）中国特色社会主义迈进新时代（2012 年以来）

党的十八大开启中国特色社会主义新时代。立足新时代的中国，以习近平同志为核心的党中央对党史工作作出新的全面部署，党史出版呈现出欣欣向荣之势，体现出鲜明的时代感。

新时代以来，党史通史方面取得显著进展，包括中共中央党史研究室编写的《中国共产党的九十年》、中央宣传部组织并由中央党史和文献研究院等编写的《中国共产党简史》、李忠杰《中国共产党历史通览》等。2010 年 7 月，习近平总书记提出编写《中国共产党的九十年》的任务。该书由中共中央党史研究室历时六年编写完成，叙述和反映 1921 年至 2012 年中国共产党的历史，2016 年 6 月由中共党史出版社、党建读物出版社

① 孟文镛，陈梅龙，张安．新编中国史学习手册 [M]．南京：南京大学出版社，1989：647．
② 徐光春．马克思主义大辞典 [M]．武汉：崇文书局，2018：968．

出版发行。该书是迄今为止国内公开出版物中，撰写中国共产党历史时间跨度最长、内容最为系统完整的一部党史通史基本著作。①《中国共产党简史》是按照党中央部署，为配合全党开展党史学习教育编写的党史简明读本，2021年2月由人民出版社、中共党史出版社联合出版。该书记录了一百年来中国共产党团结带领人民进行革命、建设、改革的光辉历程，是全党特别是基层党员干部学习党史的重要读物。

在专门史和断代史方面，取得了新成果。在专门史方面，出版了何一成等《中国共产党思想政治教育史》、孔繁轲《中国共产党文化创新史》、严运楼《中国共产党社会福利建设史》、中共中央统战部《中国共产党统一战线史》等。在断代史方面，改革开放40余年的光辉实践成为党史的重要组成部分，改革开放史研究的意义和地位愈发凸显，关于改革开放时期的著作出版取得一系列丰硕成果。《中国改革开放全景录》32卷丛书是中宣部确定的庆祝改革开放40周年重点出版物，2018年由人民出版社和全国各地方人民出版社出版。"中国改革开放40年丛书"由中国人民大学中共党史党建研究院组织编写，2018年由中共党史出版社出版。2018年，社会科学文献出版社推出"改革开放研究丛书"。2018年，中共党史出版社推出系列丛书《改革开放实录》，是了解地方改革开放史不可多得的资料书。

这一时期，党史文献出版的推陈出新进一步夯实了新时代党史研究的文献基础。第一部以专题形式编写的大型党史知识工具书《中国共产党历史系列辞典》由中国中共党史学会组织编纂，中共党史出版社、党建读物出版社于2019年出版，共收入一万余词条。2019年，中国人民大学出版社推出"中国共产党口述史"书系，包括《新中国口述史（1949—1978）》《改革开放口述史》《改革开放四十年口述史》《改革开放口述

① 曲青山. 历史就是我们的一切——写在《中国共产党的九十年》出版之际 [J]. 中共党史研究，2016(7).

史（地方卷）》，让亲身经历和见证新中国历史的老领导、老同志真实、生动、具体地再现历史，为党史国史研究提供第一手资料。

特别值得重视的是，在庆祝中国共产党成立 100 周年之际，为配合在全党开展的党史学习教育活动，中共中央党史和文献研究院编辑了习近平《论中国共产党历史》和《毛泽东 邓小平 江泽民 胡锦涛关于中国共产党历史论述摘编》，2021 年 1 月由中央文献出版社出版，这两部著作的出版为开展党史学习教育和党史研究提供了理论指南。

二、百年党史题材出版物的特征变迁

党史出版不是单纯的出版活动，而且还具有极其鲜明的政治性、政策性和时代性。应时代和形势的变迁，党史题材出版物在党的不同时期承担的作用、功能和使命也有显著变化，呈现出自身的特征。这种特征的变化可概括为五大转变。

（一）从个人作品为主向党的有关机构作品为主导、个人作品为补充转变

新民主主义革命早期，党史出版物通常以个人撰写为主，如蔡和森《中国共产党史的发展》、瞿秋白《中国共产党历史概论》、李立三《党史报告》等为向党员或干部进行宣传教育所作的报告或讲稿，一般只在党内流行。革命经历直接影响他们对党史的认识，对党的历史有切身的感性了解，且可以接触并积累第一手资料，但他们所表达的多是个人观点和认识。

迄今为止发现的中国共产党历史上最早的党史研究机构，可追溯至1929 年瞿秋白在莫斯科设立的党史研究室。① 虽然现存史料无法全面知晓这一机构的面貌，但该机构的存在足以说明早期党的领导人对党史资

---

① 叶孟魁.瞿秋白是最早的中共党史研究室创建者 [M]// 江苏省瞿秋白研究会.瞿秋白研究文丛：第 3 辑.北京：中国文联出版社，2009：43.

料征集工作的重视。随着抗日民主根据地的创建和整风运动的开展，回顾、总结、学习党史成为党内一项重要工作，党内开始将中国共产党党史资料的收集和编纂作为总结党史的一项政治活动。1942 年，中央书记处决定成立中共中央党史资料编辑委员会，开始有组织地收集党史资料。革命家个人著史的风气逐渐改变，党内集体开始对党史进行大讨论。党的扩大的六届七中全会通过的《关于若干历史问题的决议》标志着党史书写进入根据历史决议解释党史的新阶段。[①] 抗大、陕北公学、华北联大等教学机构的规模化发展，中国革命等专业课程的开设和专业队伍的逐渐形成，同样推动党史著作由个人撰写迈向集体撰写。如张闻天在抗大开设中国现代革命运动史课程并组织中国现代革命史研究会，参加者分工明确，每人写一讲并由张闻天修改定稿，最终形成《中国现代革命运动史》这一代表著作。

新中国成立初期，在中国共产党的组织发动下，全社会掀起学习和宣传党史的热潮，中国共产党的领导者重视和提倡全国各地进行党史研究。1951 年 7 月 21 日，中共中央发出《关于收集党史资料的通知》，同年 11 月在中共中央宣传部之下设立党史资料室，负责党史资料编撰和研究。1958—1960 年，中共中央号召地方编写地方党史，从而使各根据地和红军各军团、方面军的历史资料初具规模。

改革开放以来，在中共中央的主导下，党史资料和著作的出版得到党和政府高度重视和大力支持，权威的党史专门机构相继成立。1980 年 5 月，中共中央党史资料征集委员会成立，负责全面征集、整理党史资料并编辑出版党史资料丛书等。1980 年 5 月，中共中央毛泽东主席著作编辑出版委员会办公室改组为中共中央文献研究室，主要任务包括编辑出版中央主要领导人的文选和著作，编辑出版中共中央文献资料，编辑和撰写老一

---

① 耿化敏. 改革开放前中共中央编写党史教科书的设想 [J]. 中共党史研究，2014(2).

辈无产阶级革命家的年谱和传记等。1988 年 7 月，中央党史研究室成立，主要任务包括编辑和出版重要党史书刊，征集、整理和编纂重要党史资料等。2018 年，为统筹党史研究、文献编辑和著作编译资源力量，整合中央党史研究室、中央文献研究室和中央编译局，组建中央党史和文献研究院。现直属于中共中央党史和文献研究院的中共党史出版社、中央文献出版社是专门的出版机构，他们和人民出版社、党建读物出版社、学习出版社等党的出版机构一起共同担负着党史出版的艰巨任务，不断推出由党的历史和理论研究专门机构集体编写的党史出版物，这些出版物成为党史研究中的权威文献和广大党员干部群众的党史学习资料。

　　20 世纪 80 年代，由于一度出现的资产阶级自由化思潮，在个人编写的党史中出现偏离马克思主义指导的乱象。为此，出版管理部门加强了对党史出版物的管理。1988 年，新闻出版署下发几类需经专项申报的选题的通知，要求按照规定办理专项审批手续，未经申报不得出版。[①]1990 年，中宣部和新闻出版署下发通知，规定描写党和国家主要领导人的出版物观点必须符合《关于若干历史问题的决议》《关于建国以来党的若干历史问题的决议》以及中央有关文件精神，这类图书限由人民出版社、中央文献出版社、中共党史出版社、中共中央党校出版社、中国青年出版社、解放军出版社及各省、自治区、直辖市人民出版社出版，且必须报新闻出版署或其他部门专题审批。[②]出版管理部门通过加强书刊审读、专项选题审批、出版物治理整顿等措施，进一步巩固和扩大社会主义思想阵地。

　　党史出版从革命家自发地对革命发展道路的探索与宣传，到权威的专门机构坚持正确的政治方向，以高度的政治责任感和实事求是的指导思想完成党赋予的出版任务，在管理部门和出版机构对个人作品的严格

① 新闻出版署办公室. 新闻出版工作文件选编 (1988—1989)[G]. 北京：中国 ISBN 中心，1990: 204.
② 新闻出版署办公室. 新闻出版工作文件选编 (1990—1991)[G]. 北京：知识出版社，1992: 124—126.

把关下，保证了党史题材出版朝着正确的方向健康发展。

（二）从为革命斗争服务向为党的中心工作与学术研究服务并重转变

不同历史时期党的路线、方针、政策指引不同时期党史出版的定位与走向。新民主主义革命时期，党史出版的重要目的是总结革命斗争的经验教训，宣传党的路线、方针、政策，指导中国革命。

新中国成立后，党史出版强调立足社会主义实践，紧扣时代发展的主题，坚持为党和国家的大局和中心工作服务不动摇，发挥其为现实服务的实用功能，为推进党和国家工作的顺利开展提供强大的精神动力、思想保证和舆论支持。与此同时，伴随党史研究学术化的孕育与发展，党史出版追求为中心工作服务和为学术研究服务的互融互通，以实现其现实价值和学术价值的有机结合。党的十一届三中全会后，在全党和全国拨乱反正与思想解放的促动下，党史研究在坚持党史研究和出版服务于党的中心工作的同时，注重沿着学术化、科学化、规范化的路径前进，伴随着中国共产党党史理论问题的深入探讨、党史研究方法的长足进展、党史研究领域的大幅扩展、党史资料建设的全面展开，党史研究的学术性不断增强。党史学界开始对中国共产党党史学的基本框架和基本理论体系等进行讨论，《中共党史学史》《唯物史观与中共党史学》《中共党史学概论》等研究成果陆续出版，其他党史题材出版物也大多由权威的党史研究机构、出版机构和专家编撰，成为党史研究体系建设的强大推动力，中国共产党党史学成为相对独立且系统规范的学科，党史研究成为名副其实的显学。

（三）从服务于当时的现实政治斗争向服务政治斗争与提高党员思想理论水平相结合转变

中国共产党的百年史，可以说是一部伟大斗争史，因此，党史出版工作也与现实斗争紧密相连。新民主主义革命时期，中国共产党肩负通过伟大斗争赢得中国革命胜利的使命，党史出版以革命斗争为主线论述历史，以明确当时斗争所具有的历史意义并指导当时的革命运动。中国共产党在新中国成立后的社会主义革命和建设、改革开放、新时代中国特色社会主义事业,都是在伟大斗争中不断发展和壮大的,党史出版通过对不同时期党的斗争经验的总结与斗争方向、原则和策略的揭示,对全党发扬斗争精神、增强斗争本领,推进社会主义现代化强国进程具有重大指导意义。

新中国成立后,中国共产党高度重视党内的思想理论教育,将党的思想理论建设放在首位,不断开展理论宣传与教育活动,着重从思想上建党。党史作为马克思主义中国化理论创新和理论武装并行齐进的历史,党史出版工作服务于党员思想理论建设,通过对马克思主义中国化理论创新与创造历程的全面系统的考察,提高广大党员干部对马克思主义中国化既一脉相承又与时俱进的理论品质的认识。党的思想理论建设与党的现实政治斗争密切结合,为党的政治路线服务,提高了党员干部进行伟大斗争的自觉性。因此,党史出版将服务政治斗争与提高党员思想理论水平相结合,把党的中心任务与党的思想建设结合起来,密切联系党的政治斗争形势,揭示马克思主义中国化的理论威力,有效发挥党的思想理论建设的效用。

(四)从党内教育向党内教育与社会教育并重转变

新民主主义革命时期,党史出版以面向党内开展政治宣传和政治教育为主,通过回顾中国共产党党史,探索中国革命道路的正确性,指导党内干部与党员进行革命实践。特别是延安时期,党史学习教育的需要有力地促进党史的编撰和出版活动,为党员干部提供丰富的学习资料。以党内教育为主的党史题材出版物具有鲜明的斗争精神和政治凝聚作用,将革命作为中国共产党历史的主题,以严肃的政治话语分析和评判党史人物与事件,通过政治性的话语表述、单向式的灌输进行政治思想教育,革命化色彩浓厚。

新中国成立后,党史学习教育从党员干部教育逐步推向社会教育,学习群体逐步向党外扩展,面向广大群众和青少年群体,党史学习进入通俗化、普及化、大众化阶段。党史出版从面向党内开展政治宣传教育,逐渐发展为面向党内教育与向社会普及党史知识、传播党史文化并重。特别是改革开放后，伴随改革开放的不断深入，利益多元化、思想多样化，过于严肃的政治话语表达方式难以承担通俗化、大众化表达党史的功能，无法获得令人满意的传播效果。随着市场机制的引入与扩张，逐渐建立和发展充满活力的社会主义出版体制，党史题材出版物在坚持正确政治导向的基础上，以大众生活话语表达方式全方位地展现中国共产党波澜壮阔的发展历史，以适应社会教育的要求，在力求准确性的同时，尽可能用通俗易懂、生动鲜活、深入浅出的话语增加趣味性和可读性，增强吸引力和感染力。新的传播技术的不断应用加速了出版融合，如何运用新的传播技术进行多媒体、多样化、互动性的表达，成为近年党史出版的一个新动向。《不平凡的七十年》《党的历史知识简明读本》《历史的轨迹：中国共产党为什么能》《青少年学习中共党史丛书》《中共党史简明读本》《文献中的百年党史》等党史读物用贴近人民群众日常生活的叙述和话语方式，融思想性、知识性和生动性于一体，有的还采用全媒体形式表现，如上海文艺出版社以《革命者》为蓝本，用读者喜闻乐见的形式开发音频、视频等多媒体爱国主义、革命英雄主义课程，为党史学习教育提供生动的学习材料。上述出版方式的变化都是党史出版迈向通俗化、大众化、普及化道路上的有益探索，有助于党史学习教育真正入脑入心，在全党全社会凝聚广泛力量。

（五）从宏观党史向宏观与微观党史并重转变

新民主主义革命与社会主义革命和建设时期，党史题材出版物大多致力于历史事实的宏大叙事和系统分析，从整体上把握近现代中国革命与中国社会的发展规律，总结党领导中国革命和建设的成就与经验，初步确立中国共产党历史和革命史研究基本框架体系。

改革开放以来，党史题材出版物从注重宏观历史的考察到注重宏观化和微观化的统一与互补。这一时期，宏观性研究的著作出版方兴未艾，注重在长时段的历史时空中梳理发展脉络并总结整体性规律，为具体分析各方面问题提供全面性的把握。同时，党史微观化的研究异军突起，对党领导的某一领域、某一时期、某一区域的工作，中国共产党历史人物的活动，党史发展进程中某一重要事件等进行细致深刻的分析。横向来看，全面推进经济工作、文化工作、组织工作、制度建设、反腐倡廉建设、统一战线工作、对外工作等领域的专门史著作不断出版；纵向来看，党史出版致力于细致考察与分析党在某一阶段的发展面貌及重大事件，促使断代史著作呈现生机勃勃的局面。伴随从中央到地方党史资料征集和研究机构的成立，全国各省市的地方党史出版工作取得极大进展，地方通史、断代史、专门史等类别的著作相继问世。党史人物传记和年谱出版方面，人物选择从党和国家领导人以及老一辈革命家逐渐扩展到科技、文化、艺术等领域的杰出人物、为中国革命和建设作出重大贡献的党外人士等。微观化的党史研究及出版工作所挖掘和考证的局部、细节问题丰富和拓展了宏观化研究的内涵和外延，成为观照宏观历史的全新途径，扩大了党史工作范围和影响。

三、党史题材出版物的历史意义和现实价值

（一）推动马克思主义中国化的历史进程，提高了全党的政治理论水平

党的百年历程是一部不断推进马克思主义中国化、以党的创新理论成果指引中华民族伟大复兴的奋斗史。中国共产党成立初期，出于对革命经验的总结，蔡和森、瞿秋白等运用马克思主义基本原理进行党史著述，对马克思主义的宣传和学习起到重要作用，为用马克思主义武装全党打下了初步基础。延安时期，以毛泽东为代表的中国共产党人认识到将马克思主义与中国革命实践相结合的极端重要性，确立党史著述应运用中国化的马克思主义把握中国革命的规律，系统整理并编制《六大以来》《六大以前》《关于若干历史问题的决议》等重要文献，逐步确立、解释、宣

传中国化的马克思主义——毛泽东思想。这一时期，广大党员干部通过党史学习教育奠定了马克思主义理论修养，提升了党员干部的政治素养和理论水平。

新中国成立后，党史成为马克思主义中国化理论研究的重要组成部分，为促进马克思主义中国化的创造性发展提供了有力支撑。在改革开放新时期，中国共产党在马克思主义的指引下开启改革开放的伟大征程，党史出版与马克思主义中国化理论创新的联系也更为紧密，其对社会主义建设正反两方面历史经验的科学总结是中国特色社会主义理论体系形成的历史依据，对历史规律和经验的总结同现实的改革实践相结合，进一步推进马克思主义中国化，形成了马克思主义中国化的新成果——中国特色社会主义理论。新时代以来，党史出版立足大历史观的宏观视野，围绕中国特色社会主义的前途命运开启中国特色社会主义的新征程，形成了当代中国的马克思主义、21世纪的马克思主义——习近平新时代中国特色社会主义思想，把马克思主义中国化推向一个新的历史阶段。

百年党史出版全面展现马克思主义的科学性，是指导中国革命、建设和改革的强大思想武器，与此同时，马克思主义也在与中国具体实际相结合的过程中获得发展，实现历史性飞跃，并指导中国共产党运用马克思主义科学理论解决中国的实际问题。马克思主义中国化、大众化成果的大量出版，使得马克思主义理论深化至广大党员的思想深处，坚定对马克思主义的理论信仰，不断提高广大党员的政治理论水平和思想觉悟。

（二）总结党的发展过程中的经验教训，指明党在不同时期革命和建设事业的前进方向

党史题材出版物系统回顾党所处的历史背景、经历的各种严峻考验，深刻地总结了党在革命和建设时期所取得的经验，这对于巩固党的执政地位、实现党的历史使命都具有重大的现实意义。党史出版对新民主主义革命斗争历史的经验教训加以总结，特别是论述了"左"倾、右倾机会主

义、教条主义、主观主义等错误思潮给党的事业所带来的严重危害，突出论述中国共产党在中国革命斗争中的领导地位，阐发了中国革命是什么样的革命、怎样革命等科学论断，指导中国新民主主义革命走向胜利；对社会主义革命和建设进行艰辛探索中的成就与挫折进行深刻总结，特别是对新中国成立以来党的重大历史事件进行客观评价，反思长期以来"左"倾错误的严重危害，推动实事求是思想路线的重新确立和工作重点的转移；围绕建设中国特色社会主义的全部理论发展与现实实践作出深刻阐释，对社会主义建设的发展道路、发展阶段、发展规律等进行梳理与探讨，推动新时代党对中国特色社会主义的继承与探索。

党史出版还对什么是马克思主义、怎么坚持马克思主义，什么是社会主义、我们要建设什么样的社会主义，建设什么样的党、怎样建设党，实现什么样的发展、怎样实现发展，新时代坚持和发展什么样的中国特色社会主义、怎样坚持和发展中国特色社会主义等一系列对于党和国家带有根本意义的重大理论问题加以阐释说明，阐述了其产生的历史背景、思想体系、主要观点、思想传承以及重大历史意义等，将党的发展过程与党的指导思想的确立过程有机联系起来，体现了党所形成的毛泽东思想、邓小平理论、"三个代表"重要思想、科学发展观以及习近平新时代中国特色社会主义思想既一脉相承又与时俱进、不断创新和发展。

党史出版从马克思主义的立场、观点和方法出发对成功经验和历史教训的吸取与总结，从胜利中把握发展方向，从失误中吸取教训，有助于在全党形成勇于坚持真理、敢于纠正错误的风气，对不同时期党的路线、方针、政策的制定具有鲜明的指导意义，对研究和解决中国的现实问题起到启示作用。

（三）客观展示党领导中国人民革命和建设所取得的辉煌成就，使"没有共产党就没有新中国"的理念深入人心

党史题材出版物全景式记述中国从危亡走向复兴，党带领人民由苦

难走向幸福的百年奋斗征程，从领导人民群众完成新民主主义革命的救国大业、社会主义建设探索的兴国大业、改革开放和现代化建设的富国大业到开创新时代中国特色社会主义的强国大业，勾勒中国共产党带领中国人民实现从站起来、富起来到强起来伟大飞跃的不朽功绩。深刻揭示了中国共产党自成立以来就将实现中华民族伟大复兴的历史使命扛在肩上，在不断自我净化、自我完善、自我革新、自我提高中成为领导中国革命、建设、改革事业的核心力量；中国共产党正确把握社会历史发展规律，深刻地改变国家民族前途命运，谋求中国人民福祉，成为中华民族伟大复兴的引领者和践行者；中国共产党在长期斗争考验中始终同人民群众密切联系在一起，代表全体人民的共同利益和整体意志，成为团结和带领全体人民为伟大事业奋斗的根本保证。使得"没有共产党就没有新中国、没有共产党就没有中国特色社会主义"的理念深入人心，充分昭示是历史和人民选择中国共产党领导中华民族伟大复兴的事业，只有中国共产党才能领导人民实现民族独立和人民解放，只有中国共产党才能领导人民开创和建设中国特色社会主义的道路。

（四）普及党史知识，传播党史文化，对于增强中国共产党与人民群众的血肉联系具有积极意义

党史题材出版物通过对党史进行系统和完整的综合、提炼与解读，为推动党史知识的普及提供了重要的资料支持，有助于广大干部群众更加全面准确地把握党的历史及其发展规律。党史出版是传播党和人民伟大斗争中孕育的革命文化和社会主义先进文化的重要载体和有效手段，有助于深刻理解中国共产党对创造党史文化作出的历史性贡献，为进一步增强党的文化自信提供强大精神动力。为中国人民谋幸福、为中华民族谋复兴是中国共产党成立以来奋斗不息的生动写照，党史出版从党史知识和党史文化中汲取营养和力量，阐述和强调了中国共产党人初心和使命的重要性，彰显和深化中国共产党人对初心和使命的认识和精神传承，有

利于全党坚持人民至上的政治立场和以人民为中心的发展思想,将带领人民创造幸福、实现中华民族伟大复兴作为党始终不渝的目标,一步一步将为崇高目标奋斗的伟大实践向前推进。党史出版依托党史知识和党史文化的普及和传播,诠释了党和人民群众的血肉联系是党领导中国革命、建设和改革的制胜法宝,有利于全党将群众路线根植于思想深处,密切联系群众,充分发挥广大人民群众的积极性、主动性、创造性,同心同德战胜前进路上的各种困难和风险挑战。

党史出版自始至终紧紧围绕党的中心工作,坚持马克思主义的立场、观点、方法,全面记载和反映中国共产党百年峥嵘岁月和风雨历程,推动马克思主义中国化的历史进程,总结历史经验教训和发展规律,在不懈奋斗中始终坚持同人民群众血肉联系。进入新时代,中国特色社会主义伟大事业的实践与习近平新时代中国特色社会主义思想的指引,为党史出版开辟更广阔的发展空间,党史题材出版将会发挥更大的作用,不断提升党史研究质量,增强党史宣传教育效果,为伟大事业和伟大工程贡献自己的力量。

第十四章 做强做优，实现主题出版高质量发展

国家新闻出版署发布《出版业"十四五"时期发展规划》（以下简称"十四五"规划），出版业发展规划历史上第一次将"做强做优主题出版"作为专节进行论述，并置于纲领性的第一部分之后，充分体现了党和政府对主题出版工作的高度重视。

"十四五"规划在第一部分"深刻把握出版业发展新任务新要求"、第五部分"促进印刷产业提质增效"、第六部分"加强出版公共服务体系建设"、第七部分"健全现代出版市场体系"和第十部分"完善出版业高质量发展保障措施"中均有直接和主题出版相关的内容。[①]"十四五"规划吸收多年来主题出版的经验，也对主题出版下一步工作提供了方向指引和发展蓝图。

一、出版业"十四五"规划涉主题出版的主要内容

"十四五"规划是 2018 年中共中央宣传部统一管理新闻出版工作后

---

① 国家新闻出版署. 出版业"十四五"时期发展规划 [J]. 中国出版，2022(3).

发布的第一份出版业发展规划，对主题出版给予了充分关注和高度重视，并作出了较为系统全面的部署，体现了对出版业未来发展的指导作用。"十四五"规划在主题出版方面的突出特征包括：

（一）主题出版的地位更加突出

"十四五"规划的一个突出特点就是将主题出版提升到一个新的高度，其具体表现为相关内容分布广泛，篇幅大量增加，而且将主要内容单独成节，置于重要位置。从整体分布上看，"十四五"规划共11部分，其中有6个部分涉及主题出版内容，包括主题出版在出版业发展新任务新要求中的定位和角色，如何做强做优主题出版，主题出版的印刷工作保障，主题阅读、主题出版市场主体建设，主题出版资金投入等多个方面，可谓全方位、立体化，并且"做强做优主题出版"作为单独一节置于第二部分，与其他十部分并列，突出了主题出版高质量发展在"十四五"期间我国出版业发展中的重要地位，也是"十四五"规划的一个突出亮点。

（二）主题出版的内容体系更加全面

"十四五"规划吸收了最近数年主题出版实践中发生的新变化，主题出版的内容体系更加全面，例如主题出版的选题范围不仅涉及对习近平新时代中国特色社会主义思想学理化、学术化阐释和大众化传播，还包括重大主题出版作品和弘扬中华民族精神作品的出版传播等；在宣传推广上强调兼顾线下和线上两个渠道、国内和国际两个市场，形成更加立体、全面的传播格局；在组织引导机制上则进一步强化了对主题出版选题策划和结构、出版物内容把关和质量管理。

（三）主题出版的发展质量更受重视

"十四五"规划中使用了"做强做优主题出版"这一表述，不仅契合当前对出版业高质量发展的客观要求，也直面主题出版所面对的挑战。主题出版在"十四五"规划中占据显要位置，从一个侧面反映出主题出版选题数量、品种印数、发行量和社会影响力等方面在中国出版业中举足轻重的地位。据统计，"质量"一词在"十四五"规划中共出现了 43 次，其中直接涉主题出版内容的为 6 次。从这层意义上说，主题出版作为中国出版业具有引领示范作用的板块，必须把高质量发展作为重要目标，转变发展理念，从而为中国出版业高质量发展提供强有力的支撑，进而推动社会主义文化强国和出版强国建设。

（四）主题出版的保障措施更加到位

在具体措施方面，"十四五"规划除了从内容、营销和管理方面加强对主题出版的组织引导，还致力于从保障措施方面为主题出版高质量发展提供更多支撑，包括：提高重大主题出版物的印刷保障能力，确保供给上的及时充分；着力推进主题出版阅读，增加主题读物市场需求；打造主题出版发布交流平台，壮大主题出版市场主体力量；优化资金投入机制，提高国家出版基金资助力度和精准度，加大对主题出版的支持力度等。这些保障措施从印刷保障、阅读活动、平台建设和资金支持方面构筑了针对主题出版更加丰富的保障体系。

二、主题出版取得的成就和面临的挑战

（一）主题出版成就显著

党的十八大以来，我国主题出版取得的成绩有目共睹，不仅规模上有重大突破，在品质和影响力方面也有提升，产生了一批叫好又叫座，既有意思又有意义，既有深度又有温度的优秀主题出版物。《2020 年新闻出版产业分析报告》显示："我国主题图书影响力进一步彰显，其中在 52 种年度印数达到或超过 100 万册的一般图书中，主题图书占 30.8%，较 2019 年提高 6.4%。一批宣传阐释习近平新时代中国特色社会主义思想，书写脱贫攻坚、疫情防控伟大成就的主题图书表现亮眼。"[1]《2021 年新

---

① 国家新闻出版署 . 2020 年新闻出版产业分析报告 [EB/OL].https://www.nppa.gov.cn/nppa/upload/files/2021/12/910c52660b947756.pdf.

闻出版产业分析报告》指出，2021年主题图书传播力进一步提升，在年印数达到或超过100万册的图书中，主题图书占了28种，占40.6%，比2020年提高了9.8个百分点，总印数30740.1万册，提高37.2个百分点。[①]中宣部每年发布通知，就做好年度主题出版工作提出要求，为出版业主题出版的选题策划和重点提供方向上的指导。中宣部主题出版重点出版物选题遴选、国家出版基金主题出版专项资助、中国图书评论学会"中国好书"、国家图书馆文津图书奖、中国出版协会中华优秀出版物奖、中宣部"五个一工程"奖和中国出版政府奖等评选活动都对主题出版以及整个出版业起到引导作用。再加上图书市场的检验，一批或满足国家重大发展战略需要的大型学术类主题出版工程，或既有理论深度又贴合大众表达的普及型优秀主题出版物脱颖而出，如《习近平谈治国理政》《中国共产党简史》《习近平用典》《平"语"近人——习近平总书记用典》、"社会主义核心价值观体系研究"丛书、《中国文化的根本精神》《大党风范：大党就要有大党的样子》《中国崛起的世界意义》《文献中的百年党史》等解读中国模式的通俗理论读物或大众化读物，取得社会效益和经济效益的双丰收。

主题出版大量成功的案例表明当前的主题出版逐渐走出了一条多点并进、立体式开发的道路。其产品类型既有厚重的学术著作，又有耐看的大众读物；既有科学技术类著作，又有人文社科类读物；既有单本的"爆款"，又有大型丛书的地毯式覆盖。

事实上，主题出版与学术出版、大众出版、教育出版不断交叉融合，类型和题材涵盖文艺、少儿、社科、科普、古籍等领域，文体也由原来的直白叙述转向报告文学、小说、诗歌等更加鲜活多样的文体并行[②]，体现

① 国家新闻出版署. 2021年新闻出版产业分析报告 [EB/OL].https://www.nppa.gov.cn/xxgk/fdzdgknr/tjxx/202305/P020230530667517704140.pdf.
② 左志红，袁舒婕，张雪娇. 主题出版：既要接天线又要接地气 [N]. 中国新闻出版广电报，2020-12-14.

了主题出版极强的适应性和正能量的外部性，这是主题出版得以快速发展的另一种基础。

（二）主题出版面临极大挑战

在充分肯定"十三五"时期主题出版取得辉煌成绩的同时，也要客观认识主题出版高质量发展面临的挑战。因此，"十四五"规划将"做强做优主题出版"作为一项重要任务提出来，具有很强的针对性。

1. 策划含量有待进一步加强

出版是一项内容组织和传播的高超技艺，其中策划含量的高低直接决定了出版项目运作的成败。主题出版物的策划因素体现在产品规划、主题选择、作者挑选、叙述方式、载体形式、装帧设计、制作工艺、传播方式等诸多方面。尤其是在产品规划上，清晰、成体系和可持续的产品线作为一个出版单位的顶层设计，对其主题出版的发展具有引领带动效应。

目前，主题出版与高质量发展要求还有一些需要加强和完善之处，近年来中共中央宣传部发布的做好主题出版工作的年度通知中对此有过多次提醒，具体包括：在内容导向把关方面，政治方向、舆论导向、价值取向把关不严；在史料的准确性、评价的客观性方面有待加强；在选题方面，选题结构不够合理，存在重复出版、跟风出版现象；在编辑设计等方面，编校质量、装帧设计和印制质量有待提高等。[①]

2. 学术含量和专业水准有待进一步提高

《中央宣传部办公厅关于做好 2021 年主题出版工作的通知》中强调，要出版一批"有学理深度和学术厚度的理论专著"，"扎根伟大实践、经得起历史检验的理论著作"[②]，充分说明主题出版对学术含量、专业水准的要求。学术研究和出版是对事物发展规律的探索和揭示，而主题出版因

① 中宣部办公厅印发通知 明确 2021 年主题出版五方面选题重点 [EB/OL].https://www. chinaxwcb.com/info/569380.

② 中宣部办公厅印发通知 明确 2021 年主题出版五方面选题重点 [EB/OL].https://www. chinaxwcb.com/info/569380.

其特殊的地位和功能，更是要务必做到科学性和严谨性的统一，学术化和专业化不仅保证了主题出版拥有正确的政治导向和过硬的内容质量，使其更有解释力和说服力，而且可以让主题出版摆脱宣传读物的刻板形象，因此提高学术含量和专业水平是主题出版取得良好传播效果的重要基础。① 目前主题出版还存在"有数量缺质量、有'高原'缺'高峰'的现象"，与精品出版的要求还有距离。

3. 融合出版有待进一步创新

据中国互联网络信息中心发布的第 49 次《中国互联网络发展状况统计报告》显示，截至 2021 年 12 月，我国网民规模为 10.32 亿，互联网普及率达 73.0%。在网民中，即时通信（用户规模 10.07 亿）使用率为 97.5%、网络视频（用户规模 9.75 亿）使用率为 94.5%、短视频（用户规模 9.34 亿）使用率为 90.5%。我国网民使用手机上网的比例达 99.7%，手机是上网的最主要设备。② 这说明线上潜在内容消费读者数量已然非常庞大。从产品、服务到场景、渠道，国内数字技术和数字经济的发展为主题出版内容的线上传播提供了丰富的基础设施和无限可能的方式。相较于纸质出版物，数字化、融媒体式的出版形式活泼多样，可听可赏可玩，互动性和沉浸感更胜一筹，对读者有更大的吸引力，理应成为主题出版领域实现传统出版与新兴出版融合发展的重要选择。图画、短视频、直播、有声书、VR/AR、数字资源平台等传播形式已经逐渐被应用于主题出版领域，但目前应用的深度和广度都还不够充分，有待进一步开发标志性和现象级的融媒体主题出版物。融合程度不高，国内消费潜力难以被充分激活某种程度上也影响了主题出版"走出去"的效果。因此如何让出版单位突破传统纸书思维，让主题出版的内容"动起来""活起来""舞起来"，

---

① 韩建民，杜恩龙，李婷. 关于主题出版与学术出版关系的思考 [J]. 科技与出版，2019(6).
② 中国互联网络信息中心 .CNNIC 发布第 49 次《中国互联网络发展状况统计报告》[EB/OL].http://www.cnnic.cn/gywm/xwzx/rdxw/20172017_7086/202202/t20220225_71724.htm.

进而充分利用国内和国际两个市场、两种资源，仍需要进一步思考。

4. 盈利模式有待进一步突破

主题出版实现可持续的高质量发展，需要在社会效益和经济效益之间找到平衡。正如王为松、韩建民所言："主题出版物兼顾双效，这是对主题出版作者最大的奖励，也是对从事主题出版工作的出版社、编辑的最大肯定。不存在没有经济效益的社会效益，做主题出版的宗旨，就是要在市场上打下烙印，在读者中留下口碑。"[①] 产品形式和收入来源单一等，导致了主题出版产品存在盈利水平低和盈利模式单一的问题。因内容形式、产品类型等方面的局限导致市场销售无法打开局面，国家出版基金的专项扶持、中宣部的重点主题出版物选题以及地方基金的奖励等资助又面临着激烈的竞争。主题出版要想达到应有的影响力和传播力，其盈利模式有待于进一步突破。

5. 精细化管理水平有待进一步提升

主题出版市场呈现繁荣景象，选题申报数量持续维持高位，部分图书的发行量也非常大，但应客观认识到主题出版还存在"头重脚轻"的现象。为避免资源浪费和市场失灵的情况，主题出版需要更加严谨的顶层规划，更加严格的选题准入和淘汰机制。同时，就主题出版设立专门奖项应该提上议事日程。[②] 除了党政类主题出版物，传统文化类和科技类主题出版物也应该得到更多关注，对表现突出的主题出版单位和先进个人应予以重点宣传。在微观层面，出版单位内部应加强对主题出版的项目制管理，由骨干编辑及社领导、"一把手"牵头，严格进行选题把关和流程控制，同时在荣誉奖励方面适当倾斜，留住优秀主题出版策划人才。

---

① 王为松，韩建民. 主题出版的内容与作者 [J]. 出版与印刷，2021(4).
② 韩建民，李婷. 主题出版如何实现高质量发展七问 [J]. 中国出版，2021(7).

三、促进主题出版高质量发展

"十四五"规划中提出的"做强做优主题出版",其本质就是实现主题出版的高质量发展,这也是建设社会主义文化强国和出版强国的应有之义。实现主题出版的高质量发展,笔者认为,至少包含出版导向、内容质量、传播方式和发展模式等几个面向。

（一）坚持正确导向

主题出版是围绕党和国家的一些重大理论与现实问题、重大事件和重大活动而进行的出版工作。因此,坚持正确的出版导向是主题出版最鲜明的特色。在社会价值多样化、利益诉求多元化的大背景下,主题出版肩负着塑造理想信念、凝聚社会共识、宣传政策主张、弘扬社会主义核心价值观、激励人民群众昂扬向上的重要作用和功能[①],主题出版的高质量发展必须坚持正确的政治方向和舆论导向,坚持以人民为中心的工作取向,向社会传递正能量,进一步提振奋进新时代的精神力量。对主题出版既不能窄化,仅仅将之局限为政治理论类或围绕现实问题的选题,也要注意防止主题出版过度泛化。"十四五"规划中提出要"严格落实重大选题备案制度,加强选题内容审核把关,确保坚持正确政治方向、出版导向、价值取向"[②],其初衷正是源于此,这一举措也是主题出版高质量发展的重要保障。

（二）树立精品意识

新时代呼唤精品出版。习近平总书记多次强调坚定文化自信,就中国特色社会主义文化建设提出一系列重大理论观点,对宣传思想文化战线提出殷切希望。如在文艺工作座谈会上,倡导广大文艺工作者要努力创作更多无愧于时代的优秀作品;在全国宣传思想工作会议上,强调广大

---

① 周蔚华. 重新理解当代中国出版业 [J]. 出版发行研究, 2020(1).
② 国家新闻出版署. 出版业"十四五"时期发展规划 [J]. 中国出版, 2022(3).

文化文艺工作者要把提高质量作为文艺作品的生命线，用心用情用功抒写伟大时代，不断推出讴歌党、讴歌祖国、讴歌人民、讴歌英雄的精品力作。内容是出版的生命，主题出版的高质量发展离不开精品内容的生产，要做到政治性、思想性、科学性和可读性的统一。政治性是指主题出版物的内容导向要正确，这是精品出版的前提；思想性是指主题出版物要有理论创新，贡献有价值的思想；科学性是指主题出版物要坚持辩证唯物主义和历史唯物主义，摆事实、讲逻辑，揭示客观规律；可读性则强调主题出版物在表达方式上要贴近读者，坚持以人民为中心的创作导向，用人民群众喜闻乐见的方式讲故事，尤其是在深入研究基础上的大众化表达。符合上述内容特征的主题出版物才称得上是精品出版物，也才能赢得市场。在"十四五"规划中反复提及"打造一批高质量、影响大的主题出版精品""打造一批双效俱佳的主题出版精品""打造标杆性主题出版精品"等[①]，都反映了对主题出版精品出版理念的重视和强调。

（三）创新传播方式

主题出版的高质量发展还离不开传播方式上的求新求变。第十八次全国国民阅读调查成果显示，2020 年我国成年国民的数字化阅读方式（网络在线阅读、手机阅读、电子阅读器阅读、平板阅读等）的接触率为79.4%，其中手机阅读和网络在线阅读是成年国民数字化阅读的主要方式，中老年群体在数字化阅读人群中的占比较往年有所增加。0—17 周岁未成年人数字化阅读方式接触率也达到 72.3%。[②] 上述数据比往年都有不同程度提升，在可预见的未来还会继续增长。数字出版技术和内容传播媒介都在发生日新月异的变化，主题出版内容要想取得良好的传播效果应创造性地将这些工具用尽用好。近年来，习近平总书记和党中央多次强调提升

---

① 国家新闻出版署. 出版业"十四五"时期发展规划 [J]. 中国出版，2022(3).
② 国家新闻出版署. 第十八次全国国民阅读调查成果发布 [EB/OL].https://www.nppa.gov.cn/nppa/contents/280/75981.shtml.

国际传播能力，主题出版也是我们进行对外传播时最需要重视和创新的内容之一，应该寻求更好的传播方式，融媒体是主题出版"走出去"最为便捷有效的方式。因此，"十四五"规划中提出"鼓励创新表达方式和传播手段，增强主题出版物的吸引力感染力影响力"①。

（四）转变发展模式

主题出版能否实现高质量发展，"基业长青"，还有赖于建立健康、可持续的发展模式。而这一模式的本质就是主题出版的产品品牌、人才品牌和企业品牌的确立。主题出版高质量发展模式的确立有赖于各个环节的高效协同：一是出版单位拥有长远的主题出版选题规划，这一规划要和出版单位自身的战略定位、品牌优势等相符，能够发挥其自身的特色和竞争优势。②二是出版单位能够聚拢一批优秀的主题出版作者队伍和编辑队伍，建立起一套有效的人才培育机制。三是主题出版的内外管理效能得到较大提升，市场主体有动力积极作为，政府善于引导和监督。主题出版应按照党中央要求的"创新、协调、绿色、开放、共享"的发展理念规划和打造自身的发展模式，实现可持续发展。

四、主题出版高质量发展的实现路径

"十四五"规划在推动主题出版高质量发展方面侧重于从宏观方面进行顶层设计和部署。中宣部副部长张建春在 2022 年全国出版（版权）工作会议上指出，"新时代新征程，要坚持以人民为中心，精心打造立心书、传世书、良心书"，"聚力打造一批主题出版精品"，"推出一批理论力作、通俗读物、长篇小说、纪实文学，以及少儿读物、美术画册、报刊专栏等，大力营造迎接宣传贯彻党的二十大的浓厚氛围"③。这对今后相当长时

---

① 国家新闻出版署.出版业"十四五"时期发展规划 [J].中国出版，2022(3).
② 韩建民，李婷.主题出版如何实现高质量发展七问 [J].中国出版，2021(7).
③ 张建春.锚定文化强国建设目标守正创新做好新时代出版工作 [J].中国出版，2022(3).

期的主题出版都具有很强的指导意义和现实针对性。关键是下一步各个出版单位如何结合自身特点将这些规划和要求落到实处。

（一）准确把握主题出版的内涵

主题出版已经成为新时代宣传思想文化工作的重要抓手，是党和政府联系人民群众的重要桥梁和纽带，是凝心聚力、激发人民群众为实现中华民族伟大复兴不懈奋斗的集结号，也是对外展示中华文化和中国精神，树立可信、可爱、可敬的中国形象的名片。功能的多样性和定位的高标准意味着主题出版不能是单方面的"传播"，而应是双向互动的"交流""沟通"和"对话"，只有这样才可能实现全社会的价值和情感认同以及融通中外的目标。

就本质而言，主题出版是"主题"+"出版"的综合体，"主题"限定"出版"的方向和价值，"出版"为"主题"提供了载体和渠道。出版作为一种文化生产活动，其产品拥有持久而广泛的影响力，要经得住历史的检验。因此，"主题出版"不完全等同于"主题传播"或"主题宣传"，在强调出版的"主题"要符合主流价值的同时，也要在推动知识积累、文化传承和文明进步方面有所贡献。

（二）丰富主题出版题材类型

近些年来，主题出版已成长为重要的出版板块，但主题出版的类型和题材还有待进一步丰富。笔者认为，在主题出版运作过程中应树立市场意识，可以借鉴畅销书的运作模式。畅销书的本质就是引领潮流的类型出版、题材出版，主题出版物的畅销同样应该顺势而为，将"需求暗流"引爆成"阅读潮流"。[①] 因此，在"四史"（党史、新中国史、改革开放史、社会主义发展史）和"三化"（中华优秀传统文化、党领导人民创造的革命文化、社会主义先进文化）方面，主题出版应在坚守主旋律、传播正能

---

① 庄庸，王秀庭．从"畅销书时代"到"后主题出版时代"——互联网＋出版"供给侧改革"战略研究：上 [M]．福州：福建教育出版社，2017: 127—128.

量、呼应时代主题这一底色基础上，在类型、题材、文体等方面进行大胆的创新。

（三）加强人才队伍建设

主题出版的难点在于培养优秀的策划编辑和寻找合适的作者。选题策划是主题出版创意的起点，策划编辑就是每本优秀主题出版物的"项目经理"。培养优秀的主题出版策划编辑，出版单位必须搭建好平台，以项目带人育人，创造干事创业的良好氛围。高校相关专业对主题出版的规律以及人才培养也需要进一步加强研究，从而将党和政府对主题出版的要求，教学科研与产业需求更加紧密地结合起来，使高校所培养的出版专业人才能够更好地适应主题出版工作的要求。

"千军易得，一将难求。"主题出版的作者队伍直接决定了作品的内容质量，优秀的主题出版往往要求作者同时做到在政治领悟力、专业思考力和叙述表达力三者上的统一。出版单位要想在主题出版这片大有作为的出版领域中有所斩获，需要通过优化平台和产品、提升效益和激励政策等，吸引更多优秀作者加入主题出版的创作队伍。

（四）重视主题出版物的整体设计

主题出版因为内容的严肃性，更应该在整体设计上精心打磨。对于图书产品而言，书名是它的"题眼"，正如一个对畅销书的通俗定义所言——如何判断一本书是否畅销，那就要看是否人人都知道这本书的书名。一个让人眼前一亮又契合图书主题的书名无疑可以让主题出版物"成功一半"，在这个过程中我们可以借鉴和运用很多方法。与书名一起，封面同样构成了主题出版图书的整体外观，会影响读者对出版物的认识。据统计，2017—2019 年 3 年间中宣部重点主题出版物封面用色中，"使用红色元素的主题出版图书封面数量占比分别为 58.46%（2017 年）、52.54%（2018 年）以及 66.67%（2019 年），说明红色依然是诠释主题出版内容认可度最高的色彩，但以简单的整体红色为封面主色调的比例在降低，从

42.11%（2017 年）下降到 31.82%（2019 年）"①。这说明主题出版的封面设计正朝着复合型、差异化方向转变，即根据图书主题、文化内涵和读者喜好而有所不同。

（五）以主题阅读促主题出版

阅读是出版的最终目的和归宿。全民阅读氛围的形成对出版业的促进作用是潜移默化的。中国共产党长期以来都致力于建设成为一个马克思主义学习型政党，致力于带领广大人民群众创建学习型社会。在中国特色社会主义新时代，让党的创新理论出版传播广泛深入，将党和国家重大决策部署宣传阐释准确到位是主题出版的中心工作之一，从需求的角度看，这也是各级干部和广大群众的阅读需求，出版产品的供求关系在此达到了高度一致。因此，出版业应加强供给侧改革，将主题阅读需求转化为主题出版的供给，实现供求平衡。例如《中国共产党党委（党组）理论学习中心组学习规则》中规定的各级党委（党组）理论学习中心组的学习内容以及中宣部理论局、中组部干部教育局推荐的"党员干部学习推荐书目"绝大多数都属于主题出版的内容。因为时效性和针对性较强，主题出版物应聚焦党和国家重大决策部署和年度工作主题主线，注意结合各时各地各类的主题阅读活动，把握重大时间节点，推出一批重点出版物。出版机构还可以有意识地根据读者的阅读需求量身定制一些主题出版物。

（六）把组织引导和市场需求密切结合

政府作为公共资源的调配者和公共产品的提供者，在主题出版领域发挥着特殊的功能，因此各级出版管理部门应加强对主题出版的组织和引导。比如，政府可以通过制定相关规制建立有效的激励和约束机制，加大对主题出版重点单位的激励和对主题出版项目实施过程的监督等。对于国家出版基金支持的主题出版项目，要通过相关制度和有力的后期过

---

① 蒋琤琤，韩建民 . 主题出版图书封面设计研究——以"2017—2019 年主题出版重点出版物选题"为例 [J]. 中国出版，2021(20).

程管理举措，既奖励先进，也对执行国家出版基金相关管理规定不力的项目及其实施单位给予相应的惩戒。这些都是贯彻"十四五"规划"建立重点作品跟踪推进机制，整合各方有效资源，加强全流程内容把关和质量管理，打造标杆性主题出版精品"要求的具体措施。①此外，一些重大主题出版工程往往具有较大的社会效益，同时也有投入资金量大、政策依赖性强和见效周期长等特点，在这种情况下，更需要国家出版基金等发挥杠杆作用。最后，政府在扶持主题出版市场主体发展以及公共文化服务体系建设上的投入也会对主题出版市场有着巨大的推动作用。

在充分发挥组织引导作用的同时，出版单位也要注意发挥自身的主观能动性，密切跟踪市场和读者对国家中心工作相关内容信息的需求变化，把党和国家所要传达的声音与广大人民群众的关切结合起来，用普通老百姓喜闻乐见的表达方式和表现形式，使主题出版所要表达的内容入眼、入耳、入脑、入心，通过占领市场占领思想阵地，实现两个效益的最佳结合。

主题出版围绕中心、服务大局的定位及其培根铸魂、启智增慧的功能，都决定了主题出版在整个出版中居于重要地位，对其他出版领域具有统领性。

主题出版经过多年的培育已形成繁荣发展之势，在"十四五"乃至今后相当长的时期，出版业都要聚焦学习宣传贯彻习近平新时代中国特色社会主义思想，发挥主题出版的思想引领作用，加强马克思主义理论的宣传与出版工作，特别是要加强习近平新时代中国特色社会主义思想出版传播；聚焦党和国家重大决策部署和年度工作主题主线，做好重大主题作品出版传播；围绕充分展现中国人民的伟大创造精神、伟大奋斗精神、伟大团结精神、伟大梦想精神，大力推进弘扬中华民族精神作品出版传播。

---

① 国家新闻出版署. 出版业"十四五"时期发展规划 [J]. 中国出版，2022(3).

通过出版业"十四五"规划，我们可以清晰地看到"做强做优主题出版"的关键在于坚持价值引领与守正创新相结合，坚持政府宏观调控和引导作用与充分发挥市场在资源配置中的作用相结合，坚持精湛内容与精美形式相结合，打好组合拳，从而做强做优主题出版。

第十五章　主题出版与出版强国建设

党的二十大提出，全面建设社会主义现代化国家，必须坚持中国特色社会主义文化发展道路，增强文化自信，围绕举旗帜、聚民心、育新人、兴文化、展形象建设社会主义文化强国。主题出版必须在建设社会主义文化强国和出版强国中发挥重要作用。

一、开局第二个百年目标，助力建设社会主义文化强国

党的二十大报告指出，中国式现代化是物质文明和精神文明相协调的现代化。物质富足、精神富有是社会主义现代化的根本要求。物质贫困不是社会主义，精神贫乏也不是社会主义。因此，在社会主义现代化建设新征程中，我们不仅要厚植物质基础以满足人民群众对物质生活的需要，也要为广大人民群众提供丰富的精神产品，促进物的全面丰富和人的全面发展。

满足人民日益增长的美好生活需要，文化是重要因素。"文化是一个国家、一个民族的灵魂。文化兴国运兴，文化强民族强。没有高度的文化自信，没有文化的繁荣兴盛，就没有中华民族伟大复兴。"[1]党的十九届

---

① 习近平 . 习近平著作选读：第二卷 [M]. 北京：人民出版社，2023:33.

五中全会通过的《中共中央关于制定国民经济和社会发展第十四个五年规划和二〇三五年远景目标的建议》明确提出到 2035 年建成文化强国的目标，并强调在"十四五"时期推进社会主义文化强国建设。出版业应紧紧围绕中心、服务大局，充分发挥主题出版的作用，为建设社会主义文化强国和以中国式现代化全面推进中华民族的伟大复兴贡献出版力量，满足人民日益增长的对美好精神文化生活的需要。

二、筑牢社会思想基础

当代中国社会的思想基础就是坚持马克思主义的指导地位，坚持用习近平新时代中国特色社会主义思想这一创新理论武装头脑、指导实践、推动工作，为新时代党和国家事业发展提供根本遵循。习近平新时代中国特色社会主义思想是当代中国马克思主义、二十一世纪马克思主义，是中华文化和中国精神的时代精华，是党和人民实践经验和集体智慧的结晶，是中国特色社会主义理论体系的重要组成部分，是全党全国各族人民为实现中华民族伟大复兴而奋斗的行动指南，必须长期坚持并不断发展。习近平新时代中国特色社会主义思想具有实践性、时代性、创造性的鲜明品格，是从新时代中国特色社会主义全部实践中产生的理论结晶，是推动新时代党和国家事业不断向前发展的科学指南。

在出版强国建设中，主题出版工作要充分发挥传播真理、塑造信仰的功能，加强意识形态引导力，为深入开展习近平新时代中国特色社会主义思想的学习教育提供内容支撑和宣传保障。一方面要继续重视对马克思主义经典著作的出版和传播。中国共产党是用马克思主义理论武装起来的政党，马克思主义是中国共产党理想信念的灵魂。马克思主义同样也是习近平新时代中国特色社会主义思想的源头活水，加强对马克思主义经典著作的出版传播将有助于真正学懂弄通做实习近平新时代中国特色社会主义思想，筑牢全社会的思想基础，凝心聚力。另一方面继续深入宣传习近平新时代中国特色社会主义思想,使其入耳、入脑、入心,重视对马克思主义中国化的理论成果的出版和传播。马克思主义中国化的理论成果是马克思主义与中国革命和建设实践相结合的产物,是中国共产党人集体智慧的结晶,习近平新时代中国特色社会主义思想是马克思主义中国化的最新成果,它与毛泽东思想、邓小平理论、"三个代表"重要思想、科学发展观一脉相承。加强马克思主义中国化理论成果的出版传播将有助于广大干部群众学习领会习近平新时代中国特色社会主义思想的精神实质和丰富内涵,塑造全社会的精神信仰。

三、着力传播社会主义先进文化、革命文化和中华优秀传统文化

"中国特色社会主义文化,源自于中华民族五千多年文明历史所孕育的中华优秀传统文化,熔铸于党领导人民在革命、建设、改革中创造的革命文化和社会主义先进文化,植根于中国特色社会主义伟大实践。"① 这充分说明,中华优秀传统文化、革命文化和社会主义先进文化以及中国特色社会主义伟大实践,是我们建设文化强国的基础,也是我们树立和坚定文化自信的根基。

中华文化源远流长、博大精深,蕴含着丰富的精神财富和思想资源,也是世界上唯一没有被中断的古代文明,成为中华民族文化自信的"根"与"魂"。这在很大程度上得益于我国历史悠久的编辑出版活动,得益于出版的文化符号缔造、存储和固化功能。"十四五"时期,出版人应更加珍视中华优秀传统文化的宝贵资源并加以弘扬,将其作为选题策划的重要思想宝库,并结合时代特点和要求进行创造性转化,赋予其时代内涵。

革命文化是中国共产党在革命斗争过程中所形成的文化积淀,是党

---

① 习近平.习近平著作选读:第二卷 [M].北京:人民出版社,2023:34.

带领全国人民开展斗争、走向胜利的不竭的思想源泉和精神动力。出版不仅是中国共产党得以诞生的重要催化剂，也是革命文化得以传承和弘扬的重要载体。"十四五"时期，出版业应继续以传承弘扬革命文化为己任，继承红色文化基因，并深入挖掘革命文化与时代精神、价值理念相契合的内容，策划和出版优秀作品，为坚定文化自信、实现文化强国补充文化养分。

"社会主义先进文化萃取了中华优秀传统文化和革命文化的精华，是对中华民族优秀传统文化和红色革命文化的深度融合，也是中华文化在当代中国的最新发展。"[①] 社会主义先进文化成为检验社会主义制度优越性的重要标尺，也是人民增强文化自信的重要基础。"十四五"时期，出版业应以着力反映民族的、科学的、大众的社会主义先进文化为重点，多出精品，从而发挥在社会主义先进文化创造和传播过程中的支撑作用。

在当代中国，中华优秀传统文化、革命文化和社会主义先进文化都辩证统一于中国特色社会主义的伟大实践中。出版业的发展要结合当代中国现实和时代特点，做好对中华传统优秀文化的传承弘扬、对革命文化的发扬光大和对社会主义先进文化的创造引领，更好地发展面向现代化、面向世界、面向未来的，民族的、科学的、大众的社会主义出版业。

四、坚持"二为""双百""双创"，不断铸就出版业发展的新辉煌

党的二十大报告强调，发展中国特色社会主义文化，"坚持为人民服务、为社会主义服务，坚持百花齐放、百家争鸣，坚持创造性转化、创新性发展"[②]。"十四五"期间，出版业作为文化建设的重要组成部分，应

---

① 汤玲. 中华优秀传统文化、革命文化和社会主义先进文化的关系 [EB/OL]. (2019-10-09). http://www.qstheory.cn/dukan/hqwg/2019-10/09/c_1125079341.htm.
② 习近平. 习近平著作选读：第一卷 [M]. 北京：人民出版社，2023: 35.

义不容辞地坚持"二为""双百""双创"的原则开展选题策划和出版传播，实现社会效益和经济效益的双效统一，不断铸就出版业发展的新辉煌。

坚持为人民服务，就是要坚持以人民为中心的工作取向，这就要求出版业始终把人民利益放在至高无上的地位，把"实现好、维护好、发展好人民最关心最直接最现实的利益作为出发点和落脚点"①，多出精品，不断满足人民日益增长的精神文化需求，更好推动人的全面发展。坚持为社会主义服务，就是要把出版业放到建设中国特色社会主义伟大事业这一大局中找准定位，自觉把围绕中心、服务大局作为基本职责，找准选题策划的结合点和着力点，提高服务大局的出版能力和水平，全面推进中国特色社会主义的政治建设、经济建设、文化建设、社会建设和生态文明建设"五位一体"战略布局。

坚持百花齐放，百家争鸣，需要出版业作为知识的聚合者和传播者，能够在辨析主流与支流、区分先进与落后、划清积极与消极的前提下，鼓励作者进行理论创新、文化创新、知识创新、科学创新，为不同观点、不同风格、不同流派相互切磋、平等讨论提供开放包容的平台和氛围；要积极团结作者队伍，最大限度发挥他们文化创造的积极性，将他们紧紧团结在中国共产党的周围；在策划主题出版选题中要以消费者为中心，认真倾听读者的呼声，并建立作者、编者和读者的沟通机制，为读者提供丰富多彩的优质精神食粮。

坚持创造性转化和创新性发展，在新的时代条件下，主题出版物必须正确处理"守"与"变"、"中"与"外"的关系，做到"不忘本来、吸收外来、面向未来，更好构筑中国精神、中国价值、中国力量"②。主题出版要成为中华优秀传统文化的弘扬者，与此同时，要把对优秀传统文化的弘扬

① 本书编写组.《中共中央关于制定国民经济和社会发展第十四个五年规划和二〇三五年远景目标的建议》辅导读本 [M]. 北京：人民出版社，2020:48.
② 习近平. 习近平著作选读：第二卷 [M]. 北京：人民出版社，2023:19.

和当今时代的特点及实践要求紧密结合起来，对其内涵和表现形式要加以补充、拓展和完善，充分挖掘和展现时代价值，做到守正创新。出版业在增强自身文化自信的前提下，要加强国际交流与合作，既要将代表人类文明成果的优秀作品引进来，也要将能够增强中华文化影响力和吸引力的优秀作品输出去。

五、提高社会精神风貌

提高全社会的精神风貌，其根本在于培育和践行社会主义核心价值观，形成共同的理想信念。

党的十九届四中全会审议通过的《中共中央关于坚持和完善中国特色社会主义制度 推进国家治理体系和治理能力现代化若干重大问题的决定》指出："坚持依法治国和以德治国相结合，完善弘扬社会主义核心价值观的法律政策体系，把社会主义核心价值观要求融入法治建设和社会治理，体现到国民教育、精神文明创建、文化产品创作生产全过程。"[①]由此可见，法律政策体系在培育和践行社会主义核心价值观的过程中发挥着重要作用。"十四五"时期，出版业应充分发挥自身的传播优势，以润物细无声的方式，把社会主义核心价值观融入法治建设和社会治理之中。

培育和践行社会主义核心价值观，需要"推动理想信念教育常态化制度化，持续抓好党史、新中国史、改革开放史、社会主义发展史宣传教育，引导人民知史爱党、知史爱国，不断坚定中国特色社会主义共同理想"[②]，着力培养担当民族复兴大任的时代新人。由此可见，宣传教育在培育和践行社会主义核心价值观过程中发挥着至关重要的作用，这正是主题出版

---

① 中共中央关于坚持和完善中国特色社会主义制度 推进国家治理体系和治理能力现代化若干重大问题的决定 [EB/OL]. (2019-11-05). https://china.huanqiu.com/article/9CaKrnKnC4J.

② 习近平. 习近平著作选读：第一卷 [M]. 北京：人民出版社，2023: 36.

教化育人的重要功能所在。在社会主义出版强国建设中，出版业要充分履行教化育人的职能，以"四史教育"和"爱国主义、集体主义、社会主义教育"为重要题材进行出版传播。其他出版类型也要将主题出版的内在要求和基本精神贯彻始终，专业出版要体现社会主义核心价值观的基本要求，教育出版可以将其融入教材编写和各种教育读物之中，大众出版要以人民喜闻乐见的作品和形式出版经得起人民评价、专家评价、市场检验的精品，主题出版更要以教育教学和休闲娱乐等方式弘扬和宣传社会主义核心价值观，推动形成全社会理想信念教育的常态化制度化。

六、提升社会文明风尚

提升社会文明风尚，重在以加强社会公德、职业道德、家庭美德、个人品德建设为着力点，深入推进公民道德建设。实施文明创建工程，深化群众性精神文明创建活动，拓展新时代文明实践中心建设，不断增强人们文明实践自觉。因此，党的二十大提出："实施公民道德建设工程，弘扬中华传统美德，加强家庭家教家风建设，加强和改进未成年人思想道德建设，推动明大德、守公德、严私德，提高人民道德水准和文明素养。"[①] 由此可见，推进公民道德建设和实施文明创建工程是提升社会文明风尚的要点。一方面，公民道德建设的内涵是什么？评判标准有哪些？如何才能杜绝非道德行为，提升公民道德水平？这些问题的解决离不开主题出版物大力宣传和传播相关内容，也为主题出版选题和内容创新提供了源头活水。另一方面，为什么要实施文明创建工程？如何才能参与到文明实践中？如何提升人们文明实践自觉？这些观念和做法需要深入人心才能顺利推进工程实施，主题出版理应发挥自身功能，并以此为契机，策划出版更多能够解决实际问题、提升社会效益的图书。

---

① 习近平 . 习近平著作选读：第一卷 [M] . 北京：人民出版社，2023：37.

提升社会文明风尚，还需要弘扬科学精神。这也正是主题出版的重要任务和传播优势所在。例如，在 2020 年的新冠疫情中，多家出版机构出版了大量普及抗疫科学知识的出版物，为抗击疫情提供了重要的知识保障。在建设社会主义文化强国的过程中，更加需要出版业承担起知识创新、知识普及的重任，采用多种出版形式，覆盖不同年龄层次的读者，将科学精神融入全社会的血液中。

七、建立全媒体传播体系，形成出版新业态

近年来，在国家顶层设计和政策引导下，媒体融合发展已上升为国家战略，具有重大意义。习近平总书记在 2019 年 1 月 25 日视察《人民日报》时强调："我们推动媒体融合发展，是要做大做强主流舆论，巩固全党全国人民团结奋斗的共同思想基础，为实现'两个一百年'奋斗目标、实现中华民族伟大复兴的中国梦提供强大精神力量和舆论支持。"[1] 在这一政策背景下，我国出版管理机构也积极推动出版业转型升级和融合发展，陆续出台相关政策，加大支持力度，并将其作为新闻出版业发展的重要任务之一。

经过"十三五"时期的努力，出版融合发展在深度和广度方面都上了新台阶，但离总体目标还有很大差距。"绝大多数出版单位还处在'相加'而不是'相融'阶段，刚刚从'你是你、我是我'进入到'你中有我、我中有你'阶段，还远未达到'你就是我、我就是你'的融合阶段。"[2] 主题出版在媒介融合方面进行了很多成功的探索，也收到了很好的效果，但总体上看，出版融合的广度和深度都远远满足不了用户的需要，在表现形式方面还比较单一，表现力和冲击力不够，相应的传播效果也有待提高。因此，在建设社会主义出版强国的征程上，首先，要充分认识到出版融合对主题

---

① 习近平 . 论党的宣传思想工作 [M]. 北京：中央文献出版社，2020:353.
② 周蔚华 ."十四五"时期中国出版的特殊使命 [N]. 中国新闻出版报，2020－07－27.

出版的价值和意义，在思想上给予足够重视，将其提高到关系主题出版业生死存亡的高度；其次要加快新技术应用和新产品开发，不断推进数字化、网络化、智能化技术与出版业的深入融合，形成新型主题出版业态，建立全媒体传播体系；再次要通过出版业体制机制变革，适应信息技术革命对管理的新要求，为主题出版融合保驾护航。

八、讲好中国故事，推动主题出版走出去

党的十八大以来，习近平总书记一再强调要讲好中国故事，传播好中国声音。党的二十大报告再次强调："增强中华文明传播力影响力。坚守中华文化立场，提炼展示中华文明的精神标识和文化精髓，加快构建中国话语和中国叙事体系，讲好中国故事、传播好中国声音，展现可信、可爱、可敬的中国形象。"① 随着我国经济社会发展和国际地位提高，讲好新时代的中国故事，让世界看到中国从站起来、富起来到强起来的伟大飞跃，更好地了解中国，成为摆在我们面前越来越紧迫的任务。而讲好中国故事，向世界介绍一个可信、可爱、可敬的中国恰恰是主题出版的重要职责所在。

讲好中国故事，提高国家文化软实力，对于主题出版而言，既有天然的优势，又有得天独厚的条件。一方面，主题出版中重要内容就是介绍中国共产党和中国政府相关的理论和路线方针政策，介绍中国改革和发展的历史、现状和所取得的成就，它力图以其通俗性、大众性等特点成为讲好中国故事、推进国际传播的重要载体和出版类别；另一方面，中华民族悠久的历史、中国共产党成立百年来的奋斗历程、新中国成立以来翻天覆地的变化、十八大以来党和国家建设所取得的成就等为主题出版创新传播提供了鲜活生动的素材和不竭的源泉。在社会主义出版强国建设中，主题出版要发挥自身优势，以"中国共产党为什么'能'、马克思主义为什

---

① 习近平．习近平著作选读：第一卷 [M]．北京：人民出版社，2023：37．

么'行'、中国特色社会主义为什么'好'"① 为主题，进行深度挖掘和精彩讲述，让世界人民更好地了解中国社会、了解中国的历史与文化、了解中国共产党的使命，消除信息不对称而导致的误解和偏差，纠正西方长期歪曲宣传所形成的对中国的傲慢与偏见。

在讲好中国故事的同时，向世界传播中国声音、让世界客观全面认识中国也颇为重要。习近平总书记指出，落后就要挨打，贫穷就要挨饿，失语就要挨骂。在当前国际舆论格局仍然是西强我弱的形势下，出版业要不断加强国际传播能力建设，提升中国话语的国际影响力。这就要求我们尊重传播规律，深入研究西方受众的接受习惯，让中国声音能够传出去、入主流、获认同，让中国价值观在世界范围内落地生根。

建设社会主义文化强国的关键是多出精品。那么什么是精品？习近平总书记对此作了精辟论述，他说精品要"为时代画像、为时代立传、为时代明德"，"反映现实、关照现实，有利于解决现实问题"②；要"思想精深、艺术精湛、制作精良"，体现思想性、艺术性、观赏性的有机统一；要有正能量、有感染力，能够温润心灵、启迪心智，传得开、留得下，细节真实、感人，为人民群众所喜爱；要"经得起人民评价、专家评价、市场检验"，"把社会效益放在首位，同时也应该是社会效益和经济效益相统一的作品"③。这些要求为主题出版未来的发展指明了方向，也对主题出版如何服务于社会主义出版强国建设提出了明确要求。我们在主题出版中必须认真贯彻落实习近平新时代中国特色社会主义思想，尽快把我国建设成为社会主义出版强国。

---

① 陈理. 讲好中国故事，让世界更好了解中国 [EB/OL]. (2020-03-23). http://www.dswxyjy.org.cn/n1/2020/0323/c428053-31644891.html，2020-03-23.
② 习近平. 习近平谈治国理政：第三卷 [M]. 北京：外文出版社，2020: 323-324.
③ 习近平. 习近平谈治国理政：第二卷 [M]. 北京：外文出版社，2017: 320.

附录：紧紧围绕大局　做好主题出版^①

　　党中央提出，宣传思想工作要坚持"高举旗帜、围绕大局、服务人民、改革创新"。围绕大局，就是要认真贯彻中央的决策部署，紧紧围绕经济建设这个中心，坚持正确导向，把社会效益放在首位，一手抓繁荣、一手抓管理，大力倡导一切有利于国家富强、民族振兴、人民幸福、社会和谐的思想和精神，为改革开放和社会主义现代化建设提供有力的思想保证，营造良好舆论氛围。这里笔者结合中国人民大学出版社（以下简称"人大社"）的出版实践，就如何围绕大局做好主题出版谈些个人体会。

一、主题出版及其特点

　　主题出版是围绕国家政治、经济、社会、文化等方面的工作大局，就党和国家发生的一些重大事件、重大活动、重大题材、重大理论问题等主题而进行的选题策划和出版活动。这类主题按照其是否具有可预见性和确定性，又可分为两个方面：一是具有确定性的主题题材，比如建党、建国、建军、辛亥革命、抗日战争等重大历史时刻的整数年份纪念活动，以及奥

① 原文刊发在《中国出版》2011年第9期。该文第一次对主题出版进行了界定，体现了笔者当时对主题出版的认识，我认为文中所概括的中国人民大学出版社做好主题出版的做法至今仍有一定的借鉴意义。收入本书时对个别文字做了修改。

运会、世博会等重大活动，围绕这类主题的选题目的性、时间性等都是确定的；另一类是诸如汶川地震、抗洪救灾、其他当年人民群众关心的重大热点问题等主题题材，这类题材是不确定的，无法提前预知。但无论哪一类主题出版，都具有以下几个特点。

（一）题材的重大性

能够纳入主题出版的选题都是重大事件、重大活动和重大问题等方面的题材，即使不属于重大事件而属于理论热点问题，也是那些党和人民最为关注的带有根本性的重大理论问题，因此，这一类选题不同于一般题材的选题，必须坚持正确的出版导向，围绕党和国家某项重大活动、事件、理论、方针、政策等展开，大多数选题属于专项报批的范围。

（二）鲜明的导向性

因为主题出版属于涉及重大事件、重大活动、重大题材和重大理论的选题，内容重要，影响力大，在策划这类选题时坚持以马克思主义为指导，坚持社会主义核心价值观就显得尤为重要。如果在这些选题上出现了导向问题，其负面影响以及所造成的不良影响就更加明显。因此，必须坚持正确的出版导向，形成有利于党和国家、有利于人民、有利于社会和谐的良好舆论氛围。

（三）任务的明确性

主题出版是围绕某项重大主题展开的，选题所涉及的论题集中，或者通过对理论和现实的总结服务于我国的政治建设、经济建设、文化建设和社会建设，或者通过各种方式歌颂党和国家所取得的光辉成就，或者围绕人民群众普遍关心的理论和实践问题释疑解惑，或者为某项重大活动造势，如此等等，目标清晰，任务明确。

（四）性质的公益性

主题出版的目的不在于创造多少经济效益，它从根本上说是围绕党和国家大局，为我国改革开放和现代化建设提供有力的思想保证和营造良好的舆论环境，具有很强的意识形态功能，它在"武装人、引导人、塑造人和鼓舞人"方面的作用更为明显，属于公益性出版的范畴。尽管由于选题特色突出、运作得当等，很多主题出版能够产生巨大的经济效益（比如在纪念红军长征胜利 70 周年时，人民文学出版社出版的王树增的《长征》一书发行量达数十万册），但从主题出版的性质和任务来说，它属于公益性出版，具有正的外部效应，衡量的标准主要是它的社会效益。

（五）周期的时效性

由于主题出版聚焦于某项活动、事件、问题等，这些活动、事件、问题等有很强的时效性，一旦活动结束、时间过去、问题热点转移，社会以及大众的注意点转移，这类题材的出版物的出版和销售周期也将随之结束。主题出版大体上包括预热、发展、高潮、余波这几个阶段，而且一般总体周期较短，很少超过一年，大都在 3—6 月。

二、人大社在主题出版方面的做法和体会

作为我国人文社会科学的重要出版机构，中国人民大学出版社历来以坚持正确的出版导向、服务党和国家大局、传播先进文化、弘扬主旋律为己任。在"十二五"选题规划中我们将自己定位为"先进文化的传播者、文化典籍的传承者、学术思潮的引领者、教学资源的集成服务者、'走出去'战略的排头兵"。

多年来，在中宣部、教育部和新闻出版总署的大力支持下，人大社始终按照"高举旗帜、围绕大局、服务人民、改革创新"的总要求，坚持精品战略不动摇，出版了一大批在社会以及学术界产生广泛影响的优秀作品，在国家出版三大奖、"三个一百"原创工程、向全国青少年推荐的优秀读物等评奖以及推荐活动中，入选图书数在出版界都名列前茅。其中通过主题出版来弘扬主旋律，服务大局、服务人民，并从这种服务中占领文化市场，取得了社会效益和经济效益双丰收，已经成为人大社选题的一大

特色。

在大型纪念活动主题方面，2002 年，我社为纪念毛泽东诞辰 110 周年而策划的"海外毛泽东研究系列"一套 8 本，系统地介绍国外对毛泽东以及毛泽东思想的最新研究成果，虽然由于专题报批而没能赶在 2003 年出版，但出版后仍引起了广泛的社会影响，单品种销售都超过 1 万册，其中有国际著名的毛泽东研究专家特里尔教授著的《毛泽东传》，销量超过 50 万册。2007 年为了迎接北京奥运会，我社与北京团市委组织出版了《奥运志愿者读本》，此书被作为奥运志愿者的指定参考书，发行量超过 20 万册。2008 年，为了纪念改革开放 30 周年以及庆祝新中国成立 60 周年，我社策划出版了《历史新起点书系》（一套 14 本）、《中国特色社会主义理论体系研究》、《中国之路》、《改革开放探索》（上、下卷）、《中国经济体制研究丛书》（6 卷）等，这些图书的作者都是相关领域最有影响的专家，其中有些是亲身参与改革开放政策制定和决策的中央领导同志，他们从理论和实践上对改革开放以及我国的现代化建设中的一些重大问题进行系统分析和总结，有深度、有分量，因而也受到了读者的欢迎，很多图书多次重印。其中，《历史新起点书系》还获得了国家出版基金首批资助 60 万元，《中国特色社会主义理论体系研究》被列入中宣部、新闻出版总署的《强国之路——纪念改革开放 30 周年重点书系》。这些图书既取得了良好的社会效益，又有较好的经济效益。2011 年是纪念建党 90 周年，我社又有 4 种图书入选新闻出版总署百种重点图书。

在围绕重大理论和现实问题主题方面，在党的十六大召开后不久，在教育部的大力支持下，我社策划出版了《"三个代表"重要思想概论》，这本书是面向教育战线、较早系统全面阐发"三个代表"重要思想的理论读物，出版后受到广大师生的欢迎，发行量超过 10 万册。多年来，我社还紧紧围绕高校思想政治理论课师生普遍关心的理论热点问题，策划了"当前社会重大理论问题热点难点解析"丛书。先后出版了"树立与落实科学发展观"、"保持共产党的先进性"、"加强党的执政能力建设"、"构建和谐社会"、"社会主义荣辱观"、"学习宪法"等专辑，这些专辑主题鲜明、目标读者明确、作者权威、对问题的阐发深入浅出，得到了广大理论工作者和高校思想政治课教师的普遍欢迎，已经形成了良好的品牌，也有一定的经济效益。在汶川大地震发生不久，我社策划了《让爱一路陪伴：灾后心理救助手册》《做人从感恩开始》等图书，前者在中央领导慰问灾区群众时被选中，作为赠送给当地的精神抚慰读物，后者被选入向全国青少年推荐的百种优秀读物。近年来，我社还针对大学生关心的理论热点问题，与教育部社科中心等部门共同策划出版了《聚焦：大学生关心的理论热点问题》系列图书，根据理论热点的变化，每年出版1—2本，已经出版的两本读物发行量都超过了10万册。

总之，人大社的主题出版已经形成了规模和特色，既服务了党和国家的工作大局，唱响了主旋律，又从中获得了很好的市场效果，取得了良好的经济效益，实现了两个效益的有机统一。

多年来，在探索主题出版方面，我们有以下的切身体会。

1. 围绕大局，抓好主题。对于上述两方面不同类别的主题选题，要采取不同的方法进行策划：对于有固定时间的纪念性、活动性选题，需要提前确定围绕这一主题以何种方式呈现，或者从何种角度来确定选题的主题内容，这类选题要有较强的计划性和预见性。而对于事件性的主题则需要快速反应，要有较强的针对性和急需性。但不管哪种方式的主题出版，都要围绕大局，唱响主旋律，有利于形成良好的舆论氛围，有利于国家富强、民族振兴、人民幸福、社会和谐。

2. 加强领导，精心组织。多年来，人大社已经形成了主题出版的策划机制，就是由总编辑亲自牵头负总责，在公共管理出版分社抽调政治理论水平高、业务水平精的骨干编辑组建专门的项目组，各部门通力配合的选题和出版机制。出版社对该分社的主题出版在经济效益方面没有具体考核指标，但要求该项目组对重大事件不能"选题失声"，重点出版物上必须"榜上有名"，对待这类选题各个环节要一路绿灯。为了搞好主题出版，出版社为分社搭建了与有关领导机构、著名专家联系和沟通的平台，建立了范围广泛的资深专家库，保障了该类选题的高效实施。同时，我们对这类选题除进行正常的"三审三校"之外，还增加了付印前质量检查科进行全面质量检查的环节，保证了图书出版的质量。

3. 借助优势，形成特色。从上面人大社的主题出版内容来看，我们并不是全面开花，而是紧紧结合人大社的整体选题风格，借助人大社在马克思主义理论研究和宣传以及人文社会科学方面的传统优势，按照中央关于马克思主义中国化、时代化和大众化的要求，充分利用人大社现有的政府资源、作者资源和渠道资源等。这样已有选题和主题出版可以相互借势、相互促进、共同发展，不仅扩大了人大社主题出版选题的影响力和市场占有率，而且也极大地提升了人大社的品牌影响力，既获得了党和政府的肯定，也受到了作者和读者的欢迎，形成了多赢的局面。

4. 把握时机，规避风险。由于主题出版具有较强的时效性，因此，在主题出版的策划、出版和营销宣传等方面必须注意把握时机。如果主题出版推出的时间过早，社会上对此主题还没有给予充分关注，在书店和读者中也没有形成热点或者关注点，那么它的销售就会大打折扣；相反，如果推出的时间过晚，整个社会对此问题的关注已经接近尾声，书店和读者对此问题关注的热潮已经过去，那么这类图书出版之际也就是它生命周期结束之时，同样达不到策划、出版和销售效果。对于确定性类的主题出版，应该在预热的中后期推出，经历完整的发展、高潮，尽量在尾声阶段前期收尾，这样可以达到最佳效果。而对于不确定性类的主题出版，应该抢在第一时间，在其他出版社未采取行动的时候就出版发行，从而形成关注点和热点，这样既可以引起党和政府的关注，又可以获得很好的销售效果。同时，由于销售周期较短，对这类出版物的需求量应及时分析判断，既要避免供不应求、丧失市场机会,也要防止盲目乐观、在接近尾声的时候发货量过大而造成大量退货;尤其是对加印要格外慎重,避免对社会需求的误判给出版社带来经济上的风险。

5. 注重营销,取得效益。虽然主题出版具有公益性质,主要目的在于其社会效益,但由于它紧紧围绕大局、密切服务人民,因此,这类选题具有广泛的社会需求,如果内容独具特色,写作风格贴近实际、贴近生活、贴近群众,再加上宣传得当、营销给力,那么它就可以产生巨大的经济效益。上面提到的人大社一些主题图书很多发行量都达到 10 万册甚至数十万册。而其他出版社的一些主题图书发行量更大,比如中宣部理论局编写、学习出版社出版的《理论热点面对面》发行量有数百万册;2011 年中共党史出版社出版的《中国共产党历史》第二卷上、下册,定价 150 元,已经发行 70 多万套,预计将超过 100 万套。这些图书可以说是社会效益和经济效益最佳结合的典范,值得我们认真学习和借鉴。

参 考 文 献

本尼迪克特·安德森. 想象的共同体：民族主义的起源与散布 [M]. 吴叡人，译. 上海：上海人民出版社，2003.

蔡和森. 蔡和森文集（下）[M]. 北京：人民出版社，2013.

蔡元培，蒋维乔，庄俞，等. 商务印书馆九十年 [M]. 北京：商务印书馆，1987.

曹建，郭占文. 中国共产党百年主题出版工作 [J]. 出版广角，2021(20).

崔波. 政治、技术、社会维度下新中国成立 70 年来的中国主题出版 [J]. 编辑之友，2019(9).

陈理. 讲好中国故事，让世界更好了解中国 [EB/OL]. (2020-03-23). http://www.dswxyjy.org.cn/n1/2020/0323/c428053-31644891.html.

陈娜. 我信仰真正的马克思主义——访中国人民大学教授甘惜分 [J]. 新闻爱好者，2014(1).

陈香. 2022 年出版十件大事 [N]. 中华读书报，2022-12-28(18).

陈雪丽，戴地. 我国主题出版“走出去”的挑战与应对：基于中央广播电视总台创新实践的探讨 [J]. 对外传播，2021(11).

陈原. 陈原出版文集 [M]. 北京：中国书籍出版社，1995.

程三国. 理解现代出版业 [N]. 中国图书商报，2002-10-11.

程中原. 张闻天传 [M]. 北京：当代中国出版社，2000.

邓小平. 邓小平文选：第一卷 [M]. 北京：人民出版社，1994.

邓小平. 邓小平文选：第二卷 [M]. 北京：人民出版社，1994.

邓小平. 邓小平文选：第三卷 [M]. 北京：人民出版社，1993.

范文澜. 中国通史 [M]. 北京：人民出版社，1965.

杜方伟，方卿. 从"相加""相融"到"深融"——出版融合发展战略历程与展望 [J]. 出版广角，2022(5).

冯友兰. 冯友兰自述 [M]. 北京：中国人民大学出版社，2011.

范军. 延安时期的主题出版 [J]. 出版参考，2021(7).

付玉，韩建民. 主题出版评价机制优化研究 [J]. 编辑之友，2022(11).

高杨文. 新民主主义革命时期中国共产党的出版成就与贡献 [J]. 中国编辑，2021(7).

耿化敏. 改革开放前中共中央编写党史教科书的设想 [J]. 中共党史研究，2014(2).

桂遵义. 马克思主义史学在中国 [M]. 济南：山东人民出版社，1992.

国家新闻出版署. 出版业"十四五"时期发展规划 [J]. 中国出版，2022(3).

国家新闻出版署. 第十八次全国国民阅读调查成果发布 [EB/OL].https://www.nppa.gov.cn/nppa/contents/280/75981.shtml.

国家新闻出版署关于组织实施数字出版精品遴选推荐计划 2020 年度项目申报工作的通知 [EB/OL].http://www.nppa.gov.cn/nppa/contents/279/45925.shtml.

国家新闻出版署关于申报 2020 年全国有声读物精品出版工程项目的通知 [EB/OL].http://www.nppa.gov.cn/nppa/contents/279/45922.shtml.

国家新闻出版署. 2020 年新闻出版产业分析报告 [EB/OL].https://www.nppa.gov.cn/nppa/upload/files/2021/12/910c52660b947756.pdf.

国家新闻出版署. 2021 年新闻出版产业分析报告 [EB/OL].https://www.nppa.gov.cn/xxgk/fdzdgknr/tjxx/202305/P020230530667517704140.pdf.

韩寒 .2020 主题出版：感受时代力量与温暖 [N]. 光明日报，2020-07-15.

韩建民，熊小明，李婷. 主题出版发展新动向：创新模式 把握规律 引领转型 [J]. 中国出版，2019(15).

韩建民，李婷. 主题出版如何实现高质量发展七问 [J]. 中国出版，2021(7).

韩建民，杜恩龙，李婷. 关于主题出版与学术出版关系的思考 [J]. 科技与出版，2019(6).

韩建民，付玉. 主题出版发展观察与误区匡正 [J]. 科技与出版，2022(7).

郝瑞庭. 简论延安时期的党史文献整理工作 [J]. 延安大学学报 (社会科学版)，

1988(2).

郝振省，宋嘉庚．党的十九大以来的主题出版：态势、观点、问题与建议 [J]. 编辑之友，2022(4).

胡倩倩．精心培育，合力浇灌主题出版之花 [N]. 新华书目报，2020-07-03.

《胡乔木传》编写组．胡乔木谈新闻出版（修订本）[M]. 北京：人民出版社，2015.

胡艳红．回应时代课题，创新主题出版——关于我国主题出版的发展与思考 [J]. 出版广角，2016(13).

黄琳．第二届主题出版学术研讨会在杭州举行 [N]. 中国新闻出版广电报，2023-03-28(2).

中央文献出版社编．回忆朱德 [M]. 北京：中央文献出版社，1992.

"纪录小康工程"数据库近日上线 系列丛书在全国出版发行 [N]. 人民日报，2022-10-15(4)

中共中央文献研究室，中央档案馆．建党以来重要文献选编（一九二一——一九四九）：第十六册 [M]. 北京：中央文献出版社，2011: 307.

蒋琤琤，韩建民．主题出版图书封面设计研究——以"2017—2019 年主题出版重点出版物选题"为例 [J]. 中国出版，2021(20).

江英．系统反映全国解放战争史的学术力作——评五卷本《中国人民解放军全国解放战争史》[J]. 军事历史研究，1999(2).

军事科学院军事历史研究部．中国抗日战争史：上卷 [M]. 北京：解放军出版社，2015.

卡尔·波普尔．客观知识：一个进化论的研究 [M]. 舒炜光，卓如飞，周柏乔，等译．上海：上海译文出版社，1987.

蓝廖国．价值逻辑、育人功能与实践路径：新时代主题出版研究——基于马克思主义人学的视角 [J]. 出版广角，2020(16).

李芳馨，范军．见"微"知"著"：红色出版研究的微观史学探索 [J]. 中国出版，2021(13).

李侃．中华书局的七十年 [J]. 出版工作，1982(1).

李婷，韩建民．从"相加"到"相融"：主题出版融媒体传播模式与路径创新 [J]. 中国出版，2020(15).

李婷，韩建民，杜恩龙."十四五"中国出版"走出去"的展望与思考 [J]. 科技与出版，2021(1).

李星星.世界杯之后奥运出版会怎样 [J]. 出版参考，2006(22).

李永春.蔡和森年谱 [M]. 湘潭：湘潭大学出版社，2008.

刘蓓蓓.主题出版成上市公司重中之重 [N]. 中国新闻出版广电报，2021-09-08.

刘建国.2009 年全国新闻出版（版权）工作 [M]. 北京：中国出版年鉴社，2010.

刘建军.论马克思主义信仰体系 [J]. 求索，2020(4).

刘涓迅.革命史学家胡华 [M]. 北京：当代中国出版社，2011.

刘恋.5G 时代主题出版融合发展机遇与创新路径分析 [J]. 出版广角，2021(20).

刘少奇.刘少奇选集：上卷 [M]. 北京：人民出版社，1981.

刘少奇.刘少奇选集：下卷 [M]. 北京：人民出版社，1985.

刘书超.地方党史出版的策划与实践：以地方人民出版社为例 [J]. 出版广角，2021(13).

刘笑盈，董超.关于当代媒体发展的十三个解释 [J]. 新闻战线，2019(17).

刘小中，丁言模.瞿秋白年谱详编 [M]. 北京：中央文献出版社，2008.

刘雨亭.阅读与革命：二十世纪二十年代中共马克思主义著作经典化的发生 [J]. 中共党史研究，2019(10).

陆费逵.陆费逵文选 [M]. 北京：中华书局，2011.

芦珊珊，黄芙蓉.论 5G 时代主题出版传播形态建构 [J]. 出版广角，2020(11).

罗杰·夏蒂埃.法国大革命的文化起源 [M]. 洪庆明，译.南京：译林出版社，2015.

马国仓.四年打造一个品牌——主题出版营销篇 [N]. 中国新闻出版报，2002-07-26.

马克思，恩格斯.马克思恩格斯选集：第一卷 [M]. 北京：人民出版社，1995.

马克思，恩格斯.马克思恩格斯全集（第一版）：第一卷 [M]. 北京：人民出版社，2006.

马克思，恩格斯.马克思恩格斯全集：第四十七卷 [M]. 北京：人民出版社，1979.

马歇尔·麦克卢汉.理解媒介 [M]. 何道宽，译.北京：商务印书馆，2000.

麦克莱伦.马克思传 [M]. 北京：中国人民大学出版社，2006.

中共中央文献研究室.毛泽东年谱：一八九三——一九四九 中卷 [M]. 北京：人民出版社，中央文献出版社，1993.

毛泽东 . 毛泽东文集：第二卷 [M]. 北京：人民出版社，1993.

毛泽东 . 毛泽东文集：第六卷 [M]. 北京：人民出版社，1999.

毛泽东 . 毛泽东著作选读：下册 [M]. 北京：人民出版社，1986.

毛泽东 . 毛泽东书信选集 [M]. 北京：中央文献出版社，2003.

毛泽东 . 毛泽东选集：第一卷 [M]. 北京：人民出版社，1991.

毛泽东 . 毛泽东选集：第二卷 [M]. 北京：人民出版社，1991.

毛泽东 . 毛泽东选集：第三卷 [M]. 北京：人民出版社，1991.

毛泽东 . 毛泽东选集：第四卷 [M]. 北京：人民出版社，1991.

毛泽东 . 毛泽东自述 [M]. 北京：人民出版社，2008.

毛泽东 . 毛泽东自述（增订本）[M]. 北京：人民出版社，1996.

毛泽东思想研究协同创新中心，全国毛泽东哲学思想研究会 . 思想·道路·制度：毛泽东与当代中国（上卷）[M]. 湘潭：湘潭大学出版社，2014.

孟文镛，陈梅龙，张安 . 新编中国史学习手册 [M]. 南京：南京大学出版社，1989.

莫湘文 . 主题出版数字传播模式及策略探究：以"中国故事 100 部"为例 [J]. 出版广角，2021(4).

聂远征，张琰 . 新媒体环境下主题出版传播策略优化研究——基于涵化理论的分析视角 [J]. 科技与出版，2020(10).

欧阳军喜 .《中国革命和中国共产党》导读 [M]. 北京：中国民主法制出版社，2017.

潘凯雄 . 主题出版中的长篇小说创作应有之"三有" [J]. 小说评论，2022(2).

彭德怀 . 彭德怀自述 [M]. 北京：国际文化出版公司，2009.

彭斐章 . 中外图书交流史 [M]. 长沙：湖南教育出版社，1998.

齐峰 . 加快推进我国出版文化产品质量评价体系的构建 [J]. 编辑之友，2014(6).

前瞻经济学人 .2018 年中国图书零售市场现状与发展前景 线上销售拉动行业稳定增长 [EB/OL]. (2019-02-14). https://www.qianzhan.com/analyst/detail/220/190213-36304bc7.html.

曲青山 . 历史就是我们的一切——写在《中国共产党的九十年》出版之际 [J]. 中共党史研究，2016(7).

区燕宜 . 融媒体时代主题出版转型发展的探究 [J]. 科技与出版，2021(6).

史蒂文·费希尔 . 阅读的历史 [M]. 李瑞林，贺莺，杨晓华，译 . 北京：商务印书馆，

2009.

日一夫 . 中共领袖与《共产党宣言》[J]. 新湘评论 , 2011(2).

施学云 . 近年来脱贫主题文艺出版物生产刍论 [J]. 出版科学 , 2021(1).

史竞男 , 王鹏 . 修史立典 存史启智 以文化人——大型历史文献丛书《复兴文库》编纂出版记 [EB/OL].(2022-11-16)[2022-11-27]. http://m.news.cn/2022-11/16/c_1129132796.htm.

宋琪 , 惠梦婕 . 产业融合背景下我国新闻出版产业集团发展动力机制探析 [J]. 新闻知识 , 2017(4).

孙海悦 . 加强出版服务 助力打赢疫情防控阻击战 [N]. 中国新闻出版广电报 , 2020-02-07.

孙俊青 , 刘永俊 . 新中国 70 年出版管理体制的演进与改革启示 [J]. 北京联合大学学报 (人文社会科学版), 2019(3).

谭晓萍 . 社科学术期刊高质量发展中的中国特色构建 [J]. 科技与出版 , 2022(3).

谭皖予 .2021 主题出版影响力报告 [J]. 出版人杂志 , 2021(7).

汤玲 . 中华优秀传统文化、革命文化和社会主义先进文化的关系 [EB/OL]. (2019-10-09). http://www.qstheory.cn/dukan/hqwg/2019-10/09/c_1125079341.htm.

田子渝 , 曾成贵 . 八十年来中共党史研究 [M]. 武汉 : 湖北人民出版社 , 2001.

涂凌波 . 现代中国新闻观念的兴起 [M]. 北京 : 中国传媒大学出版社 , 2016.

托克维尔 . 旧制度与大革命 [M]. 冯棠 , 译 . 北京 : 商务印书馆 , 1992.

万安伦 , 黄婧雯 . 党的十九大以来中国特色出版学研究观察 [J]. 出版广角 , 2022(2).

王传英 , 田国立 . 马恩著作在中国百年译介与传播的社会学分析 [J]. 河北学刊 , 2017(2).

王建辉 .《中国抗日战争史稿》评介 [J]. 世界历史 , 1985(8).

王继平 , 李永春 , 王美华 . 蔡和森思想论稿 [M]. 长沙 : 湖南人民出版社 , 2003.

王梅 . 怎样强化编辑的主体意识 [J]. 科技与出版 , 2005(5).

王勤 . 支持出版物发行业共克时艰创新发展 [N]. 中国新闻出版广电报 , 2020-03-19.

王日俊 . 大学出版社青年编辑主题出版选题方向探究 [J]. 科技与出版 , 2021(12).

王树荫 . 马克思主义中国化史 : 1949—1976[M]. 北京 : 中国人民大学出版社 , 2018.

王松堂，陈金龙．共产国际与中共建党纪念活动的发端 [N]．光明日报，2011-04-27(11)．

王伟，邓兴．各地新闻出版工作 (四川)[M]// 潘国彦．中国出版年鉴 2002: 第二十二卷．北京：中国出版年鉴社，2002．

王为松，韩建民．主题出版的内容与作者 [J]．出版与印刷，2021(4)．

王一方．卷帘天自高——关于二十年来科学文化主题出版的回顾与思考 [J]．中国图书评论，1999(4)．

王一方．编辑与组合营销 [J]．中国编辑，2003(1)．

王泳波．讲好党史故事，传承红色基因："童心向党·百年辉煌"书系的出版漫谈 [J]．出版广角，2021(11)．

王媛．新公共话语空间中主题出版的发展路向 [J]．出版发行研究，2020(12)．

魏玉山．"十四五"开局之年的中国数字出版——2021—2022 年中国数字出版产业年度报告 [J]．新阅读，2023(3)．

吴尚之，王志成．2008 年全国图书音像电子出版管理工作 [M]．北京：中国出版年鉴社，2009．

吴志海．基于主题出版重点出版物选题的分析与启示——以 2015—2020 年国家主题出版重点出版物选题为研究对象 [J]．科技与出版，2020(9)．

习近平．习近平谈治国理政 [M]．北京：外文出版社，2014．

习近平．习近平谈治国理政：第二卷 [M]．北京：外文出版社，2017．

习近平．习近平谈治国理政：第三卷 [M]．北京：外文出版社，2020．

习近平．习近平谈治国理政：第四卷 [M]．北京：外文出版社，2022．

习近平．习近平著作选读：第一卷 [M]．北京：人民出版社，2023．

习近平．习近平著作选读：第二卷 [M]．北京：人民出版社，2023．

习近平．习近平党校十九讲 [M]．北京：中共中央党校出版社，2014．

习近平．论党的宣传思想工作 [M]．北京：中央文献出版社，2020．

习近平致《大辞海》出版暨《辞海》第一版面世 80 周年的贺信 [N]．人民日报，2016-12-30．

习近平．在庆祝中国共产党成立 95 周年大会上的讲话 [N]．人民日报，2016-07-02．

习近平 . 在纪念马克思诞辰 200 周年大会上的讲话 [N]. 人民日报 , 2018-05-05.

习近平 . 学习马克思主义基本理论是共产党人的必修课 [J]. 求是 , 2019(22) .

习近平 . 在党史学习教育动员大会上的讲话 [J]. 求是 , 2021(7).

习近平 . 在复兴之路上坚定前行——《复兴文库》序言 [N]. 人民日报 , 2022-09-27(1).

夏鼐 . 燕园清华园日记 [M]. 上海 : 东方出版中心 , 2020.

向阳 . 华岗传 [M]. 杭州 : 浙江人民出版社 , 1993.

肖东发 . 中国编辑出版史 (上册)[M]. 沈阳 : 辽海出版社 , 2005.

小菲 . 社科文献社 : 五大板块演绎"主题出版" [N]. 中国新闻出版报 , 2003-01-01.

新华网 . 李书磊在学习宣传贯彻党的二十大精神电视电话会议上强调 迅速兴起学习宣传贯彻党的二十大精神热潮 [EB/OL].http://www.xinhuanet.com/2022-10/28/c_1129086139.htm.

新闻出版署办公室 . 新闻出版工作文件选编 (1988—1989)[G]. 北京 : 中国 ISBN 中心 , 1990.

新闻出版署办公室 . 新闻出版工作文件选编 (1990—1991)[G]. 北京 : 知识出版社 , 1992.

新闻出版总署图书出版管理司 . 图书出版管理手册 [M]. 北京 : 中国法制出版社 , 2006.

新闻出版总署出版管理司 . 图书 音像 电子出版物出版管理手册 [M]. 北京 : 中国法制出版社 , 2013.

许静 . 浅论政治传播中的符号化过程 [J]. 国际政治研究 , 2004(1) .

徐光春 . 马克思主义大辞典 [M]. 武汉 : 崇文书局 , 2018.

徐海燕 . 美术类主题出版物的基本特点及发展路径 [J]. 出版参考 , 2021(7).

徐锦庚 . 影响深远的"共产党宣言" [N]. 人民日报 , 2018-04-19(19).

杨春 . 科技主题图书策划路径探析 : 基于主题出版重点出版物选题的分析 . 出版参考 , 2021(1).

杨国祥 . 浅谈主题出版的特征与策划 [J]. 出版广角 , 2013(11).

叶丹 . 新时代少儿主题出版的新实践 : "伟大也要有人懂"系列编辑手记 [J]. 中国

出版，2020(S1).

叶孟魁 . 瞿秋白是最早的中共党史研究室创建者 [M]// 江苏省瞿秋白研究会 . 瞿秋白研究文丛：第 3 辑 . 北京：中国文联出版社，2009.

伊丽莎白·爱森斯坦 . 作为变革动因的印刷机：早期近代欧洲的传播与文化变革 [M]. 何道宽，译 . 北京：北京大学出版社，2010 .

伊树 . 北大社：主题出版项目拓展 [N]. 中国图书商报，2002-02-28.

余声 . 做好主题出版，更好地为党和国家工作大局服务 [J]. 中国编辑，2012(5).

于安龙，徐晨雨 . 中国共产党人《共产党宣言》百年阅读史考察 . 中国编辑，2021(7).

于殿利 . 主题出版的历史与社会逻辑 [J]. 出版发行研究，2022(5).

于殿利 . 主题出版的时代与现实逻辑 [J]. 出版发行研究，2022(6).

于殿利 . 主题出版的产业与企业逻辑 [J]. 出版发行研究，2022(7).

余若歆 . 中国少儿出版"十三五"全景图 [N]. 出版商务周报，2020-11-15 .

虞文军，李祖平 .《之江新语》现象与思想理论创新、执政能力现代化——兼论图书政治文化价值的提升与引领 [J]. 中国出版，2020(5).

约翰·亨利 . 作为武器的图书 [M]. 蓝胤淇，译 . 北京：商务印书馆，2016.

约翰·汤普森 . 意识形态与现代文化 [M]. 高铦，文涓，高戈，等译 . 南京：译林出版社，2005.

袁亮 . 周恩来刘少奇朱德陈云与新闻出版 [M] . 北京：中国书籍出版社，2003.

曾志 . 谈谈我知道的毛泽东 [M]//《缅怀毛泽东》编辑组 . 缅怀毛泽东 . 北京：中央文献出版社，1993.

张福海 . 围绕核心价值观研究不断推动主题出版 [N]. 光明日报，2015-02-25(7).

张建春 . 锚定目标 汇聚合力 共创中国特色出版学科新局面 [J]. 中国出版，2022(23).

张丽华 . 弱传播理论视角下新时代主题出版的对外传播 [J]. 出版参考，2021(4).

张瑞静，王卉 . 移动互联时代主题出版舆论引导功能分析 [J]. 出版广角，2020(17).

张闻天 . 中国现代革命运动史 [M]. 北京：中国人民大学出版社，1987.

赵海云，韩建民 . 主题出版"走出去"——基于中国话语和中国叙事体系构建的视角 [J]. 出版与印刷，2022(1).

甄云霞，王珺 . 后疫情时代的"一带一路"国际出版合作 [J]. 出版发行研究，2021(3).

郑雪洁．少儿类主题出版重点出版物 (图书) 选题目录 (2015—2021 年) 分析 [J]. 出版参考 , 2021(10).

中共中央党史研究室．中国共产党的七十年 [M]. 北京：中共党史出版社 , 1991.

马克思，恩格斯．马克思恩格斯文集：第八卷 [M]. 北京：人民出版社 , 2009.

中共中央关于办好各级党校的决定 [J]. 实事求是 , 1978(1).

中共中央关于全面深化改革若干重大问题的决定 [M]. 北京：人民出版社 , 2013.

中共中央关于加强和改进新形势下党校工作的意见 [N]. 人民日报 , 2015-12-14(1).

中共中央关于坚持和完善中国特色社会主义制度 推进国家治理体系和治理能力现代化若干重大问题的决定 [N]. 人民日报 , 2019-11-06(1).

中共中央关于在全党深入开展学习贯彻习近平新时代中国特色社会主义思想主题教育的意见 [J]. 党建研究 , 2023(5).

本书编写组 .《中共中央关于制定国民经济和社会发展第十四个五年规划和二〇三五年远景目标的建议》辅导读本 [M]. 北京：人民出版社 , 2020.

中共中央文献研究室．毛泽东年谱：一九四九——一九七六年 第三卷 [M]. 北京：中央文献出版社 , 2013.

中共中央文献研究室．邓小平年谱：一九七五——一九九七 (下)[M]. 北京：中央文献出版社 , 2004.

中共中央文献研究室．邓小平思想年谱：一九七五——一九九七 [M]. 北京：中央文献出版社 , 1998.

邓小平．邓小平文集 (一九四九——一九七四年)：上卷 [M]. 北京：人民出版社 , 2014.

中共中央文献研究室．习近平关于社会主义文化建设论述摘编 [M]. 北京：中央文献出版社 , 2017.

中共中央文献研究室．建国以来重要文献选编 (第十八册)[M]. 北京：中央文献出版社 , 2011.

中共中央文献研究室．十五大以来重要文献选编 (中)[M]. 北京：人民出版社 ,2001.

中共中央文献研究室．十六大以来重要文献选编 (上)[M]. 北京：中央文献出版社 , 2005.

周恩来．周恩来文化文选 [M]. 北京：中央文献出版社 , 1998.

中共中央文献研究室 . 周恩来年谱：一九四九——一九七六 上卷 [M]. 北京：中央文献出版社 , 1997.

中共中央文献研究室 . 周恩来年谱：一九四九——一九七六 下卷 [M]. 北京：中央文献出版社 , 1997.

中共中央宣传部办公厅，中央档案馆编研部 . 中国共产党宣传工作文献选编：1957—1992. 北京：学习出版社 , 1996.

中国出版科学研究所，中央档案馆 . 中华人民共和国出版史料：1[M]. 北京：中国书籍出版社 , 1995.

中国出版科学研究所，中央档案馆 . 中华人民共和国出版史料：3[M]. 北京：中国书籍出版社 , 1996.

中国出版科学研究所，中央档案馆 . 中华人民共和国出版史料：4[M]. 北京：中国书籍出版社 , 1998.

中国出版科学研究所，中央档案馆 . 中华人民共和国出版史料：5[M]. 北京：中国书籍出版社 , 1999.

中国出版科学研究所，中央档案馆 . 中华人民共和国出版史料：6[M]. 北京：中国书籍出版社 , 1999.

中国出版科学研究所，中央档案馆 . 中华人民共和国出版史料：7[M]. 北京：中国书籍出版社 , 2001.

中国出版科学研究所，中央档案馆 . 中华人民共和国出版史料：10[M]. 北京：中国书籍出版社 , 2005.

中国出版科学研究所，中央档案馆 . 中华人民共和国出版史料：12[M], 北京：中国书籍出版社 , 2009.

中国新闻出版广电网 . 主题出版十年寻脉——从 2012 年到 2022 年主题出版重点出版物选题浅析主题出版发展路径 [EB/OL]. https://www.chinaxwcb.com/info/583194.

中央宣传部办公厅关于公布 2020 年主题出版重点出版物选题的通知 [EB/OL]. http://www.nppa.gov.cn/nppa/contents/279/74399.shtml.

中宣部办公厅印发通知明确 2021 年主题出版五方面选题重点 [EB/OL].https://www.chinaxwcb.com/info/569380.

中央档案馆 . 中共党史报告选编 [G]. 北京：中共中央党校出版社 , 1982.

中央宣传部办公厅关于公布 2022 年主题出版重点出版物选题的通知 [EB/OL]. (2022−09−07)[2023−04−21].https://www.nppa.gov.cn/ nppa/contents/279/104922.shtml.

中宣部出版局《出版工作文献选编》编辑组 . 出版工作文献选编 [M]. 沈阳 : 辽宁教育出版社 , 1991.

周斌 . 出版战略中的几个"主题"策略 [J]. 出版参考 , 2003(1).

周国清 , 刘悦玲 ."十四五"时期主题出版的任务与路径 . 中国编辑 , 2022(3).

周慧琳 . 努力做好新形势下的主题出版工作 [J]. 出版参考 , 2017(1).

周蔚华 . 紧紧围绕大局做好主题出版 [J]. 中国出版 , 2011(5 上).

周蔚华 . 从自在、自为到自觉 : 新中国成立后我国出版公共服务的探索 [J]. 编辑之友 , 2019(9).

周蔚华 . 主题出版若干基本史实辨析 [J]. 出版发行研究 , 2020(12).

周蔚华 ."十四五"时期中国出版的特殊使命 [N]. 中国新闻出版报 , 2020−07−27.

周一平 . 中共党史研究七十年 [M]. 长沙 : 湖南出版社 , 1991.

周一平 . 中共党史史学史 [M]. 兰州 : 甘肃人民出版社 , 2001.

周一平 . 瞿秋白与中共党史研究 [M]. 北京 : 社会科学文献出版社 , 2014.

中共中央文献研究室 . 朱德年谱 [M]. 北京 : 人民出版社 , 1986.

周昭成 .《共产党宣言》精神的忠实传人 [J]. 求是 , 2021(5).

庄庸 , 王秀庭 . 从"畅销书时代"到"后主题出版时代"——互联网 + 出版"供给侧改革"战略研究 : 上 [M]. 福州 : 福建教育出版社 , 2017 .

左志红 , 袁舒婕 , 张雪娇 . 主题出版 : 既要接天线又要接地气 [N]. 中国新闻出版广电报 , 2020−12−14.

后　记

　　夏日的北京，烈日炎炎，多年未见的持续高温，让人难以静下心来；而暑期的校园办公楼又格外安静，中央空调寒气袭人，室内外形成强烈的反差。我安坐在电脑前，每天敲打着文字，心灵获得了一种宁静，同时也有着不安，唯恐愧对好友何军民总编辑的信任，不能交出一份让出版社满意的答卷。

　　这部关于主题出版的书稿是应安徽人民出版社何军民总编辑之约而作的。何军民本人就是主题出版的专家，承蒙他的厚爱，让我承担这部书稿的写作任务，我既感到了莫大的信任，也有着巨大的压力。近年来，主题出版研究虽然成为出版研究领域的"显学"，受到政界、学界和业界的广泛关注，但关于主题出版的一些基本概念、基本范畴和基础性理论研究还远远没有跟上，继续着出版理论研究落后于出版实践的态势，这就从某种意义上更需要出版研究工作者要有强烈的问题意识和危机意识，加强对出版现实问题的深入研究，深入总结主题出版实践中成功的经验，认真研究主题出版面临的问题，并提供有一定说服力的解释和具有前瞻性的指导。

　　我进入主题出版研究领域纯属偶然。我过去长期在中国人民大学出版社从事选题策划和编辑工作，由于中国人民大学出版社的历史和传统优势，我们策划了大量的主题出版物并获得了较高的社会评价。作为一名直接参与选题决策的出版人，我希望将我们从事主题出版工作的一些体会总结一下与同行们分享。因此，我在 2011 年写了一篇《紧紧围绕大局 做好主题出版》的小文在《中国出版》上发表。在这篇文章中我对主题出版概念及特点做了初步总结概括，但主要是介绍中国人民大学出版社关于主题出版的做法。没想到文章发表后，引起了较大的反响，成为该研究领域被引用最多的文章之一。此后不久，我就到一家报社从事新闻策划与管理工作，对主题出版的研究没有再继续下去了。

2017 年底，我回到学校从事教学和科研工作。此后不久，我接到《编辑之友》的邀请，希望我在山西出版集团主持的一个论坛上就主题出版的基本理论做一个发言。这就倒逼着我不得不查询关于主题出版的相关研究文献及资料。在进行文献查询的过程中，有个让我吃惊的发现，那就是对于主题出版的一些基本史实存在着诸多的以讹传讹的情况，一些文章所引用的关于主题出版的"文件"，被大肆宣扬的主题出版"工程"，根本找不到依据，似是而非，甚至子虚乌有，却被相关研究者转来转去，大量引用。于是，我写了一篇《主题出版及其在当代中国出版中的地位》一文，发表在《编辑之友》2019 年第 10 期。在这篇文章中，我对一些史实性错误进行了纠正，并提出了自己关于主题出版的一些看法。文章发表后虽然引起了一定的反响，但之后很多文章依然引用那些子虚乌有的所谓"文件"，并将我本人给主题出版所下的定义张冠李戴到那个子虚乌有的"文件"中，这促使我静下心来认真梳理相关文献，查找新闻出版管理部门那些年所发的所有文件，在此基础上，我写了一篇《主题出版若干基本史实辨析》一文，发表在《出版发行研究》2020 年第 10 期。在撰写这两篇文章的过程中，我开始对主题出版有了一些初步的思考，这些思考陆续发表在《中国出版》《出版发行研究》《中国编辑》《编辑之友》《科技与出版》等刊物上，并引起业界的广泛关注，我在文章中所纠正的某些史实错误在主题出版的研究文章中没有再延续了，从某种意义上说，这也算是我为主题出版研究所做的一点小小贡献。

本书所收录的文字，绝大部分都在这些核心杂志刊发过，其中多篇文章被中国人民大学书报资料中心等其他媒体转载。为了使本著作有一定的"体系"和内在逻辑，我在原有文章的基础上进行了再创作，现在呈现在大家面前的就是我研究主题出版的阶段性成果。这里的文章大部分体现了我对主题出版的思考，但很多前期工作是由我和我的学生们共同完成的。其中第一到五章由我本人撰写；第六章：周蔚华、杨石华撰写；第八章、第九章、第十章：周蔚华、何小凡撰写；第十一章、第十四章：周蔚华、熊小明撰写；第十二章：杨石华、周蔚华撰写；第十三章：周蔚华、张艳彬撰写；第十五章：周蔚华、杨春兰撰写。特别需要感谢的是杭州电子科技大学韩建民教授和上海市委宣传部毛小曼同志，他们慷慨允许我将我们合作发表在《出版与印刷》2022年第6期上的一篇关于主题出版动力机制和评价机制的对话作为本著作的第七章，为本书增色，同时也感谢该杂志的靳琼、马迁两位主编。

在对主题出版进行研究过程中，我自始至终得到了很多领导和朋友的帮助，在此无法一一列出，生怕挂一漏万。但安徽人民出版社的总编辑何军民和责任编辑袁小燕为本书的出版所做的大量工作我是必须感谢的，是他们促成了该书与读者见面。在一个学术著作没有资助就难以出版的环境里，他们不计成本给我提供出版的机会，我心存感激。

需要说明的是，由于时间仓促，能力有限，加上这些书稿是在已发表的成果的基础上改写而成的，难免存在着不足甚至错误，期待大家的批评指正。